CHARLES SIMOND

L'AFGHANISTAN

LES RUSSES

AUX

PORTES DE L'INDE

PARIS

H. LECÈNE ET H. OUDIN, ÉDITEURS

17, RUE BONAPARTE, 17

L'AFGHANISTAN

LES RUSSES

AUX

PORTES DE L'INDE

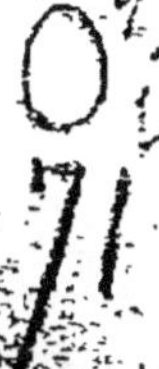

Charles SIMOND

L'AFGHANISTAN

LES RUSSES

AUX

PORTES DE L'INDE

— Avec une carte de l'Afghanistan —

PARIS

H. LECÈNE ET H. OUDIN, ÉDITEURS

17, RUE BONAPARTE, 17

1885

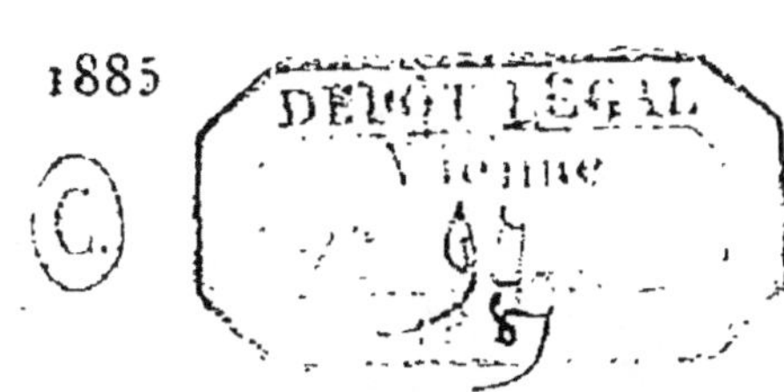

AVANT-PROPOS

Cet ouvrage a pour objet, comme l'indique principalement son sous-titre, d'étudier les événements qui
viennent de se passer sur la frontière de l'Afghanistan et ceux qui s'y préparent. Il décrit le théâtre du
conflit qui devait éclater hier et dont l'issue semble
ajournée à demain. Il expose les origines de la lutte
anglo-russe, et il en fait connaître les diverses phases
jusqu'à ce jour.

De tous les faits dont s'occupe la génération actuelle, ceux qui datent à peine d'hier nous sont le
moins familiers. Dans nos temps d'action et d'excitation, il reste peu de place pour la réflexion et le souvenir. Nous ne gardons guère mémoire même de ce
que nous avons vu s'accomplir sous nos yeux. Ce
qui nous passionnait il y a quelques mois est déjà
oublié. Si l'esprit en a conservé certains traits généraux, les lignes sont brouillées, confuses, les détails

effacés ; d'autres faits plus récents sont venus en quelque sorte se récrire par-dessus en tous sens ; on ne distingue plus, on ne comprend plus ; et comme l'histoire contemporaine ne se trouve plus ou moins bien rapportée que dans des journaux, des écrits aussitôt jetés après les avoir lus, on manque de repère, on ne sait plus, et l'on cherche en vain les documents indispensables pour savoir à nouveau.

Cet ouvrage vient donc à son heure : il répond au désir du public qui réclame un ensemble d'informations présentant sous une forme claire et succincte l'histoire des intrigues russes et anglaises dans l'Asie centrale et antérieure. Le plan et les divisions d'un semblable travail étaient en quelque sorte tracés à l'avance ; mais, quelque restreinte que fût notre tâche dans ces conditions, elle n'en offrait pas moins des difficultés qu'il nous eût été peut-être impossible de vaincre, si nous n'avions eu à notre portée des sources nombreuses où nous avons puisé fréquemment, tout en prenant soin de les citer. Préoccupé surtout d'être un guide consciencieux et de saisir l'actualité, nous ne nous sommes pas aventuré sur le terrain des considérations personnelles, et nous avons, le plus souvent qu'il nous a été permis de le faire, laissé parler ceux qui ont vu et entendu de près et dont le témoignage a une valeur indiscutée. Nous sommes d'ailleurs loin d'avoir épuisé une question aussi vaste et aussi complexe; d'autres viendront probablement après nous, qui la traiteront avec plus de développements et moins de lacunes.

L'auteur de ce livre tient à déclarer qu'il n'a point voulu faire une œuvre de polémique, mais un simple récit d'histoire contemporaine, étranger à tout esprit de parti. Toutefois, afin que l'on ne se méprenne point sur sa pensée, il croit devoir exprimer, dans cet avant-propos, ses vues sur le conflit anglo-russe.

L'Europe a, depuis deux mois, les regards attachés sur l'Asie centrale. Elle observe avec une attention inquiète les positions respectives des Russes et des Anglais dans cette partie du globe. Elle prête l'oreille aux échos qui viennent à la fois de Londres et de Saint-Pétersbourg. Entre les deux empires qui veulent exercer, l'un et l'autre, la suprématie exclusive sur les pays baignés par l'Oxus et l'Indus, elle voit un baril de poudre, et elle ne se dissimule pas qu'il suffit d'une étincelle pour produire l'explosion.

Qu'il éclate en effet aujourd'hui ou demain, qu'il soit remis à un mois, à un an, à une époque plus éloignée, le conflit entre les deux ambitions rivales, lancées l'une sur l'autre, est dans la force des choses. Comme les deux trains dont parle Prévost-Paradol, elles doivent fatalement finir par se barrer mutuellement le chemin. « Ces deux trains, partis de points opposés et distants, sont, par une erreur funeste, placés sur la même voie. Après de longs détours, moins longs pourtant qu'on ne pensait, ils sont en vue l'un de l'autre. Hélas ! ils ne sont pas seulement chargés de richesses ; bien des cœurs y battent, qui ne sont animés d'aucune colère, et qui ne sentent que la douceur de vivre. Combien le sang qui y a couler coûtera-t-il de larmes ? Personne ne veut ce choc terrible ; on s'écrie, on s'empresse ; la vapeur est renversée ; les freins grincent à se briser : effort inutile, l'impulsion vient de trop loin, il faut qu'un immense holocauste soit offert à la folie humaine, malheureusement armée de la toute-puissance (1). »

Sans doute tout se grossit dans l'horizon politique, surtout lorsqu'il est chargé de nuages orageux, et il est impossible, même à l'œil le plus intelligent et le plus exercé, de sonder exactement l'avenir, chargé seul en définitive de résoudre cette redoutable situation. Mais, de quelque façon que l'on envisage les

(1) Prévost-Paradol, *La France nouvelle.*

événements qué cet avenir prépare, il y a un dilemme, qui s'impose en dépit de la volonté des hommes et des gouvernements, en dépit de la sagesse diplomatique et de l'esprit sincèrement pacifique des peuples. « Jamais, dit encore Paradol, jamais, depuis que le monde existe, l'ascendant ou, si l'on veut, la principale influence sur les affaires humaines n'a passé d'un Etat à l'autre sans une lutte suprême, qui établit, pour un temps plus ou moins long, le droit du vainqueur au respect de tous. Tant que le choc n'a pas eu lieu, tout le monde sent instinctivement que rien n'est décidé, et toute prétention à une grandeur ancienne comme toute assertion d'une grandeur nouvelle sont provisoires. Certes, tout philosophe doit gémir de cet état de choses ; mais il existe, il est aussi ancien que le monde, il a ses fondements dans la nature humaine et dans la manière d'être des sociétés politiques, et rien n'autorise encore à croire qu'il soit sur le point de changer. » D'un côté, la Russie ne peut plus suspendre à jamais sa marche envahissante dans l'Asie antérieure ; d'un autre côté, l'Angleterre ne peut plus prolonger systématiquement son inaction en face de cet agrandissement continu de sa rivale dans l'Orient. Il y a donc une date plus ou moins prochaine où elles se heurteront dans l'Afghanistan, comme jadis Rome et Carthage en Sicile.

*

A vrai dire, il ne s'agit encore en ce moment que d'une querelle de mur mitoyen, d'une rectification de frontières au profit de la Russie, et il semble à peu près certain que tout va s'arranger et que la paix se maintiendra. Cependant un règlement à l'amiable du litige territorial aujourd'hui pendant n'arrêtera point les courants contraires et ne diminuera pas leur accroissement de vitesse, qui est dans la loi des événements humains. Il n'enchaînera pas perpétuellement les tendances brutales ou cauteleuses qui, depuis le siècle dernier, ont, avec la même ténacité ou la même foi punique, déterminé la conduite des deux puissances, jalouses et impatientes, l'une et l'autre, d'étendre leurs conquêtes, et pour les sauvegarder, d'augmenter leur prestige.

Il est indiscutable que la Russie, pour donner aux yeux des populations musulmanes, plus d'éclat à sa domination, l'Angleterre, pour rehausser la sienne dans le même dessein, doivent, après avoir montré une autorité qui n'accepte point de discussion, continuer à en exercer la revendication, et ne peuvent, sous peine de déchoir irrévocablement, rester en deçà de leurs acquisitions et abjurer tout désir de les accroître. La steppe tourkmène est le champ où germe l'avenir russe, comme l'Inde est la clef de voûte de l'édifice britannique.

Il n'existe d'ailleurs pas de point d'arrêt dans l'évolution des races européennes, avides d'être investies du premier rôle en Asie et d'y soumettre à leur prépondérance les races indigènes qu'elles prétendent s'assimiler, en se bornant le plus souvent à colorer du prétexte plausible de la civilisation l'exploitation des pays asservis ou annexés. L'Angleterre tomberait de la situation si haute qu'elle s'est arrogée dans le monde maritime et colonial, dès qu'elle aurait acquiescé à un traité limitatif sanctionnant un premier empiétement russe dans la direction de l'Inde sur le territoire afghan. Une seule concession de ce genre, dictée par un sentiment d'appréhension, serait le prélude de pertes d'influence et de grandeur plus considérables. La Russie, forcément poussée au dehors de l'Europe pour ne pas se laisser envahir au dedans par la *forme occidentale* des institutions politiques, ne s'interdira pas, de son propre mouvement, le droit de jeter son épée dans la balance, s'il n'y a pas d'autre moyen pour elle de la faire pencher en sa faveur. Tant au point de vue militaire qu'au point de vue diplomatique, l'une des deux rivalités aux prises ne peut donc modifier son attitude en présence de celle de l'autre. Or, pour tout spectateur désintéressé, cette attitude réciproque est telle que dès maintenant la crise atteint son maximum d'acuité.

Dans ces conditions, un essai loyal de compromis entre les deux antagonismes, une pression d'une puissance médiatrice, pouvant elle-même avoir intérêt demain à devenir belligérante, n'auront, en supposant la paix faite demain, que la courte durée d'une trêve, où chacun s'emploiera, avec la fièvre d'activité que donne la certitude d'une lutte imminente, à concentrer ses troupes, à en renforcer l'effectif, à en perfectionner l'armement, à faire travailler sans repos ses chantiers de construction et d'approvisionnement, à sacrifier sans hésitation tout son or, à n'épargner rien pour engager, dans quelques semaines ou dans quelques années, sur le même théâtre d'opérations, une guerre à outrance inéluctable.

En France, nous n'avons, placés comme nous le sommes dans la situation neutre de l'observateur, ni à plaider la cause de l'Angleterre ni à défendre celle de la Russie. Nous n'avons ni avec la race anglo-saxonne ni avec la race russo-slave aucune affinité d'origine et de tempérament, aucun intérêt politique immédiat, qui doive nous faire incliner plutôt à droite qu'à gauche dans le débat entre deux nations, nos ennemies historiques dans le passé, nos rivales aujourd'hui dans le concert européen, et, qui sait, disposées l'une ou l'autre, sinon l'une et l'autre, à devenir demain nos adversaires, pour peu que cette hostilité favorisât leurs vues personnelles. L'expérience nous a démontré le peu d'avantages que nous avons à retirer de dévouements chevaleresques. Notre rôle à l'extérieur ne peut être désormais que celui de demeurer en paix avec tous les gouvernements de l'Europe, quelque brûlantes que soient les questions qui les divisent, et d'attendre les événements sans chercher à leur imprimer nous-mêmes une direction par une intervention qui compromettrait notre propre sécurité. Ce rôle d'expectative peut suffire à notre orgueil, parce qu'il nous permet de donner tous nos efforts à la conservation de notre repos et à l'extension de nos ressources, sans mettre en péril ni notre rang de grande puissance ni nos frontières. Nous n'avons donc, quoi qu'il arrive aujourd'hui ou demain, ni à recommencer une campagne de Crimée, ni à joindre nos drapeaux à ceux du tsar blanc.

Nous ne pouvons oublier qu'à aucune époque l'Angleterre n'a été pour nous ni une alliée sûre ni une amie sincère. Sans remonter plus haut qu'il y a trente ans, ne l'avons-nous pas vue, toujours occupée de son intérêt exclusif, indifférente ou peu sensible à celui des peuples étrangers, s'inquiétant faiblement de leurs tracasseries extérieures ou des malheurs, des désastres qu'ils éprouvent, et ne s'émouvant que le jour où elle souffre elle-même dans sa politique mercantile ? Egoïste par calcul autant que par penchant, n'invoquant le droit international que lorsqu'elle se sent lésée directement, elle ne songe, en s'associant à autrui, qu'à sa propre défense. Elle ne s'est unie à la France, dans l'expédition de Crimée, que pour protéger le commerce britannique dans les régions du Levant, et pour infliger, de concert avec notre flotte, un échec à la marine russe. Elle n'a participé à notre première expédition de Chine, plus loyale que la guerre de l'opium, qu'en vue de forcer l'Empire du Milieu à lui ouvrir de nouveaux ports. Dans l'un comme dans l'autre cas, elle n'a eu qu'un mobile, qu'un dessein : sauvegarder et étendre son commerce particulier. Partout où ce commerce n'a point été en jeu, d'une ou d'autre façon, elle s'est bien gardée de prendre part à nos guerres. Puissance insulaire, elle ne prend souci du continent que pour y déverser les produits de son industrie et y drainer les capitaux. Mais en même temps elle n'a négligé aucune des précautions qui ont pour but d'assurer à ses vaisseaux des escales commodes et sûres, tout en se créant des positions stratégiques qui jalonnent et commandent ses routes océaniques.

La France, plus que toute autre puissance continentale, a gardé d'elle peut-être plus de souvenirs irritants que de marques de vraie sympathie, et n'a été, en somme, payée de ses bons offices que par l'abandon ou le mauvais vouloir. Au lieu de pouvoir compter sur un concours que devraient dicter la raison et l'intérêt sérieusement compris, elle n'a rencontré, de la part de la Grande-Bretagne, qu'une réserve souvent ombrageuse, des contradictions voisines de la rupture, une habileté à peine reconnaissable de la duplicité. Tous ces motifs, auxquels se joignent ceux de la prudence, doivent nous tenir renfermés dans ces limites de rapprochement que la diplomatie a tracées entre l'Angleterre et nous, et auxquelles, dans le langage officiel, on donne le nom « d'entente cordiale ». Basée sur des considérations où il ne peut y avoir d'autre ascendant que celui des circonstances ou de l'opportunité, cette « entente cordiale » nous dispense de toute initiative d'entraînement, nous donne l'avantage de la circonspection et nous garantit le calme de la réflexion, indispensable à l'heure où nul ne peut dire quelles seront les difficultés extérieures à résoudre demain pour chacun.

La Russie, par son passé, par les faits accomplis dans ces trente dernières années, par ses alliances avouées avec l'Allemagne et l'Autriche-Hongrie, par ses desseins de conquête en Europe et en Asie poursuivis ouvertement, nous a autorisés à la surveiller avec autant d'attention que de soupçon. Puissance asiatique et européenne tout ensemble, sa politique est, depuis Pierre le Grand, celle des envahissements successifs. Il y a bientôt trois quarts de siècle que, grâce aux événements de 1814 et de 1815 et au Congrès de Vienne, elle a définitivement assis sa haute influence en Europe. Depuis le traité d'Andrinople, elle a soumis à son joug la région située entre la mer Noire et la mer Caspienne ; puis, s'affermissant progressivement et impunément à l'orient de cette première enclave, elle a fait main basse, presque sans coup férir, sur le Turkestan tout entier. Aujourd'hui elle caresse l'idée d'absorber la Perse et l'Afghanistan. Demain elle menacera l'empire anglo-indien, et l'heure ne semble pas éloignée où, des deux côtés, aux portes de Hérat comme à celles de Constantinople, elle réclamera, suivant un mot célèbre, les *clefs de la maison.*

Il se peut qu'elle ait, au moment où nous sommes, les intentions les plus droites, et que son ambition se borne en Asie, au lieu de vouloir posséder l'Inde, à achever la conquête de la Mandchourie, dont elle a déjà trois provinces, et à avoir, sur la mer Jaune et le Pacifique, des ports toujours libres de glaces pour écouler ses produits de la Sibérie. Il se peut qu'en poussant ses avant-gardes dans le désert au nord du

Paropamisus, elle n'ait d'autre but que de prendre possession de districts sans lesquels la protection de Merv serait impossible, et qu'une fois maîtresse de ces positions forcées, elle soit la première à proclamer la nécessité de la paix (1). Il se peut enfin que, loin d'aboutir à une collision, ses projets militaires sur le continent asiatique soient arrêtés tout court le jour où elle rencontrera l'Angleterre dans l'Inde. Mais, en politique extérieure, les succès éveillent les convoitises ou les alimentent. Les tsars n'ont pas à feuilleter de nombreuses pages pour relire l'ensemble des annales russes et y voir qu'ils se sont de tout temps élevés au détriment des autres nations, ou pour revenir aux traditions et aux tendances de leur race, si manifestement et si complètement résumées dans le testament, apocryphe ou non, de Pierre Ier. La Russie n'est liée vis-à-vis de l'Europe que par le traité de Paris de 1856, dont il reste à peine en vigueur l'article 1er de la troisième annexe, qui constitue une bien faible sauvegarde pour la Suède, et par le traité de Berlin de 1878, dont plus d'une clause est déjà virtuellement caduque. Si, le lendemain d'un triomphe possible sur l'Angleterre, elle ne déchire pas

(1) Cette opinion est émise par M. le comte de Mailly-Chalon, un des rares Français qui soient allés à Merv. (Voir le *Figaro* du 11 avril 1885.)

les « instruments diplomatiques », qui ont remplacé le contrat léonin de San-Stefano, c'est qu'elle sera forcée de compter avec « l'honnête courtier », qui veille à Berlin.

Or, quelles que soient les vues du gouvernement russe, qu'il veuille, comme on peut encore l'espérer, et comme le font prévoir les négociations maintenant en cours, se souvenir des déclarations pacifiques d'Alexandre III à Skiernievice, ou que, subissant l'influence du parti de la guerre, il ne laisse point de repos à ses Cosaques, une fois poussés au combat, la France, n'ayant à prendre conseil que d'elle-même, ne doit, en aucun cas, se départir d'une politique d'observation qui lui est commandée aussi bien vis-à-vis de Saint-Pétersbourg que vis-à-vis de Londres. Il ne peut pas plus être question, dans l'état actuel des choses, d'une alliance franco-russe que d'une alliance anglo-française. Nous avons une voix dans le concert européen ; nous ne devons point renoncer, le cas échéant, à la faire parler haut et ferme. Nous avons des intérêts particuliers; nous devons les faire respecter, chaque fois qu'ils sont froissés, et les faire valoir quand et comme il le faudra. Mais ce serait commettre une faute irréparable que de vouloir accentuer nos relations amicales avec la Russie en substituant à une sage inactivité la folie

d'une attitude provocante à l'égard de l'Angleterre. S'il est inévitable qu'entre Russes et Anglais
il y ait, quelque jour, du sang versé, rien ne nous
oblige à y mêler le nôtre. Si, après avoir travaillé
à l'apaisement des irritations, des malentendus ou
des griefs, la France ne peut voir se prolonger la
paix, pourtant si nécessaire à l'Europe, elle a pour
devoir d'employer tous ses efforts à limiter les hostilités à l'étreinte des deux rivales en Asie, et elle a
pour rôle exclusif de pratiquer elle-même la plus
stricte et la plus sincère neutralité.

Paris, 25 mai 1885.

Charles Simond.

L'AFGHANISTAN

LES RUSSES

AUX

PORTES DE L'INDE

LIVRE PREMIER

LES CLEFS DE L'INDE

CHAPITRE PREMIER.

LE PAYS AFGHAN.

Importance stratégique de l'Afghanistan. — Frontières naturelles et politiques.

Entre le Touran, l'Iran et l'Hind, noms que les anciens géographes donnent au Turkestan, à la Perse et à l'Hindoustan, il y a, disent-ils, un pays de passage où l'on accède par chacune de ces trois contrées et qui leur sert respectivement de barrière (1). « C'est là, écrivait Abou-Ifazil au seizième siècle, que depuis la plus haute antiquité se trouvent établies les portes de l'Hindoustan. » Et il ajoutait : « Quiconque parmi les puissances européennes possédera ce territoire, affermira sa suprématie sur toute cette partie du globe ».

Ce pays, le seul qui sépare aujourd'hui les possessions de la Russie de celles de l'Angleterre dans l'Asie centrale, est l'Afghanistan. Depuis plus d'un demi-siècle il est tiraillé, en sens inverse, par les deux influences rivales qui y forgent les ressorts de leurs intrigues, et l'heure semble arrivée où ces deux ambitions, également avides, vont s'abattre sur cette proie (2).

L'Afghanistan, compris entre 58°30' et 73° de longitude E., 28° et 38°30' de latitude N., est grand comme la France, ou plutôt comme l'Allemagne : il mesure en largeur, de l'est à l'ouest, 690 kilomètres. et du nord au sud, 740 en longueur. L'ensemble de sa superficie figure un vaste quadrilatère à côtés fort irréguliers.

Pour se convaincre de l'importance considérable de cette position stratégique, il suffit de jeter un regard sur une carte d'Asie (3).

Au nord le pays afghan commande, par l'Hindou-

---

(1) Elisée Reclus, *Géographie universelle. L'Asie antérieure.*
(2) Paquin, *La Russie et l'Angleterre dans l'Asie centrale.*
(3) Dr Jos. Chavanne, *Afghanistan*, Land und Leute mit Rücksicht auf den englisch-afghanischen Krieg. Wien, 1879.

koh, la vallée de l'Amou-Daria (Djihoun ou Oxus) ; à l'est, par les monts Soulaiman, celle de l'Inde ; à l'ouest, sur une grande étendue, il domine la Perse par la chaîne du Koh-î-Boundan ; au sud il est défendu par les escarpements qui le séparent du Béloutchistan. Dans ces conditions, il serait peut-être à l'abri de tout coup de main si ses frontières politiques coïncidaient avec ses remparts naturels. Malheureusement le tracé de ses limites est tout à fait conventionnel, et leur régularisation fournit, en ce moment même, le prétexte d'une querelle qui menaçait hier de tourner en lutte sanglante.

Au nord-est, l'Afghanistan dessine un angle saillant très prononcé, qui est chassé comme un coin étroit dans le bassin du haut Oxus (1). Il y touche à la Kachgarie, province de la Chine, et à ce grand plateau de Pamir que les Orientaux appellent, dans leur langue imagée, le *Toit du Monde*. De là, à partir de la source de l'Amou-Daria, la frontière afghane s'étend vers l'ouest jusqu'à un point situé à quelques kilomètres au-dessus de la petite ville de Khoja Saleh, un peu au-dessous du gué de Kilef, par où l'on pénètre dans le khanat de Boukharie, maintenant soumis aux Russes. Traversant ensuite le désert turcoman de Dasht Khoul, elle atteint, entre Ak-Tepeh et Pul-î-Khisti, un grand cours d'eau, le Mourghab, qui se dirige vers Merv. Puis, s'infléchissant un

(1) Pour se rendre exactement compte de la topographie de l'Afghanistan, indispensable à l'intelligence de cet ouvrage, le lecteur fera bien de suivre les tracés sur notre carte dressée avec un soin particulier.

peu vers le sud-ouest, elle suit une ligne assez mal
déterminée qui la sépare de la Tourkménie et du
khanat de Khiva, également au pouvoir des Russes.
Elle s'arrête à l'extrémité orientale de la chaîne du
Gulistan (monts Kara Dagh), où elle aboutit, à
proximité de la frontière persane, au-dessous de la
ville de Sarakhs ou Syrin, située sur le Hari ou Hari-
Roud, cours d'eau venant de Hérat. Le long de cette
frontière afghane et de toutes les autres s'éche-
lonnent des postes entourés d'une enceinte ou de
places fortifiées, grandes ou petites, susceptibles
d'une défense plus ou moins prolongée, et constituant une double ligne de résistance (1).

A l'ouest, l'Afghanistan confine à la Perse. La limite est indiquée par une ligne idéale partant d'un
point situé au-dessous de Sarakhs. Cette ligne passe
à droite du Tejend, cours d'eau délimitant de Sarakhs
à Askabad la frontière russo-persane. Le tracé
gagne ensuite, à travers les montagnes et les déserts,
la route allant de Mash-had à Lash; il se dirige de là
vers le sud-est et rejoint la rivière Helmund, en aval
du fortin de Nadali. Puis il va toucher, sur la rive
occidentale du marais de Hamund, un point formant
le sommet de l'angle occupé par la Drangiana.

Au sud de l'Afghanistan se trouve le Béloutchistan.
Ici la limite n'est pas plus nettement finie. De la rive
occidentale du marais de Hamund part une ligne
idéale qui se dirige vers l'est jusqu'à la rivière de

------

(1) C'est au sujet de la frontière nord-ouest que vient d'é-
clater le conflit anglo-russe.

Helmund, gagne, à travers le désert de Saïstan, la ville béloutche de Quetta, qu'elle laisse au sud, puis la vallée de l'Indus, où elle se relève brusquement vers le nord-est.

Par sa frontière orientale l'Afghanistan est séparé de l'empire anglo-indien. Les monts Soulaiman forment la limite du sud au nord. Le tracé se prolonge au nord du Pendjab par une ligne idéale qui traverse le Caboul-Daria ou fleuve de Caboul en amont du fort anglais de Michni ; il décrit ensuite un arc de cercle jusqu'à sa rencontre avec l'Indus, entre dans le massif montagneux du Kafiristan et va rejoindre, au-dessus du lac Victoria, sur la droite, la ville de Tachkourgan (1).

Le relief : Montagnes ; — chaînes et ramifications.

L'Hindou-koh, ou Hindou-Koush, est la grande arête du relief afghan. Il retient toute l'ossature du plateau iranien qu'il rattache au grand plateau central de l'Asie et au Pamir, où il s'enfonce à l'embranchement des contreforts qui forment la ligne de faîte des bassins du Chitral et du Gilghit. Courant ensuite dans la direction du sud-ouest, comme une énorme épine dorsale, entre le Turkestan et le Kafiristan, il pénètre dans l'Afghanistan, dresse, à trente lieues de la frontière, autour de Caboul, un amphithéâtre colossal, et se termine presque au cœur du pays afghan

(1) Col. G.-B. Malleson, *History of Afghanistan.*

par, le massif des monts Koh-î-Baba. Quelques-uns de ses sommets dépassent six mille mètres d'altitude et sont couverts de neiges éternelles. Le plus élevé de ces pics est le Chitral, qui atteint près de 19,000 pieds.

Le Koh-î-Baba (*père des montagnes*) continue à s'avancer vers l'ouest, où il s'abaisse dans la vallée du Hari. De ce massif se détachent, de chaque côté, vers l'ouest et vers l'est, trois chaînons principaux. Ceux qui courent à l'ouest sont le Safed-Koh occidental (montagne blanche), le Ghor et le Siah-Koh (montagne noire).

L'ensemble de ce groupe forme avec le Koh-î-Baba la région montagneuse que les anciens désignaient sous le nom de Paropamisos ou Caucase indien. De tous les systèmes orographiques du globe, c'est un des moins connus. Le Ghor se perd dans le Turkestan. Les ramifications afghanes, Safed-Koh, Siah-Koh, n'ont jamais été explorées. Elles semblent suivre une direction parallèle jusqu'à Hérat et la vallée du Hari, d'où elles s'étendent par le Daman-î-Koh vers le nord-ouest, entre le grand et le petit Balkan, jusqu'à Krasnovodsk, au bord de la mer Caspienne. Entre le Koh-î-Baba et Hérat, elles projettent de nombreux rameaux allant presque uniformément vers le nord-est et le sud-ouest et formant des vallées longitudinales dont le thalweg, sillonné par le Helmund et d'autres cours d'eau, se perd dans la dépression du Hamund.

Le principal chaînon du Koh-î-Baba dans la direction de l'est porte également le nom de Safed-Koh. Il trace autour de la vallée du Caboul-Daria, au sud de la capitale afghane, un vaste hémicycle, et après avoir été traversé par les fameuses passes de Kourd-Caboul et du Khyber, va cimenter sa base à celle des monts Soulaiman, pour former avec eux la frontière anglo-afghane à l'est Kohat.

Les monts Soulaiman ont une altitude moyenne de 3,000 à 3,5oo mètres ; leur plus haut sommet est le Tukht-i-Suliman ou *Trône de Salomon*, sur lequel les mahométans croient que l'arche de Noé s'arrêta pendant le déluge. Les pèlerins s'y rendent en grand nombre chaque année. Lorsqu'ils sont arrivés au haut de la montagne, ils sont admis à toucher ce que la tradition prétend être une portion de l'arche, et cette relique sacrée est pour les visiteurs un objet de profonde vénération.

Cette ceinture de hauteurs enferme un immense plateau de sable assis à trois mille pieds au-dessus du niveau de la mer et glissant partout vers la dépression centrale du Hamund. Hormis les parties riveraines, toute cette région est inculte. Au sud du Helmund où il n'y a, suivant toute vraisemblance, plus de cours d'eau, le désert déroule ses solitudes immenses. Il commence au pied de la chaîne du Khojat-Amran ou de Saïstan, et s'étend de là, presque sans interruption, le long de la frontière afghane et béloutche. Aucun Européen n'a pénétré dans ce lieu sauvage et peut-être inhabité. Sur beaucoup de cartes il est encore aujourd'hui figuré par un espace vide. Vu des environs de Candahar, il offre l'aspect d'une file interminable de collines sablonneuses fuyant dans l'espace.

Bassins et cours d'eau.

De la disposition de ce système de montagnes résulte le partage de l'Afghanistan en trois bassins principaux dont le point de rencontre se trouve à l'extrémité orientale des monts Koh-î-Baba, à 100 kilomètres environ à l'ouest de Caboul. Ces bassins sont :

1° Celui du nord ou de l'Amou-Daria, qui correspond à la dépression aralo-caspienne ;

2° Celui de l'ouest ou du Helmund, dont les tributaires convergent vers le lac du Saïstan ou marais de Hamud ;

3° Celui de l'est ou de l'Indus, où se jettent les cours d'eau descendant des monts Soulaiman et ceux qui viennent de l'Hindou-Koh et de son rameau méridional.

Les principaux cours d'eau que renferme le bassin du nord sont l'Amou-Daria, le Mourghab et le Hari-Roud. L'Amou, que l'on appelle aussi Djihoun, est l'Oxus des anciens. Les populations riveraines le désignent sous le nom d'Ouakhsou (rivière de Ouakhan), d'où les géographes sanscrits ont fait Wackhou et les Grecs, par adoucissement, Oxos. Les Hindous le nomment communément Ab-î-Pendjab. Il se divise en deux branches, sortant toutes les deux du plateau de Pamir.

Le cours de l'Amou est très rapide. Dans sa première partie il est remarquablement droit, exempt de rochers et d'obstacles ; mais, lorsqu'il entre dans la région du Turkestan, il se ralentit un peu ; des bancs de sable pointent çà et là et gênent souvent la navigation ; quelquefois, pendant l'été, les bateliers mettent au moins deux heures pour le traverser et sont forcés de descendre dans l'eau à plusieurs reprises pour dégager leurs bacs qui s'engravent dans les bas-fonds (1). L'Amou est sujet à une crue périodique, de même que tous les grands cours d'eau qui sortent du versant méridional du plateau de Pamir. Le débordement commence en mai et finit en octobre. La partie supérieure de son cours, au-dessus de Koundouz, est prise annuellement par les glaces ; les caravanes, voyageurs et bêtes de somme, le traversent alors en allant à Yarkand (2). La longueur totale du parcours de l'Amou-Daria est d'environ 1,800 kilomètres.

L'Amou, comme les grands fleuves sibériens, exerce continuellement une pression sur sa rive droite ou orientale. Cette tendance, due à la rotation de la terre, a pour effet de déterminer une déflexion qui éloigne graduellement le fleuve de son ancien lit. Ainsi le chenal de Koungrad, qui était navigable au dix-septième siècle, est aujourd'hui tari ; le chenal de Taldik, plus à l'est, disparaît peu à peu, et sa décharge dans l'Aral se fait déjà presque entièrement par le Yani-Sou.

Il est maintenant hors de doute que l'Amou a os-

(1) André Mariotti, *Etude militaire sur l'Afghanistan.*
(2) Burnes, *Travels into Bokhara.* — Wood, *A personal narrative of a journey to the source of the river Oxus.*

cillé au moins deux fois dans les temps historiques entre la mer Caspienne et la mer d'Aral (1). Dans l'antiquité, il se déversait, dit-on, dans la mer Caspienne, et formait ainsi la voie de communication entre la Géorgie et la Bactriane (2). D'autre part, on lit dans plusieurs écrivains arabes du quatorzième siècle qu'à leur époque également, il se jetait dans la mer Caspienne ; les bonnes cartes du Touran nous montrent encore la trace de ce cours au sud du plateau d'Oust-Ourt. Cet ancien lit, maintenant desséché, a une étendue totale de huit cents verstes. On le désigne sous le nom d'Ouzboï. Le changement d'itinéraire dans le cours de l'Amou et sa direction vers le nord, pour se jeter dans l'excavation appelée lac ou mer d'Aral, qu'il remplit concurremment avec le Syr-Daria, datent, croit-on, de 1643. Ce déplacement eut pour conséquence de transformer en un désert tout le pays compris entre la rive gauche de l'Amou, la rive droite du Mourghab et la vallée de l'Atreck. Les pays touraniens se trouvèrent ainsi complètement isolés, et Khiva devint, au milieu d'une solitude inculte, presque impraticable, une oasis en quelque sorte inaccessible, que les Russes, après y avoir établi leur base d'opération, durent évacuer.

Pour remédier à cet inconvénient, le gouvernement russe eut, il y a peu d'années, la pensée de diri-

---

(1) A.-H. KEANE, *Asia.* — VON HELLWALD. *Die Erde und ihre Vælker.*—BROCKHAUS.*Conversations Lexicon.*—MEYER.*Conv.Lex.*
(2) STRABON, édition Meineke, 11-16.

ger les eaux de l'Amou dans leur ancien lit et de les faire tomber de nouveau dans la Caspienne. L'importance de ce projet ne pouvait être contestée. Il devait en effet avoir pour résultat de créer une voie maritime continue depuis les bouches du Volga jusqu'à l'Afghanistan, en amorçant une grande route commerciale destinée à relier la Russie d'Europe à l'Inde. Des travaux scientifiques furent commencés dans ce dessein, au lendemain de la prise de Khiva. L'expédition, confiée au colonel russe Gluchowski, assisté du baron Kaulbars, ne résolut qu'imparfaitement le problème ; mais il n'en continua pas moins à préoccuper les esprits. Les géographes et les voyageurs engagèrent, à cette occasion, un conflit plus pacifique, il est vrai, mais non moins retentissant que celui d'aujourd'hui. Le colonel Yule et sir Roderick Murchison soutinrent qu'à aucune période de l'histoire, les conditions relatives de la mer Caspienne et de la mer d'Aral n'avaient été modifiées. MM. Vivien de Saint-Martin et Malte-Brun allèrent plus loin : ils affirmèrent que le prétendu déplacement de l'Amou-Daria était physiquement impossible et que l'Oxus comme l'Iaxarte n'avait jamais cessé de se déverser dans l'Aral. Les savants anglais, Hugh Murray, Baillie Fraser, Burnes, s'associèrent sans réserves à cette déclaration. Les Allemands, Alexandre de Humboldt, Lenz, et surtout le professeur Robert Rœsler, combattirent cette théorie.

Pendant que se poursuivait cette discussion, presque aussi animée qu'un véritable combat, la nature

intervint tout à coup dans la querelle, et se chargea
de constater les faits d'une manière décisive. Durant
l'hiver de 1877 à 1878, la neige était tombée en
quantité énorme. Il y eut, au printemps suivant, une
crue tout à fait anormale de l'Amou-Daria. Les
digues, impuissantes à contenir de pareilles masses
d'eau, se rompirent sur plusieurs points; des flots
torrentueux se répandirent sur les plaines basses de
la rive gauche de l'Amou, les inondèrent et cherchè-
rent à s'écouler par les anciens affluents, les vieux
canaux d'irrigation, le lit desséché et les ravins au-
dessus desquels se trouvent les berges des anciennes
îles du fleuve. Tout l'espace compris entre les villes
de Khodjéili et de Khiva formait un lac immense (1).

Ce phénomène, quoiqu'il ne fût pas nouveau,
se produisit avec une force si extraordinaire et
coïncidait dans des circonstances si inattendues
avec les efforts faits par la politique russe du côté de
l'Asie, que les feuilles officieuses du gouvernement
de Saint-Pétersbourg n'hésitèrent pas à publier ces
phrases significatives : « Il ne faut pas que les
Khivans réédifient leurs digues; il faut que la Russie
perce le seuil de 50 verstes, qui arrête encore l'Amou-
Daria dans sa route vers la mer Caspienne, lorsque
les eaux du fleuve n'atteignent pas leur plein. Une
expédition scientifique envoyée sans délai aux lacs
de Sary-Kamich peut résoudre sans difficulté une
question capitale. Dieu sait si l'obstacle dont on parle

(1) Kouropatkine, *Voïenny Sbornik. Le pays des Tourkmènes*, traduit par le capitaine Weil.

est assez fort pour résister aux puissants moyens techniques de notre époque ; et quelques charges de dynamite suffiraient sans doute pour changer la situation politique générale des deux hémisphères (1).» Paroles tombées de haut, qui ne pouvaient manquer d'avoir un écho. Presque aussitôt après, les armées russes occupaient définitivement tout le khanat ; et moins de cinq ans plus tard elles avaient pris possession de toute l'Asie centrale jusqu'au plateau de Pamir, c'est-à-dire de toutes les entrées de routes d'où l'on peut descendre à la fois vers la Chine, vers l'Afghanistan et vers l'Inde. Il était manifeste, dès le lendemain de la publication de l'article de la *Gazette de Moscou*, que le nœud véritable de la question d'Orient était au plateau de Pamir ou non loin de là (2). Les événements qui se précipitent aujourd'hui ne sont que l'inconnue algébrique d'une équation dont la diplomatie russe a posé d'avance tous les termes.

Disons toutefois que le projet de rendre l'Oxus à son ancien lit de l'Ouzboï semble abandonné. Il a fait place à celui de relier l'Aral à la Caspienne par le Chagan. Le niveau des eaux de la mer d'Aral est à 243 pieds au-dessus du niveau des eaux de la Caspienne, et le niveau du lit de l'Amou-Daria à 156 pieds au-dessus de la mer d'Aral. Par contre, le Chagan, séparé de cette même mer par une distance de 105 kilomètres, a son niveau au-dessous d'elle.

(1) GAZETTE DE MOSCOU. Octobre 1878.
(2) ANDRÉ MARIOTTI, *Etude militaire sur l'Afghanistan.*

Comme il se jetait autrefois dans la Caspienne à la baie de Chuché-bas, il est évident que, si l'on peut amener les eaux du Chagan dans l'Aral, la jonction des deux mers sera établie. Reste à savoir jusqu'à quel point cette nouvelle conquête de l'homme sur la nature serait durable. La politique russe, aidée du zèle et de l'audace des ingénieurs, triomphera-t-elle des lois indéfectibles de la nature? Le Turkestan, comme la plus grande partie de l'Asie centrale, appartient en effet à cette zone de laisses qui, depuis les temps les plus reculés, accroît constamment son aire. Le canal de jonction entre l'Aral et la Caspienne, à peine construit, ne sera-t-il pas ensablé? Déjà les deux grands tributaires de l'Amou central, le Zarafhsan et le Mourghab, subissent cette loi.

Le Mourghab (rivière du gibier d'eau) prend sa source sur le versant septentrional du Paropamise, à la naissance du Safed occidental, et va se perdre dans les déserts du Turkestan. Pendant son trajet dans l'Afghanistan, il coule dans une vallée riante et arrose les villages de Bala-Mourghab, Marouchat ou Meru-chax, Penjdeh (1) et Robat Abddula-Khan. Son cours est rapide, ses eaux sont claires. Au sud de Bala-Mourghab, la vallée se resserre peu à peu au point de n'être plus qu'un défilé. La rivière s'y précipite en écumant avec un bruit de tonnerre, et

---

(1) On se rappelle que Penjdeh est la localité où a eu lieu, le 30 mars 1885, la rencontre entre les avant-postes russes et les Afghans.

c'est seulement en aval de Penjdeh que, devenue plus large et plus profonde, elle modère son violent essor. Au-dessous de Merv, le Mourghab alimente de nombreux canaux d'irrigation. Au dèlà, il disparaît dans les sables du désert où pénètre le Hari-Roud.

Le Hari-Roud, ou rivière de Hérat, a sa source également dans le Paropamise. Il baigne le territoire afghan sur un parcours de 400 verstes. A une quarantaine de milles de Hérat, il se redresse brusquement vers le nord, et sert, comme nous l'avons dit, de limite entre l'Afghanistan et la Perse. En aval de Sarakhs, il joint ses eaux à celles du Keshef-Roud et va, avec lui, sous le nom de Tejend-Daria, arroser, au pied des montagnes de Kélat, l'oasis de l'Akhal-Téké, puis disparaît dans les marais.

Le Helmund, principal cours d'eau du bassin de ce nom, est la rivière la plus importante de l'Afghanistan. Il prend sa source dans le Koh-î-Baba, traverse toute la partie méridionale du pays afghan du nord-est au sud-ouest, et va se jeter dans un lac situé au nord-est du marais de Hamund. Il est navigable depuis la ville de Ghrishk, et c'est la seule rivière afghane qui jouisse de cette propriété. Encore n'a-t-elle qu'une importance restreinte, le cours inférieur du Helmund se prolongeant presque exclusivement dans le désert, où se perd la plus grande partie de ses eaux.

Au commencement de juin, à la fonte des neiges, le Helmund atteint environ 1,600 mètres de largeur. La rive gauche ou méridionale est plus élevée que la rive droite ou septentrionale : détail intéressant au point de vue stratégique, car le Helmund se trouve sur le trajet de la route qui va de Candahar à Hérat ; et une armée anglaise qui voudrait se porter sur cette dernière ville en venant de Quetta serait obligée de franchir cette rivière (1).

Le bassin de l'Indus n'appartient qu'en partie à l'Afghanistan. L'Indus, un des fleuves les plus célèbres du monde par les souvenirs historiques qui s'y rattachent et par l'étendue de son cours, ne fait que découper une très étroite bande de terre sur le territoire afghan ; mais plusieurs de ses tributaires descendent du versant oriental de l'Indou-Koh jusqu'au massif du Koh-î-Baba, ou prennent naissance sur les pentes du Safed oriental. Parmi ces affluents, les plus importants sont le Caboul-Daria ou rivière de Caboul, le Kourum et le Gomoul.

Le Caboul-Daria prend sa source à une centaine de kilomètres à l'ouest-sud-ouest de Câboul. Il arrose la capitale afghane et se dirige ensuite, de l'ouest à l'est, à travers une riche vallée, vers Jelalabad, longe l'extrémité des monts Safed, appelés aussi monts de Khyber, entre dans la plaine de Peshawar, laisse cette ville à quelques kilomètres sur sa droite, et va se jeter dans l'Indus en face d'Attock. La longueur du Caboul-Daria est d'environ 500 kilomètres (2). Cette rivière peut porter des bateaux depuis Caboul

---

(1) G. Le Marchand, *Campagne des Anglais dans l'Afghanistan.*

(2) Meyer, *Conversations Lexicon.*

jusqu'à l'Indus ; mais son cours torrentueux, les nombreux rapides que l'on y rencontre, les rochers qui encombrent son lit, en rendent la navigation pénible et quelquefois même dangereuse.

Le bassin du Caboul-Daria présente dans son ensemble une configuration vigoureusement accentuée. Il faut y distinguer deux régions physiques : la partie supérieure du bassin et la partie inférieure. La première, où se trouve la ville de Caboul, est un plateau montagneux, d'une élévation considérable, où la température rappelle successivement, selon les saisons, les étés brûlants de la Calabre, le printemps de la Toscane et les froids rigoureux des Alpes et de la Norwège. La seconde, qui comprend Jelalabad et Peschawar, est une suite de plaines basses et chaudes, dont le climat et la végétation ressemblent à ceux de l'Inde. Une descente rapide, marquant l'escarpement du plateau de Caboul, forme, au-dessus de Jelalabad, la transition de la haute et de la basse région (1). La vallée de Caboul-Daria est entourée de tous côtés de montagnes très difficiles à franchir. A l'est, où la rivière se fraie un passage à travers les hauteurs du Khyber, son lit est tellement resserré entre les rochers qu'on ne peut pénétrer dans le Caboulistan que par un défilé (2).

Le Kourum dessine une des principales voies stratégiques conduisant de l'Inde anglaise vers Caboul. Ce cours d'eau prend sa source à l'extrémité occi-

---

(1) Vivien de Saint-Martin, *Dictionnaire géographique.*
(2) *Encycl. Britannica.*

dentale du Safed-Koh ; il traverse, en se dirigeant vers l'est, une profonde vallée ; passe au pied du Mohamed-Azim ou fort de Kouram, puis tourne au sud, et va se jeter dans l'Indus. Dans sa partie inférieure le Kourum est très large, mais son lit est hérissé de rochers. Le Gomoul prend sa source dans les hauts plateaux formés par les monts Soulaiman, et franchit cette chaîne par une passe servant, comme celle de Kourum, de route entre l'Inde et l'intérieur de l'Afghanistan.

Un fait remarquable, c'est que l'Afghanistan, quoique généralement montagneux, n'a presque pas de lacs. Dans la région de l'Hindou-Koh, il n'y en a pas un seul. Sur le haut plateau central, dans le triangle formé par la Tarnak et l'Argasan, on ne rencontre que l'Ab-Istadah. Le seul lac afghan qui offre quelque importance est le Hamund. C'est une grande excavation à fleur du sol, presque entièrement couverte de roseaux et aujourd'hui à peu près complètement desséchée (1).

Climat. — Productions.

Situé sur les parallèles de l'Egypte et de la Syrie, mais présentant une surface non moins accidentée que la Suisse et des montagnes beaucoup plus élevées que les Alpes, l'Afghanistan doit à cette triple circonstance de réunir, dans son climat et dans ses pro-

(1) G. Le Marchand, *Campagne des Anglais dans l'Afghanistan.*

ductions, les extrêmes de la zone torride et des zones tempérées (1).

Au nord se déroule la steppe, plaine immense où croît une herbe rare et courte. Au sud s'étend le désert de sable. Parfois, dans l'une et dans l'autre de ces régions, on découvre des oasis ou des coins de paysages riants et animés. Le climat est sec et sain, mais, suivant les latitudes, ou très froid ou très chaud. L'hiver est aussi rigoureux qu'en Sibérie, l'été aussi brûlant qu'au Bengale. Dans la partie sud-est, la succession des saisons se fait à peu près comme en France ; les froids commencent en novembre et les neiges tombent à partir du mois de décembre ; jusqu'à la fin de février, elles s'amoncellent au pied des hauteurs, bloquent les villes, barrent les chemins et arrêtent tout trafic. Ailleurs, au contraire, par exemple aux alentours de Kej, le soleil darde d'aplomb dès les premiers jours de mars ; et la chaleur est si intense que, suivant l'explorateur anglais Lovett, on compte 125 degrés Fahrenheit à l'ombre.

Au centre du pays, durant une moitié de l'année, d'avril à octobre, un ciel de plomb pèse sur le sol, le sable calciné se soulève en tourbillons étouffants, et les puits, où l'on ne trouve qu'une eau impotable, tarissent. Les environs du lac Hamund appartiennent à cette zone. Il en est de même de toute la contrée où coule le cours inférieur du Helmund (2). Au sud-est, entre les monts Tschappar et les Soulaiman, jusqu'aux

(1) Vivien de Saint-Martin.
(2) F. von Hellwald, *Central Asien.*

approches du Seouestan, la température est également accablante. Aussi la population, d'ailleurs clairsemée sur toute cette étendue désolée, n'a qu'un cri, celui du poète persan : « O Dieu qui as fait le Seouestan, pourquoi as-tu créé l'enfer ? » La scène change sur le plateau du sud, et principalement dans la partie que baigne le cours supérieur du Helmund. A Candahar, il fait, il est vrai, encore chaud en été ; mais on n'y connaît point les vents brûlants, les nuits sans air qui oppressent et suffoquent.

La végétation n'est vivace et vigoureuse que dans les vallées irriguées du nord. Cependant, sauf dans quelques régions de l'est-sud-est, la terre produit, en plus ou moins grande abondance, le riz, le maïs, le froment, toutes les céréales et surtout l'orge dont les Afghans nourrissent leurs chevaux. Le sol est très favorable à la vigne ; le coton, la canne à sucre, le tabac viennent facilement dans les parties chaudes du pays. Parmi les arbres fruitiers, les plus productifs sont le pommier et le grenadier. Dans le nord, sur le flanc des montagnes, on rencontre des forêts considérables de chênes, de noyers, de bouleaux. Beaucoup de plantes d'ornement viennent en pleine terre et atteignent des proportions colossales. La culture la plus importante est celle des gommiers qui produisent l'assa-fœtida. Ils couvrent une immense superficie, principalement autour de Hérat et de Candahar. L'est du pays est en général nu, désert, stérile. La faune est peu variée. Les hautes vallées de l'Hindou-Koh servent d'abri à des lions de petite taille, à quelques léopards, à deux espèces d'ours et à une race de loups dont la férocité ne peut être comparée à celle des carnassiers de l'Inde. Au nord-est on trouve des singes, et dans le Caboulistan, le chat à longs poils soyeux, communément appelé angora. Le dromadaire est employé comme bête de somme dans toutes les plaines de l'Afghanistan ; le chameau, dans la région des plateaux, principalement aux environs de Balkh, dans l'ancienne Bactriane. L'élevage des chevaux est largement pratiqué dans la province de Hérat. Quoiqu'ils soient souvent d'une rare beauté, ils sont en général inférieurs à ceux du Turkestan. La race des chevaux de montagne est vigoureuse, mais sans proportions. L'âne se trouve à l'état domestique et à l'état sauvage. La vache est commune, mais peu développée, petite, sans étoffe. D'immenses troupeaux de moutons et de chèvres forment la richesse des tribus nomades ; et le dépouillement, la préparation des toisons constituent la grande branche de l'industrie afghane, qui est très limitée, en dehors de l'agriculture (1). La fabrication se borne presque exclusivement aux étoffes de soie et de coton. Quand l'Afghanistan sera plus avancé dans l'économie agricole et industrielle, ses laines pourront devenir un des éléments les plus importants de sa prospérité ; déjà, malgré les empêchements créés par l'organisation imparfaite du pouvoir, ses transactions commerciales ont une véritable importance (2).

(1) Dr J. Chavanne, *Afghanistan.*
(2) Vivien de Saint-Martin.

. Les productions minérales de l'Afghanistan sont peu exploitées, quoiqu'elles aient une grande valeur.

Comme l'Indus, le Caboul-Daria charrie des sables d'or. Dans les montagnes du nord et du nord-est, il y a de nombreux gisements d'argent, de cuivre, de plomb, d'antimoine, de zinc, de soufre, de fer, de houille, de sel gemme, et même des mines de pierres précieuses. Toutes ces richesses, à peine effleurées, attendent l'impulsion de la civilisation (1).

(1) Brockhus. — Meyer. — Chavanne. — Malleson. — E. Reclus. — V. Hellwald: *Ouvrages cités*.

CHAPITRE II.

LES ROUTES STRATÉGIQUES.

La passe de Khyber. — Les Routes de l'Est. — De Peshawar à Daka.

Pour pénétrer au cœur de l'Afghanistan, c'est-à-dire pour briser la ceinture de hauteurs qui l'environne et le protège, il n'y a, tout au moins sur trois des frontières, d'autres chemins praticables pour les armées que des défilés défendus par des pics d'une altitude considérable. Ces défilés sont, au nord, la passe de Bamian ; au nord-est, celle de Baroghil ; à l'est, celles de Khyber, de Kourum, de Gomoul ; au sud, celle de Bolan. Les nombreuses ramifications de montagnes qui étendent leur réseau sur le pays forment à leur tour d'autres passes.

La passe de Khyber est la plus célèbre de toutes. Désignée par les Anglais sous le nom de « Porte de fer », elle constitue ce que l'on est convenu d'appeler une des entrées de l'Inde. Elle mène en effet directement de la vallée du haut Indus à Caboul et à la Perse par Hérat. Elle s'ouvre à proximité de la ville anglaise de Peshawar. La route correspond au cours du Caboul-Daria.

Peshawar est le « vestibule de l'Inde ». Par la beauté de son site, par la fertilité de ses environs, elle est le Paradis de la frontière afghane. Sa fondation remonte, dit-on, à la plus haute antiquité ; les cavernes sur lesquelles sont établies ses assises auraient, s'il faut en croire la tradition, jadis servi de retraite aux prêtres du Bouddha. La ville proprement dite a été bâtie par l'empereur mogol Akhbar, après la conquête de l'Aghanistan en 1591. Comme toutes les anciennes capitales afghanes, elle possède un palais destiné à servir éventuellement de résidence au souverain ; elle a de belles mosquées, des jardins riants, de grands bazars où affluent les acheteurs. Rundjit-Singh, le plus fameux des maharadjahs de l'Inde septentrionale, s'empara de cette partie de l'Hindoustan et fit de Peshawar le plus beau joyau de sa couronne après Lahore. Il y éleva une forteresse entourée de murs de trente mètres de haut et commandant toute la ville. Depuis que cette forteresse est au pouvoir des Anglais, ceux-ci n'ont rien épargné pour la rendre imprenable.

On entre dans le Khyber par deux routes principales, partant toutes les deux de Jumrud, petit village entouré d'une muraille en terre sèche et occupé constamment par une garnison anglaise. Jumrud est à 12 kilomètres à l'ouest de Peshawar. On n'y compte qu'une cinquantaine de maisons. Quoique appartenant aux Anglais, sa situation à proximité de la montagne le rend peu sûr. Plus d'une fois les bandes de guerillas de la grande tribu des Afridis, qui y trouvent des abris inaccessibles, sont tombées à l'improviste sur le poste anglais et y ont massacré les hommes et les officiers, échappant ensuite aux représailles et au châtiment, en disparaissant dans la passe parmi les clans afghans, qui refusent de les livrer. Entre Peshawar et Jumrud la pente de la montée est de plus de 160 mètres. Les deux avenues de la passe sont à peu de distance l'une de l'autre. Celle du nord s'appelle le Shadi-Bajawaru ; celle du sud, le Julogi. Elles aboutissent toutes les deux au fort Ali-Musjid, qui défend l'accès de la passe. Le Shadi-Bajawaru a 16 kilomètres de parcours : c'est la plus courte des deux entrées du Khyber, mais la moins suivie. Le Julogi a 24 kilomètres de parcours. Quoique beaucoup plus long que le Shadi-Bajawaru, il lui est préféré en règle générale. Le Julogi entre dans la montagne à Kadam, petit village situé à 4 ou 5 kilomètres au sud-ouest de Jumrud. A l'entrée, la gorge a environ 800 mètres d'ouverture. A un kilomètre au delà de Kadam, elle se resserre et ne mesure plus que 100 à 150 mètres de largeur. De chaque côté se dressent des rochers à pic ayant plus de quatre cents mètres de hauteur. Bientôt la passe se rétrécit encore. A la jonction du Julogi avec le Shadi-Bajawaru, la largeur du chemin varie entre quatre-vingts et vingt mètres. La route est étranglée entre des rocs de schiste, dépouillés de toute végétation, entassés les uns sur les autres en masses énormes. De Jumrud au fort Ali-Musjid par le Julogi et Kadam, il y a 24 kilomètres.

La passe serpente en lacets, brusquement interrompus par des angles saillants, faisant place presque aussitôt à de nouvelles sinuosités. Un petit ruisseau, alimenté par les filets d'eau qui courent et bondissent de rocher en rocher, suit le chemin, et parfois, dans une chute rapide, devient un torrent fougueux. Ce ruisseau peut être barré aisément par les montagnards du Khyber. Le fort Ali-Musjid, assis sur un plateau escarpé et rocheux, a sept cents mètres d'altitude. Il ferme l'entrée de la passe de Khyber et commande en même temps le Kafir-Thungi ou « Passe des Infidèles », à l'est. Le plateau qu'il occupe ne peut être escaladé de front. Le feu de la forteresse est secondé par celui d'un autre ouvrage de défense établi sur une colline opposée. Les deux systèmes sont néanmoins dominés eux-mêmes par les hauteurs environnantes, d'où l'on peut les harasser avec des armes à longue portée.

La passe laisse le fort d'Ali-Musjid au sud et gravit les pentes du plateau. Après quelques kilomètres de parcours, elle s'élargit peu à peu et atteint une dimension tellement considérable que, d'un côté à l'autre, on peut mesurer plus d'un kilomètre. En même temps les hauteurs qui l'encaissent deviennent moins abruptes. La route entre ensuite dans la vallée de Lala-beg, qui a environ 10 kilomètres de long sur 2,400 mètres de large. Cette vallée est à mi-chemin de la passe. A son extrémité occidentale elle se rétrécit tout à coup, et le défilé est alors si étroit que deux chameaux y peuvent à peine passer de front. A deux kilomètres et demi de cet endroit s'élève le Lundee-kana, plateau assis à 1,000 mètres d'altitude, bordé d'un côté par une immense muraille de granit et de l'autre par un précipice béant. C'est le point le plus pénible de la route, et pour l'artillerie il est presque impraticable.

Les pièces de gros calibre y doivent être démontées et portées. Le Lundee-kana forme le véritable rempart de la passe ; son sommet est à 1,420 pieds au-dessus de l'élévation de Peshawar. Un très faible corps d'armée peut défendre cette position contre toute entreprise d'un nombre considérable d'assaillants. Une fois arrivé à Lundee-kana, on dévale du plateau sans difficulté. Désormais la route est bonne, la vallée s'étale à droite et à gauche, les pentes s'adoucissent.

La passe se termine en face de Daka, petite ville afghane située à 12 kilomètres du sommet de Lundee-kana et défendue, sur la rive droite du Caboul-Daria, par un fort carré dont chaque front de rempart a 25 pieds de haut et 400 mètres de long.

La passe de Khyber, dans sa longueur totale, depuis le fort Ali-Musjid jusqu'au fort de Daka, mesure 35 kilomètres de parcours. La distance de Peshawar à Daka par le Shadi-Bajawaru est de 63 kilomètres, par le Julogi elle est de 71 kilomètres.

Quelque formidable que soit ce défilé, il a été, à plusieurs époques, traversé avec succès par des armées plus ou moins nombreuses, celles-ci descendues du Toit du Monde, celles-là, parties de la vallée de l'Indus et opérant l'ascension des hauteurs. Depuis Alexandre le Grand jusqu'à nos jours, la liste est presque interminable des conquérants qui se sont victorieusement frayé ce chemin de l'Inde : Seleucus, Mahmoud de Ghazni, Mahomed Ghuri, Timour Leng, Baber, Nadir Shah, Ahmed Shah-Dourani, ont tour à tour accompli ce haut fait. En 1839, Sir Claude Wade, à la tête d'un petit contingent de troupes irrégulières, força le défilé, prit Ali-Musjid, et pénétra jusqu'à Jelalabad, en n'ayant perdu que cent quatre-vingts hommes. En 1840, lord Keane, après avoir placé Shah Shoudja sur le trône, franchit la passe avec une partie de son armée. Deux ans après, le général Pollock acheva le même exploit dans des circonstances mémorables. Du fond des ravins il tint en respect sous une pluie d'obus les assaillants postés sur les hauteurs, tandis que deux colonnes de douze compagnies chacune poussaient devant elles l'ennemi. Grâce à ce coup d'audace, Pollock délivra l'héroïque garnison anglaise assiégée dans Jelalabad. En arrivant à Caboul, le vaillant corps expéditionnaire ne comptait que 128 tués. Au retour par la même voie, on ne perdit que 26 hommes. Les mêmes résultats se sont reproduits dans les récentes campagnes afghanes. En 1878, la division Browne, réunie devant Jumrud, traversait la frontière le 21 novembre, canonnait le même jour le fort Ali-Musjid qui fut abandonné pendant la nuit même par sa garnison, arrivait le 24 à Lundee-kana, et entrait le 25 à Daka.

Il est donc hors de doute que la grande barrière du Khyber ne présenterait plus un obstacle insurmontable pour des troupes aguerries, qui seraient conduites par un chef expérimenté. Le fort d'Ali-Musjid n'est pas en état de les arrêter longtemps ; et comme la route est, malgré les difficultés, praticable pour toutes les armes, on peut affirmer péremptoirement que ni l'Afghanistan ni l'Inde anglaise ne sont invulnérables de ce côté.

Ce qui est le plus à craindre, dans ces circonstances, pour une colonne expéditionnaire, ce n'est pas le manque de vivres, de fourrage ou d'eau, que l'on peut se procurer en quantité suffisante et même en abondance. Le plus grand danger réside dans l'hostilité des montagnards qui occupent le pays. Guerriers et pillards, ils habitent, l'hiver, les nombreux villages groupés dans la vallée. L'été, ils logent sous la tente, dans les montagnes. Bons soldats, excellents tireurs, vivant par goût et par métier de rapine, entreprenants, agiles, connaissant tous les passages et toutes les retraites, n'ayant de loi que celle de la force, et indépendants de toute autorité, ils interceptent à leur gré la route de Daka à Peshawar, font main basse sur les caravanes ou les convois militaires, et deviennent pour une armée une cause d'embarras ou de périls. Aussi la difficulté consiste beaucoup moins à franchir le Khyber qu'à entretenir, à travers la passe, des communications avec la base d'opération.

De Daka à Caboul. — La Passe Noire. — Le Kourd-Caboul.

Le fort de Daka, quoique renfermant de vastes casernes, n'offre qu'une protection illusoire. Il est dominé, à une très faible distance, par les collines qui l'environnent. A partir de Daka, qui est séparé par un simple gué de Lalpoura, capitale des Mohmounds, la route court parallèlement au Caboul-Daria sur une distance de cinq ou six kilomètres. A cet endroit, elle se bifurque. L'embranchement supérieur, impraticable au trafic, mène à Caboul par Sador, village situé à une immense altitude sur un contrefort du Safed-Koh oriental L'autre embranchement gravit la vallée de Caboul-Daria et conduit à Jelalabad, située à 64 kilomètres de Peshawar.

Jelalabad est une place importante par sa position et par ses travaux de défense. Toutes les routes venant de l'Inde dans la vallée du Caboul-Daria y aboutissent. Nulle entreprise ne peut être tentée de ce côté sur la capitale afghane si Jellalabad n'est pas aux mains de l'ennemi. Ancienne capitale de l'Afghanistan occidental, à l'époque où la domination afghane s'étendait sur une partie de l'Inde actuelle, Jelalabad, à cause de la douceur de son climat, a été fréquemment choisie comme résidence d'hiver par les souverains de Caboul. Grâce à ces avantages naturels et politiques, la ville de Jelalabad a été de tous temps un marché important. Elle prend, à tous les points de vue, immédiatement rang après Caboul, Hérat, Candahar et Ghazni, et, sous certains rapports, elle ne leur est pas inférieure.

En sortant de Jelalabad, la route ondule vers l'ouest, puis, après avoir suivi la rive droite du Caboul-Daria, traverse la riche vallée de Bala-Bagh et atteint Gandamak, ou Gandamouk, grand village situé à une cinquantaine de kilomètres de Jelalabad, à l'entrée de la région montagneuse, et à un kilomètre et demi de l'extrémité orientale de la passe de Jugdulluk. Celle-ci forme un défilé étroit, en pente raide, long d'environ trois kilomètres, bordé à droite et à gauche par des murailles de granit noir d'une hauteur effroyable. A trente-sept kilomètres de là, dans une région déserte et sinistre, s'ouvre la passe de Tezin, creusée dans des rocs titaniques. Longeant ensuite le fort de Djabar, on entre dans un ravin lugubre appelé la « Passe Noire », puis dans le défilé des Sept-Passes. De là on pénètre dans le Kourd-Caboul. Un souvenir fatal se rattache à cette localité. C'est en effet sur cette route, dans ces diverses passes, qu'eut lieu, comme nous le verrons plus loin, le massacre de l'armée anglaise en 1841.

Le Kourd-Caboul est une gorge affreuse de 8 kilomètres de long, si étroite qu'à peine il y a place pour un mauvais chemin, ou plutôt pour un sentier accessible aux chevaux, entre le flanc escarpé de la gorge et le torrent qui coule au fond. En beaucoup d'endroits, les rayons du soleil ne pénètrent que rarement. Le torrent roule le long de la route avec une grande impétuosité et la coupe environ trente fois. Souvent le courant est assez fort pour interrompre la circulation. La sortie du défilé est à Boutkak, dans la petite vallée fertile de Caboul, à 17 kilomètres à l'est de cette ville. Boutkak est le carrefour où se rejoignent toutes les routes qui viennent aboutir à la capitale afghane. En y arrivant, on ne peut se défendre d'un mouvement de surprise. Aux sites sauvages et sombres de la montagne ont succédé tout à coup, presque sans transition, les verdoyants paysages ensoleillés de la vallée, où la vigne qui mûrit sur les coteaux marie ses tons chauds aux nuances délicates des fleurs qui émaillent les jardins. Le contraste est si frappant qu'un historien. le sultan Baber, ne peut se lasser de le décrire. « En deux heures, s'écrie-t-il, on se trouve transporté comme par magie du pays où les neiges sont éternelles à celui où elles ne tombent jamais ! » La distance de Caboul à Jelalabad est de 150 kilomètres environ.

La passe de Kourum. — De Bannoo à Caboul. — De Caboul à Candahar.

La seconde voie de communication donnant accès du Pendjab au cœur de l'Afghanistan est la passe de Kourum, qui remonte la rivière et la vallée de ce nom et conduit d'un côté à Caboul, de l'autre à la place importante de Ghazni. Moins célèbre que la passe de Khyber, elle a une importance stratégique plus considérable, tant à cause de la facilité du chemin qu'au point de vue des ressources offertes par les pays qu'elle traverse. Une armée marchant sur Caboul par le Kourum prend, aussitôt la vallée occupée, possession du Shutargurdan ou *Col du chameau*, passe dont l'ascension est relativement aisée, quoique son altitude excède 4.300 mètres. En outre, elle peut combiner ses mouvements avec ceux des troupes agissant dans la vallée de Caboul-Daria, et tomber sur les flancs ou les derrières des défenseurs de cette vallée ou les arrêter dans leur retraite sur Caboul. Si elle parvenait à descendre dans la vallée du Logar, dont la pente est raide et longue, elle serait immédiatement maîtresse de la route de Caboul à Ghazni.

et intercepterait toutes les communications de la capitale afghane avec Candahar et le sud de l'Afghanistan. La position au centre de la passe est d'autant plus favorable que les tribus établies dans la vallée sont adonnées à l'agriculture et pacifiques. Le point de départ sur la frontière indienne est Bannoo ou bien Kohat. Cette dernière place occupe un angle formé par les montagnes du Safed oriental. Elle est distante de 55 kilomètres de Peshawar, à laquelle elle est reliée par une bonne route, De Kohat un chemin en parfait état d'entretien conduit à Thull, localité située à l'extrême frontière indienne, à 170 milles de Caboul et à 200 de Ghazni. Thull a été choisi à diverses reprises comme base d'opération des corps expéditionnaires anglais. En sortant de Thull, le chemin de Caboul continue à suivre le fond de la vallée de Kourum et arrive au pied du fort Mohamed-Azim, ou fort de Kouram, ouvrage d'une certaine étendue, important par sa position et pouvant résister longtemps. En partant du fort Mohamed-Azim, la route s'écarte de la rivière de Kourum et se dirige, vers le nord-ouest, sur la passe de Païwar. Celle-ci, distante d'environ 30 kilomètres du fort Mohamed-Azim, est située à près de 2,500 mètres d'altitude. Elle est dominée au nord par le mont Sikaram, dont la hauteur est évaluée à 4,775 mètres, et au sud par le plateau de Païwar, énorme barrière de plus de 25 kilomètres de largeur, qui ferme complètement la vallée du Kourum. Le défilé de Peiwar est le seul par lequel une armée puisse franchir cette barrière. Au sortir de la passe, la route tourne vers le sud et descend par une pente très rapide dans une vallée boisée, fertile et bien arrosée. Le village d'Ali-Khel, situé à 20 kilomètres de l'entrée de la passe, offre des ressources importantes pour l'installation d'un camp et l'approvisionnement des troupes. D'Ali-Khel la route se redresse vers le nord-ouest, franchit le Safed par le défilé oriental de Shutargurdan, et suit un affluent du Logar jusqu'à Kouschi, où elle se bifurque, et arrive, par chacun de ses embranchements, à Caboul. La longueur de la passe de Kourum est d'environ 210 kilomètres. La distance totale de Thull à Caboul peut donc être évaluée à 270 ou 300 kilomètres.

La passe de Gomoul. — De Deralsmaeel-Kan à Candahar et Ghazni.

La troisième voie de communication reliant, à l'est, l'Inde avec le centre de l'Afghanistan, est la passe de Gomoul. Elle part de Deralsmaeel-Khan sur l'Indus et conduit à Ghazni. C'est l'une des principales lignes commerciales entre le pays afghan et l'empire anglo-indien. Elle a près de 520 kilomètres de longueur. Cette route, qui traverse les monts Soulaiman, ne présente pas de défenses naturelles aussi formidables que celles qu'on rencontre dans la passe de Khyber ou dans celle du Kourum; mais elle est moins praticable, à cause de la rareté du fourrage, et, l'hiver, elle est encombrée par les neiges. Dans les régions montagneuses, elle se resserre parfois au point que les chameaux peuvent à peine y passer avec leurs charges. Le premier village afghan qu'on rencontre au sortir du territoire indien est Zemarika, au pied des monts Soulaiman, à quelques kilomètres au sud du Gomoul. La route s'enfonce ensuite dans la montagne par des défilés, puis elle traverse le Gomoul en face de Koseghaï, où elle se bifurque. Un embranchement se dirige vers Candahar à travers un pays désert; l'autre remonte le Gomoul, débouche dans la vallée de l'Ab-Istadah, et se soude, près de Nanee, à la route qui mène de Candahar à Ghazni.

La grande route du sud. — De Jacobabad à Candahar. — La passe de Bolan. — Quetta et les défilés du Khodjak et Ghwaja.

Les trois grandes routes de l'est, dont nous avons tenu à dessein d'indiquer par le détail les points stratégiques, sont appelées, dans toute lutte des Anglais sur le territoire afghan, à occuper l'attention de quiconque voudra suivre avec soin les mouvements des corps expéditionnaires arrivant de l'Inde. C'est, en effet, par ces trois voies principales que l'Angleterre versera ses renforts au cœur de l'Afghanistan, et alimentera de ressources, en hommes et en approvisionnements, les places où elle aura pris position. Il ne faut pas toutefois perdre de vue que, depuis 1876, le Béloutchistan est placé sous le protectorat de l'Angleterre et que la ville de Quetta, située à une vingtaine de kilomètres à peine de la frontière afghane, est occupée par une garnison anglo-indienne. Les routes du sud ont, par conséquent, une importance égale, sinon supérieure, à celles de l'est.

Parmi ces routes méridionales il faut signaler celle de Jacobabad à Candahar par Dadour, la passe de Bolan, la route de Jacobabad à Quetta et les défilés du Khodjak et de Ghwaja.

La voie qui relie Jacobabad à Candahar est la grande ligne de transit du commerce de l'Asie centrale. Elle met en communication la vallée de l'Indus, non seulement avec tout le sud-ouest de l'Afghanistan, mais encore avec la Perse et le Turkestan. Au point de vue politique, c'est la grande artère de l'Inde; la route désignée d'elle-même aux marches et aux invasions des Persans ou des Russes. Au point de vue militaire, elle présente des avantages, mais elle est bordée par des tribus dangereuses, et le fourrage et les vivres y font souvent défaut. Jacobabad, point de départ de cette route sur la frontière anglo-indienne, est une ville située au nord-ouest de Sikharpour, sur le chemin de fer de Lahore. La route de Sikharpour à Candahar est de 555 kilomètres. Elle se dirige à travers le désert sablonneux du Béloutchistan sur Dadour, passant entre Goundava et Bagh, centre de commerce assez considérable dans l'oasis fertile à laquelle les Béloutches donnent le nom de « Perle du Khan de Khélat ». Dadour est une petite ville située à l'entrée de la passe de Bolan. Le chemin franchit ce défilé où se trouvent plusieurs villages, et débouche dans la vallée de Quetta. De Jacobabad à Quetta la distance est d'environ 3oo kilomètres.

La passe de Bolan a, dans les annales anglo-indiennes, une célébrité aussi lugubre que celle de Khyber. C'est dans ce défilé que furent massacrées les troupes combinées des Anglais et des Sicks. Une brigade entière de cavalerie y fut réduite à un effectif de 100 hommes. Lorsque l'on quitte Doudar, l'aspect de la passe du Bolan est, pendant les 25 premiers kilomètres, désert et sauvage. Le chemin est formé presque partout par le lit de la rivière, qui est à sec pendant les deux tiers de l'année. De chaque côté s'élèvent des montagnes peu élevées, mais inaccessibles, couvertes de pierres roulantes et semblables à d'immenses monceaux de cailloux gigantesques. Le lit de la rivière lui-même est jonché de galets mouvants entre lesquels les chevaux enfoncent leurs pieds jusqu'au boulet ; de nombreux squelettes de chameaux, de bœufs ou de chevaux gisent partout, obstruant la voie. A toutes les difficultés de la route vient se joindre pour une armée la privation d'eau et de combustible. En approchant du sommet des passes, le chemin se hérisse de rochers : ce sont des montées, des descentes, des obstacles à chaque pas ; bientôt on ne voit plus aucune trace de végétation ; tout est aride, mort, désolé, et, suivant l'heure ou la saison, brûlé par un soleil dévorant ou glacé par un froid plus excessif que celui de la Sibérie. Le point culminant de la passe est situé près du village de Sir-î-Bolan, dont l'altitude est de 1,800 mètres. A partir de Sir-î-Bolan, la descente se fait au milieu d'un véritable chaos de blocs énormes et par des sentiers couverts de pierres roulantes. C'est un tel amoncellement de rochers inaccessibles, un tel dédale au milieu d'escarpements à pic, qu'une fois engagé dans les gorges, qui ont l'air de se fermer à chaque pas, on se demande par où l'on pourra sortir. Ce n'est qu'après une trentaine de kilomètres que l'aspect général du pays commence à se modifier et que le chemin devient réellement praticable, à l'endroit où il pénètre dans la vallée de Quetta, qui offre de nombreuses ressources en eau, en fourrage et en vivres.

Le seul beau côté de cet affreux passage, auprès duquel le légendaire défilé de Khyber semble un simple vallon d'Ecosse, ce sont les paysages splendides qui viennent par moments éblouir le voyageur matinal. Sous la transparente lumière d'une aurore de l'Orient, les rochers luisants, les masses d'argile rougeâtre, les blocs de granit pailletés, s'éclairent de toutes les nuances de l'arc-en-ciel. De longues échappées roses se foncent peu à peu de tons orangés, puis soudain s'illuminent d'un pourpre éclatant, jusqu'à ce qu'enfin tout brille et miroite aux feux d'un ardent soleil (1).

De Quetta à Candahar il n'y a plus que 220 kilomètres. La route militaire traverse la vallée de Pishin, passe à gué un petit cours d'eau, entre dans les monts Amran par la passe de Khodjak ou par celle de Ghwaja, et n'atteint Candahar qu'après avoir franchi de grandes difficultés.

Quetta, dont le nom est afghan et veut dire mame-

____

(1) G. LE MARCHAND, ouv. cité.

lon, est pour les Anglais, qui occupent cette ville du Béloutchistan depuis 1876, une position tellement importante qu'elle constitue en quelque sorte la clef de voûte de tout leur système de défense contre une invasion russe par Hérat. La ville est aujourd'hui bien défendue et les ouvrages de fortification s'y complètent successivement selon les besoins de la garnison, qui est permanente et se trouve renforcée dès que les événements le réclament. Le climat de Quetta est malheureusement peu salubre et le froid s'y fait très rudement sentir aux soldats qui arrivent nouvellement de l'Inde. Cependant l'aspect général de Quetta est assez agréable. La végétation y est abondante comme dans toutes les vallées du Béloutchistan. L'occupation permanente de Quetta est due à lord Lytton, et il est hors de doute qu'elle offre, en dépit de toutes les violentes critiques soulevées, à cette occasion d'incalculables avantages.

Route du centre. — De Candahar à Caboul par Ghazni.

De toutes les routes afghanes celle du centre est la meilleure et la plus commode. L'eau n'y manque jamais pendant le trajet, et à la plupart des haltes, on peut se procurer aisément tout le fourrage et le combustible nécessaires à une armée. La longueur totale de cette route, de Candahar à Caboul, est de 510 kilomètres. Pendant près de 400 kilomètres, c'est-à-dire jusqu'à Ghazni, on remonte la fertile vallée de la Tarnak, où l'on rencontre de nombreux villages. A 140 kilomètres au nord-est de Candahar, sur la rive droite de la Tarnak, on aperçoit la ville de Kalat-î-Ghilzaï, dont l'importance est si considérable au point de vue militaire, que son occupation est le préliminaire indispensable de toute expédition dans ce sens.

Kalat-î-Ghilzai est par lui-même un lieu triste, affreux. Située sur un plateau isolé dont l'altitude dépasse 5,500 pieds, la ville est fouettée sans défense par les vents glacés qui l'assaillent pendant une grande partie de l'année. Malgré ce désavantage, elle constitue une position stratégique d'autant plus précieuse qu'elle peut être rendue imprenable. C'est une forteresse naturelle dont les remparts ont été taillés dans le roc, et où l'on n'a eu qu'à établir des parapets et des terre-pleins, le glacis étant tout préparé par les pentes. Une particularité du terrain augmente encore la force de ces ouvrages ; à l'ouest de la ville s'élève un rocher, qui en domine les fortifications et qui lui-même est fortifié. Ce rocher forme une sorte de citadelle. Il commande entièrement la ville. De ses flancs jaillissent deux sources d'eau excellente, mais les seules dont puissent faire usage les habitants et la garnison.

C'est dans le voisinage de cette place que Shere-Ali éprouva en 1866 la grande défaite qui le contraignit à évacuer Candahar et à se retirer sur Hérat. C'est là aussi qu'eut lieu la mémorable défense du capitaine Craigie, pendant la campagne de 1839 à 1842. N'ayant avec lui qu'un millier d'hommes, et parmi eux à peine une quarantaine d'artilleurs européens et quelques soldats du génie, le vaillant officier anglais tint tête, depuis le mois de décembre jusqu'à la fin de mai, à plus de dix mille Afghans, et sut, avant l'arrivée du détachement envoyé pour le débloquer, contraindre l'ennemi à lever le siège.

Kalat-î-Ghilzaï est donc un excellent poste avancé sur la route de Ghazni. Cette place offre en outre un grand intérêt au point de vue politique. A quelques kilomètres au sud de la ville se trouve, marquée par un pont de pierre, la limite du territoire des Ghilzaïs, confédération puissante qui s'est acquis, parmi les Afghans, un fâcheux renom, à la suite des *raids* (incursions) qu'elle ne cesse de faire sur le territoire des tribus voisines. Race turbulente et pillarde, les Ghilzaïs passent pour les plus hardis voleurs de frontières et en même temps pour les plus tenaces des guerriers, et ils ont souvent fait preuve d'un courage désespéré. Ils s'étendent au nord jusqu'aux approches de Caboul et à l'est presque jusqu'à la chaîne du Soulaiman. Le fort de Kalat-î-Ghilzaï les tient seul en respect. Au delà du fort, dans la direction de Ghazni, on trouve Pandjak, où la côte est de 2,080 mètres, puis Kariai-Oba. Au nord-est de ce dernier village, le chemin traverse une suite de hauteurs, formant la ligne de faîte entre le bassin de la Tarnak et celui de l'Ab-Istada. Il passe à Jumrud, Argansan et Nanee, qui est au point de jonction de la route du Gomoul, puis il arrive à Ghazni. En sortant de cette ville, dont nous reparlerons plus loin, la route traverse une passe obstruée par les neiges pendant plusieurs mois et descend dans la vallée du

Logar et du Caboul-Daria. De là elle se dirige sur Caboul.

Route de l'ouest. — De Candahar à Hérat.

Une armée, ayant pour base d'opération Quetta, peut s'avancer à gauche sur Hérat ou à droite sur Caboul. Dans le premier cas, elle suivra la route de l'ouest-sud-ouest. Après avoir rencontré Koharan, localité située sur l'Argand-Ab, elle traversera à gué plusieurs petits cours d'eau et s'engagera ensuite dans un pays aride, pierreux, qui forme l'ourlet du grand désert de Saïstan. Plus loin, elle atteindra la ville de Girischk (Grishk), où se trouve le point de passage obligé de la rivière Helmund, qui n'est guéable nulle part ailleurs. De Candahar à Girischk la distance est d'environ 130 kilomètres. Deux voies s'offrent ici pour se rendre à Hérat. L'une traverse un pays montagneux et pauvre, et aboutit au défilé de Kawja-Ouria; l'autre passe au milieu d'une contrée fertile, et rejoint la première à l'entrée du défilé, après avoir rencontré plusieurs localités, dont les plus importantes sont Farah ou Furrah et Sebzar, appelé aussi Subzemar. Entre ces deux dernières villes il n'y a ni villages, ni habitations ; tout le pays consiste en vallées, collines et petites plaines où les tribus nomades font halte sans s'y établir. Furrah est entouré d'une enceinte en briques, qui ne représente, à tout prendre, qu'un monceau de ruines. La rivière qui porte le même nom et qui baigne la ville, est à sec pendant les trois quarts de l'année ; mais au commencement de l'été, elle a plus de 400 mètres de largeur. En tout autre temps l'eau manque et les vivres ou le fourrage sont difficiles à obtenir. Furrah barre le chemin qui conduit de la Perse méridionale dans l'Afghanistan. Une fois arrivé à Sebzar, on découvre une plaine relativement vaste, bien cultivée, où paissent de nombreux troupeaux de bœufs, de vaches et de moutons. Plus au nord, est la passe de Kawja-Ouria. Entre ce point et Girischk on compte 425 kilomètres par Furrah. En sortant du défilé, la route traverse la rivière Adraskan et rentre dans une région montagneuse, où l'on ne voit que ruines et déserts, puis arrive à Hérat par Rozw-î-bagh.

Toutes les routes qui aboutissent à Hérat sont parfaitement entretenues dans un rayon de plusieurs kilomètres autour de la ville. Du côté du sud, un pont en briques, long de mille pieds, permet de franchir en tout temps le Hari-Roud ; de nombreux canaux d'irrigation arrosent la vallée.

De Caboul à Hérat ou, pour parler plus exactement, à la frontière persane, par Girishk, Candahar, Kalat-î-Ghilzaï et Ghazni, la distance totale est de 690 ou 1,110 kilomètres ; une armée d'infanterie parcourrait ce trajet en cinquante-six journées de marche, soit, en comptant un jour de repos entier à la fin de chaque semaine, soixante-quatre jours ou environ neuf semaines. Il en résulte que la position stratégique de Candahar, située sur cette route, a une importance considérable. Quiconque occupe cette ville est maître de tout le sud de l'Afghanistan, surtout s'il peut en même temps se saisir de Girischk et y établir une base d'opération pour menacer ou protéger Hérat. Un chef d'expédition qui a eu soin d'investir en même temps les trois places Kalat-î-Gilzaï, Candahar et Girischk, peut tenir en respect un ennemi venant soit de Hérat, soit de la frontière persane.

Route du Nord-Ouest. — De Hérat en Perse.

La voie commerciale qui relie l'Afghanistan à la Perse part, à proprement parler, de Hérat. C'est une des plus fréquentées de l'Asie. Elle met toute la partie septentrionale de la Perse en communication avec la Boukharie, en passant par Hérat et en se dirigeant sur Samarkand ; avec l'Inde en traversant Hérat, Candahar, Quetta ou le Gomoul ; avec le pays de Cachemire en touchant successivement à Hérat, à Candahar et à Caboul. Au sortir de Hérat, elle va vers Mesched (Mash-had), en coupant à l'ouest la vallée du Hari-Roud. Elle atteint la frontière persane entre Kusan et Kafir-Kala (Khaf), et à partir de ce point elle court vers le nord-ouest.

Routes du Nord. — De Hérat à Merv et de Hérat à Samarkand et Taschkend, avec embranchement sur Balkh et Caboul. — La passe de Bamian.

La route du nord, qui va en ligne droite de Hérat à Merv, emprunte une importance capitale aux derniers événements. C'est celle que suivraient les troupes russes, dans le cas où, la guerre déclarée, elles pousseraient en avant jusqu'à Hérat. Elle relie le Turkestan à l'Afghanistan et à l'Inde. Elle constitue par conséquent la grande voie stratégique d'une expédition qui serait dirigée contre l'empire anglo-indien et aurait pour première base d'opération Merv et le khanat de Khiva.

En sortant de Hérat, cette route se dirige sur Parwan (Parranah). Elle traverse le Badgheis, région fertile au nord des collines du Paropamisus. Autrefois très populeuse, cette région a, depuis la prise de Merv par les Russes et la cessation des *raids* des Tekés, acquis une importance nouvelle. Les tribus de l'Afghanistan occidental mettent à profit la sécurité qui leur est offerte pour s'établir dans toute cette contrée si favorable à la culture. Au delà du Badgheis, la route franchit les passes de Hazret-î-Baba et de Robat dans les montagnes de Kaïtou, et descend dans la vallée de la Khushk ou Koushk, occupée par la ville du même nom.

Koushk est le point central ou la capitale des Jemshidis, qui y comptent 4,000 familles. Le climat et la température y sont très agréables. Le sol est susceptible d'une fertilité presque sans bornes ; la terre, pour produire des fruits en abondance, n'a besoin d'être cultivée qu'à des intervalles de plusieurs années. Le Hari-Roud est à gauche de Koushk et contourne le Paropamisus. C'est entre le Hari-Roud et la rivière de Koushk que se trouvent les marais salins dont la Russie réclame la possession, et qu'elle

2*

prétend indispensables aux tribus soumises à sa domination.

La passe de Koushk est le seul obstacle que les Russes puissent rencontrer dans une marche sur Hérat à partir de Penjdeh. Encore peuvent-ils le tourner. La route suit la rivière de Koushk, atteint en amont le fort de Karatapa (Kura-Tuppa), et va vers le confluent de la Koushk et du Mourghab. Les Jemshidis, qui occupent cette région, ressemblent, par le costume et les mœurs, aux Turcomans; mais ils sont d'un naturel plus paisible. Au nord-est de Koushk, est le fort afghan de Bala-Mourghab, qui commande le chemin de Balkh et du Turkestan afghan. L'émir y a récemment transporté 1,000 Jemshidis pour renforcer cette place, dont on pousse encore aujourd'hui très activement les travaux de défense. Si les Russes parvenaient, dans leur marche en avant, à se saisir de Bala-Mourghab, tout le Turkestan afghan serait ouvert devant eux.

A vingt kilomètres au nord-ouest de Bala-Mourghab, se trouve sur le Mourghab une vieille ville afghane, où vient d'avoir lieu un engagement entre Russes et Afghans. Elle porte le nom de Maruchak. Jadis très prospère, elle n'est plus qu'un monceau de ruines, sur lesquelles les Afghans ont eu, à la dernière heure, au moment où commençait le conflit, à élever un nouveau rempart. L'ancienne fortification se composait de murs en terre ou en briques cuites au soleil, et elle est maintenant très délabrée. De ces murs émerge la citadelle, haute d'environ 70 mètres, que l'on s'occupe de réparer. Au nord et au sud-est, court une rampe circulaire, semblable à un mur de terre effritée. Les Afghans s'efforcent de relever cette enceinte pour y faire un campement. A l'intérieur de la citadelle, il y a quelques maisons en pisé; mais, à l'exception des Afghans employés à la reconstruction du fort, il n'y a pas d'habitants.

C'est à Maruchak que s'arrête la frontière réclamée aujourd'hui par les Russes. Le tracé de cette frontière, contestée par les Anglais, passe', en se dirigeant vers le Hari-Roud, à Pul-î-Khisti et un peu au-dessous d'Ak-Robat. Ces places dont les Russes se sont déjà saisis, sont des parties intégrantes de la clef de l'Inde, essentielles à sa sauvegarde et comprises dans la zone fertile de Hérat.

Au nord de Maruchak et à vingt-huit milles (45 kilomètres) de cette ville, se trouve Penjdeh, qui est aux mains des Russes depuis l'origine du dernier conflit. Penjdeh est, suivant les uns, à 161 kilomètres de Hérat, et suivant les autres à 224. Ce n'est pas, comme on le prétend, une simple oasis, facile à détacher de Hérat. Son occupation par les Russes menace Hérat, comme autrefois l'occupation de Calais par les Anglais menaçait Paris. La région de Penjdeh est commandée par le fort d'Ak-Tépé (colline blanche), que les Afghans ont bâti l'année dernière et qui est défendu par dix-sept canons. Ak-Tépé était précédemment habité par des Sariks, tribu turcomane. Les Jemshidis afghans, en s'y établissant, ont voulu affirmer les droits de l'émir sur ce territoire, occupé, il est vrai, par 4,000 Sarikhs soumis à la Russie,

mais en même temps par 8,000 Afghans soumis à
l'émir. Penjdeh est à 9 kilomètres du fort d'Ak-
Tépé. Les Russes, en parlant de Penjdeh, ne parlent
pas exclusivement du village de ce nom, mais ils
comprennent sous la même appellation tout le territoire de Sarik, y inclus le fort d'Ak-Tépé. Or, ce
territoire s'étend jusqu'à 90 kilomètres en amont
du Mourghab, c'est-à-dire jusqu'en vue de la forteresse de Bala-Mourghab. Au nord de Penjdeh, on
trouve sur le Mourghab la localité de Sariyazi.

A quelques kilomètres de Penjdeh est Pul-î-Khisti
(*le pont de brique*), pont de neuf arches jeté sur la
Koushk. C'est, nous le répétons, par Pul-î-Khisti et
Ak-Robat que passe la nouvelle ligne de délimitation
réclamée par les Russes. Cette ligne descend au-dessous de Zulfi-Kar, qui est sur le Hari-Roud. En suivant ce cours d'eau vers le nord, on atteint Pul-î-
Khatun (*le pont de la femme*), ainsi appelé parce que
la légende des Tekés rapporte qu'une femme voulut y jeter un pont sur le Hari. Il ne reste plus
que quatre arches de ce pont, qui a 175 pieds de
long. La cinquième arche et le centre sont en ruines.
Près de là le Keshef-Roud se jette dans le Hari.
Celui-ci mesure, à cet endroit, 40 pieds de largeur ;
mais sa profondeur est insignifiante et n'arrive pas
jusqu'au genou des chevaux. Le passage est néanmoins peu guéable, à cause des grosses pierres qui
obstruent le lit du cours d'eau. Au nord de Pul-î-
Khatun, sur le Hari, est la forteresse de Sarakhs.
Le Hari court entre deux localités de même nom,
l'une appelée vieux Sarakhs, l'autre dite nouveau

Sarakhs. Ici s'arrêtait en 1882 la frontière afghane allant de Khoja Saleh à la Perse, le vieux Sarakhs étant occupé par une garnison persane de 700 hommes. C'est ce tracé que l'on désigne généralement sous le nom de « limite de Skobeleff », parce qu'il figure dans la carte de l'état-major russe dressée en 1881, et c'est à la reconnaissance de cette limite que se bornaient les prétentions russes au commencement de l'année dernière (1). Sariyazi est à 20 milles (32 kilomètres) au-dessous, et Pendjeh à 40 milles (soit 65 kilomètres).

Les Russes réclament donc aujourd'hui une portion de territoire représentée par un parallélogramme irrégulier, dont le côté formé par le Mourghab a 100 kilomètres d'étendue, ce qui donne une superficie total d'au moins 12,000 kilomètres carrés. Au delà de l'ancien tracé (limite de Skobeleff), la route côtoie le Mourghab jusqu'à Merv. Nous verrons plus loin dans quelles circonstances les Russes ont annexé à leur territoire turcoman le vieux Sarakhs. Ils se sont ainsi assuré deux bases d'opérations : l'une établie à Merv et servant au corps expéditionnaire venant du Turkestan ; l'autre établie à Sarakhs et servant à l'armée partant de la Caspienne. Entre ces deux points il y a une distance de 128 à 130 kilomètres. De Merv à Hérat par Penjdeh, Maruchak et Koushk, on compte 386 kilomètres. De Sarakhs à Hérat par Pul-i-Khatun, il y a 325 kilomètres.

(1) Blue Book, *Central Asia*, n° 1, 1884.

Ces données justifient et confirment l'opinion des écrivains militaires qui ont regardé la prise de Merv et celle de Sarakhs par les Russes comme une double mainmise sur la clef de l'Inde. En comptant, en effet, sur cette route aujourd'hui aplanie, les étapes d'un corps expéditionnaire, par l'une ou l'autre des directions que nous venons d'indiquer, on reconnaît que des renforts russes peuvent être dirigés sur ce théâtre de la lutte en moins d'un mois, et qu'une fois Hérat au pouvoir du général Komaroff, une armée considérable pourrait être concentrée par les Russes sur cette position stratégique, où commencerait pour eux la route de l'Inde.

Près de Koushk s'embranche, sur la voie de Hérat à Merv, celle qui conduit à Samarkand et à Tashkend. Une troisième route, s'infléchissant plus à l'est, mène de Hérat à Bala-Mourghab. Elle remonte de là vers l'est, en suivant un affluent de la rivière, gagne Kala-Veli, Kaisar, Ambar ou Almar, et arrive à Maimana, qui est la principale place forte de ce côté de la frontière afghane.

Maimana ou Maimène, capitale d'un khanat du même nom, est située parmi des hauteurs. Elle est entourée de remparts en terre qui ont douze pieds environ d'élévation sur cinq de largeur ; les fossés sont peu profonds. La ville ne s'aperçoit qu'à la distance d'un quart de lieue ; elle est mal bâtie et mal tenue. Ses maisons, au nombre d'environ 1,500, ne sont que des huttes en terre, et son bazar construit en briques semble menacer ruine. Il en est de même de ses trois mosquées et de ses deux médresses. Son circuit peut avoir un demi-mille : sa population s'évalue entre 15 à 20,000 habitants. Ceux-ci, de races et de religions diverses, vivent en paix ensemble, malgré leurs croyances opposées. La citadelle de Maimana se dresse sur un monticule escarpé ; mais dans le voisinage se trouvent des sommets accessibles du haut desquels une batterie n'aurait pas de peine à la réduire en cendres au bout de quelques heures. Maimana a supporté bravement plusieurs sièges ; mais il semble que la force de cette place ait consisté toujours dans le courage de ses défenseurs, bien plus que dans l'importance des travaux qui la protègent. Les Ousbecks de Maimana ne le cèdent en effet pour la bravoure à aucune des tribus afghanes ; et les seuls qui puissent rivaliser avec eux, sous ce rapport, sont les Ousbecks de Scheher-i-sebz. On en a eu la preuve fréquemment et surtout dans la guerre entre l'Afghanistan et la Boukharie. En 1862, lorsque Dost-Mohammed marcha pour la première fois sur Hérat, qu'il voulait châtier de sa trahison, toute l'Asie centrale trembla à l'approche du redoutable sirdar. Maimana seule lui résista. Et telle fut, en cette circonstance, la vaillance des Ousbecks qui la défendaient, qu'à la mort de Dost-Mohammed, ils purent proclamer, à la face de tout l'Afghanistan, qu'eux seuls n'avaient pas sacrifié leur indépendance au vainqueur.

Le khanat de Maimana, dans son ensemble, a 18 milles de largeur sur 20 milles de longueur. Il comprend, outre la capitale, une dizaine de villages dont les principaux sont Kaisar, et Almar. La po-

pulation totale s'élève à 100,000 habitants, appartenant, comme nous l'avons déjà dit, à diverses natio-
nalités. On y trouve non seulement des Afghans
de plusieurs tribus, Ousbecks, Tadjiks, Heratis, mais
aussi des Hindous et des Juifs. M. Vambéry, qui visita
cette place et ce khanat il y a un peu plus de vingt
ans, à l'époque où régnait le khan Husein, homme
de grand mérite et très estimé dans sa contrée, rapporte une particularité assez remarquable au sujet
des mœurs de cette région. «La justice y est exercée,
dit-il, avec une telle rigueur qu'au lieu d'infliger
aux condamnés des châtiments corporels ou des
amendes pécuniaires, comme dans le reste du pays, le
khan de Maimène les envoie au marché de Bokhara, où il les fait vendre comme esclaves.»

De Maimana la route se dirige vers l'ouest, passe à
Kafir-Kila, petite place forte, et descend dans la
vallée du Sangalak ou Andekhui. En arrivant dans la
plaine, elle se bifurque, et l'un de ses embranchements va vers le nord, en passant par Andekhui ou
Andko. Cette petite ville était autrefois très florissante. Elle faisait avec la Perse, il y a une cinquantaine d'années, un grand trafic de ces belles toisons
d'agneaux noirs que l'on appelle astrakans, et entrait
avantageusement en concurrence avec Bokhara, le
principal centre de ce commerce. Elle comptait
alors 50,000 habitants. M. Vambéry, qui la visita en
1863, n'y trouva plus que 15,000 Turcomans,
mêlés à quelques Ousbecks et Tadjiks. Sa décadence date de 1840 ; jusqu'alors elle avait
fait partie du khanat de Boukharie. Les Afghans,

dans une marche envahissante sur l'ouest, l'assiégèrent pendant quatre mois, la prirent d'assaut, la pillèrent, la réduisirent en grande partie en cendres et massacrèrent les deux tiers de sa population. Pour sauver le reste, le khan Gasanfer, qui régnait alors sur la région, se jeta dans les bras des vainqueurs. Aujourd'hui Andekhui ne comprend que 2,000 maisons, constituant la ville proprement dite, et 8,000 tentes environ, les unes dans les environs immédiats, les autres dispersées dans les oasis. Toute la région est affreuse. Chose étonnante toutefois : dans ce pays, en quelque sorte désert, croissent en assez grande abondance les fruits, les céréales et principalement le riz ; pourtant le climat est mauvais. « L'eau d'Andko, dit un poète persan, est saumâtre, ses sables sont brûlants, ses mouches venimeuses ; il y a même des scorpions. Gardez-vous de vanter un tel pays qui représente les tortures de l'enfer. »

La route de Samarkand traverse la frontière afghane à 30 milles au nord d'Andekhui. Elle remonte et laisse à sa droite Khoja-Saleh jusqu'à Kerki, où elle atteint l'Amou-Daria ; de là elle oblique vers le nordest, passe par Karshi et arrive à Samarkand, d'où elle se rend à Tashkend.

La section de la route de Hérat sur Balkh traverse, avant d'arriver à cette ville, la localité importante de Shibargan cu Shibbergan. Entre cette ville et Maimana s'étend une steppe cultivée. Shibbergan compte 12,000 habitants, la plupart Ousbecks. Elle a une citadelle. Le site est très pittoresque. Le général Ferrier, qui parcourut toute cette région en 1846, la cite comme l'une des plus belles du Turkestan afghan. Le climat y est très favorable et la végétation luxuriante. Elle est arrosée par le Siripoul, qui vient du sud et baigne également la ville à laquelle il donne son nom. Siripoul était autrefois, comme Shibbergan, le centre d'un Etat indépendant, et les deux sirdars qui les gouvernaient étaient fréquemment en guerre. A cette époque, Shibbergan pouvait mettre sur pied 2,500 hommes et au besoin 6,000.

Entre Andekhui et Balkh, au delà de Shibbergan, se trouve Artsche, dans une vaste et belle plaine semblable à un immense jardin. La ville a dix mille habitants. Elle est défendue par des murailles, des fossés, et une citadelle occupée par une garnison de 200 hommes. Presque aux portes de Aktsche, le chemin passe à Menlek, où l'on voit un marécage couvert de roseaux et de broussailles, parmi lesquelles se dressent de gigantesques tamarins. Toute cette localité dépend du khanat de Balkh. Depuis Maimana jusqu'à Balkh, la route est bien entretenue.

Balkh, que les Orientaux appellent Uem-el-Bilad (la Mère des cités), est considérée par eux comme une ville sainte et passe, en effet, dans tout l'Orient pour la plus vieille ville du monde. Les historiens y retrouvent l'emplacement de l'antique Bactres ou Bactra, la rivale de Ninive et de Babylone, et la capitale de la Bactriane, qui fut une des contrées les plus célèbres de l'Asie. Balkh est aujourd'hui le siège et le centre du gouvernement des provinces afghanes du Nord, que l'on considère généralement comme le pays conquis. Ces provinces, au nombre de quatre, Badakshan, Koundouz, Balkh et Andko. ont chacune à leur tête un *hakim* (gouverneur civil) et un *sirdar* (commandant militaire) ; elles sont réunies sous l'autorité d'un gouverneur général qui réside à Balkh, mesure administrative rendue nécessaire par la difficulté ou plutôt par l'impossibilité de communications entre la frontière septentrionale et la capitale du pays afghan. Aussi la défense de Balkh et de toute la région est-elle confiée à un vizir éprouvé, qui a sous ses ordres une armée importante, composée d'Afghans, mais équipée comme les Cipayes et comptant dans ses cadres beaucoup d'anciens sous-officiers anglais ou indiens.

Balkh est située dans une large plaine, à une cinquantaine de kilomètres au sud de l'Amou-Daria, sur la route directe de Caboul, à 5oo kilomètres environ de chacune des deux villes. Les débris de l'ancienne Balkh disparaissent graduellement. Jadis ils couvraient un espace de cinq lieues. Aujourd'hui ils sont réduits à quelques monticules. Des fouilles pratiquées dans toute cette contrée ont donné, au point de vue scientifique et historique, des résultats précieux. On se souvient, en effet, que Balkh fut presque aussi florissante au moyen âge que dans l'antiquité. C'est là qu'affluaient les caravanes venues de tous les points du monde connu. L'Islam y avait établi le centre de sa civilisation, et Balkh était alors la *Kubbet-el-Islam*, la « Coupole de l'Islam ». La ville moderne n'a plus rien conservé de cette splendeur. Elle est bâtie au milieu des ruines de l'ancienne et ne renferme plus guère que 2,500 à 3,000 habitants. Elle est entourée d'un mur en terre et protégée par une citadelle d'apparence peu redoutable.

Les marais qui environnent la ville de Balkh y rendent le climat insalubre. L'eau est tellement mêlée de terre et d'argile qu'elle ressemble à celle d'un bourbier. Elle est distribuée par de nombreux aqueducs en très mauvais état qui débordent fréquemment et produisent des miasmes pestilentiels. Toutefois la contrée est renommée pour sa fertilité, et le général Ferrier estime qu'il suffirait d'y transplanter une population active et considérable pour en faire un grenier de l'Asie. Elle produit, en effet, en abondance toutes sortes de grains, du riz, du coton, et elle est couverte de belles forêts dans sa partie orientale. Balkh n'est habitée qu'en hiver. Dès l'entrée de l'été, toute la population émigre, et il n'y a pas jusqu'aux plus pauvres qui n'aillent chercher une température plus douce sur les hauteurs voisines de Mesar, où la chaleur n'est pas aussi accablante, ni l'air aussi impur que dans les ruines de l'ancienne Balkh, infestées de scorpions. Tout l'Orient vante les roses rouges (*guli surch*) de Mesar. Elles croissent sur un tombeau qui passe pour être celui d'Ali. Leur parfum, leur fraîcheur sont si exceptionnels, leur couleur est si remarquablement vive que Vambéry déclare n'avoir vu sur aucun point du globe des fleurs d'une beauté aussi merveilleuse. Mesar, appelée également Mazar-î-Sherif, est entouré de champs et de vergers. Le voyageur Grodekov, qui la visita en 1878, évalue sa population à 25,000 habitants, Ousbecks, Afghans et Tadjiks. A deux milles de distance de Mesar, est le Takhta-pul, qui renferme une fonderie de canons et une manufacture d'armes de guerre, épées et couteaux, ainsi que de casques en feutre. La grande mosquée de Mesar est célèbre. A côté du tombeau d'Ali on y vénère le sanctuaire de Hazrat Shah, un « saint » musulman.

Les chevaux de Balkh sont très recherchés pour leur force ; le dromadaire y est indigène. La contrée est habitée en partie par des Tadjiks et par des Ousbecks : les premiers sont agriculteurs, les seconds pasteurs et nomades. Balkh est le point de raccordement des routes qui vont à Bokhara et à Khiva. La première vient de Caboul. Au delà de Balkh, elle passe par Mesar, Aghajan et Afzalabad, en déviant vers le sud, puis elle remonte au nord jusqu'à Khulm, où elle cesse d'être accessible aux caravanes.

Khulm est située à la jonction des routes de Bamian et de Badakshan, à l'endroit où émerge des montagnes la rivière qui lui donne son nom et qui se perd dans les sables, au moment où elle allait se jeter dans l'Amou-Daria. La ville nouvelle porte le nom de Taschkourgan (fort de pierre); celui de Khulm s'applique plus spécialement à la ville ancienne. Le lieutenant Wood, qui parcourut cette région, nous la dépeint sous des couleurs presque enchanteresses. En entrant par la porte de l'est et en parcourant les rues sinueuses qui le conduisaient au bazar, il fut frappé de l'animation générale. Le bruit des voix trahissait le mouvement des affaires ; les boutiques bien installées dénotaient la prospérité. Les jardins étaient émaillés de fleurs, les vergers pleins de fruits. Les plantations de mûriers témoignaient, par leur beauté, de l'impulsion donnée à la production de la soie. La vieille ville est presque entièrement abandonnée : il n'y reste plus que quelques familles arabes. Toute la population s'est transportée à Tasch-kourgan, qui a hérité non seulement du renom de Khulm, mais aussi de celui de Balkh, dont elle a presque entièrement absorbé l'importance. Tasch-kourgan est une ville bien bâtie, de trois milles de circuit ; les rues sont entretenues avec soin, les maisons régulières, les bazars bien approvisionnés. Plusieurs canaux alimentent les divers quartiers. La population se compose de Tadjiks, de Caboulis et de Hindkis. Le commerce des fruits, des melons, des bestiaux, des cuirs, y attire de nombreux acheteurs.

A partir de Khulm, la route menant à Caboul n'est qu'un rude chemin de montagnes, où l'artillerie peut cependant passer. Elle traverse d'abord toute la vallée arrosée par la rivière de Khulm, au milieu d'une con-trée très peuplée où se trouvent de nombreux villages. Elle entre ensuite dans le défilé appelé Kara-Kotal, situé à plus de 3,000 mètres de hauteur, descend dans la vallée de l'Akseraï, franchit les gorges de Dendans-chitan, dont l'altitude est de 2,700 mètres, et arrive enfin à Bamian, dans la vallée supérieure du Sourkab, affluent de l'Akserai.

Bamian était autrefois une ville considérable, capi-tale d'un petit royaume. Aujourd'hui elle ne compte plus que quelques milliers d'habitants. La ville est située à 80 kilomètres ouest de Caboul. La vallée où elle est assise est enfermée dans une ceinture de hautes montagnes et encombrée de rochers ou coupée par d'énormes précipices. Cette vallée, l'une des plus sauvages, paraît-il, de l'Afghanistan, offre un grand intérêt archéologique. On y voit une colonne érigée par Alexandre le Grand en commémoration du passage des armées macédoniennes. Le long des montagnes, sur une étendue de deux ou trois lieues, on découvre un nombre prodigieux d'excavations qui forment la demeure d'une partie de la population. On dirait le rayon d'une ruche, ou, suivant l'expression de Burnes, une ville de troglodytes. L'exploiteur Hamilton l'appelle la *Thèbes de l'Orient*. Parmi les antiquités précieuses qu'elle renferme, les voyageurs signalent surtout deux statues colossales, taillées en haut-relief sur la roche elle-même et représentant un homme et une femme, qu'on suppose dater du commencement de l'ère chrétienne, et qui seraient, selon Keane, d'origine bouddhiste. Les deux statues sont drapées. L'homme a au moins 120 pieds de haut ; il occupe une surface de 70 pieds, et la niche dans laquelle il a été creusé a presque la même profondeur. L'idole — si c'en est une — est mutilée, les deux jambes ont été brisées par le canon, et le visage est détruit au-dessus de la bouche. Cette statue n'offre ni élégance ni symétrie ; celle de la femme est mieux faite que celle de l'homme, mais ses dimensions sont de moitié moindres. Autour des idoles on voit de toutes parts des excavations, et la moitié d'un régiment pourrait se loger dans celle qui est au-dessous de la plus grande. C'est dans cette même vallée qu'existent encore les ruines gigantesques de Ghulguleh, détruit par Gengiskan (Chingiz-Khan).

En quittant Bamian, la route de Caboul traverse une série de gorges et de défilés. Ici s'ouvre la passe connue sous nom de *Porte de Bamian*, qui peut, le cas échéant, constituer, pour une armée russe envahissant l'Afghanistan par la Boukharie, une base d'opération en vue de marcher sur Caboul. La Porte de Bamian donne accès aux passes de Kalou, de Gulgatoi, de Hadchihaks, d'Ungi et d'Ispéchak. Celle de Kalou est située à plus de 3,670 mètres au-dessus du niveau de la mer, celle de Hadchihaks à 3,507 mètres. Toutes deux sont couvertes de neige, pendant la plus grande partie de l'année. Une fois les passes franchies, on se trouve dans la partie supérieure de la vallée de Caboul, et le chemin jusqu'à la capitale afghane n'offre plus aucune difficulté.

La route du nord, dans ses diverses directions, est une des plus dignes d'intérêt pour la question qui nous occupe dans cet ouvrage. Malgré les obstacles qu'elle présente à la marche d'une armée, elle est, de l'avis des meilleures autorités russes, praticable pour les pièces d'artillerie de fort calibre. Une invasion de l'Inde par les Russes ne peut avoir lieu par la voie de terre qu'en occupant la route de Samarkand par la porte de Bamian et en poussant jusqu'à Caboul, ou bien en se dirigeant d'Asterabad et de la Caspienne sur Hérat et de là sur Giriskh, Candahar, Kalat-î-Ghilzaï, Caboul, pour entrer dans la passe de Khyber ou dans celle de Gomoul ; ou bien enfin en quittant cette dernière voie à Candahar et en marchant sur Quetta et la passe de

Bolan. Dans chacune de ces trois hypothèses, la route du nord devient le premier objectif, et chacun de ses points peut, au cours des événements, acquérir cette notoriété qui s'attache pendant une campagne à des localités naguère obscures ou inconnues.

Routes du nord-est. — De Caboul par Khulm au Turkestan oriental et à la Chine.— La passe de Baroghil.

Placée à l'entrée de la route qui pénètre dans les montagnes pour rejoindre Caboul, la ville de Khulm a, par suite de cette situation, une grande importance stratégique: non seulement elle commande le chemin de la Boukharie, mais elle est une amorce de la voie qui se dirige vers la haute vallée de l'Amou-Daria d'une part, et de l'autre vers la Chine. Elle relie ainsi à la fois le Turkestan occidental, le Turkestan oriental et la Kachgarie à l'Afghanistan. Pareille à une aorte, elle sort de la base du cœur afghan, et elle est en même temps une artère communicante. Elle occupe une position vitale, étant un centre où convergent toutes les avenues de l'Inde, de la Perse et de l'Asie centrale. Elle constitue ce que l'on peut appeler l'éperon d'une digue construite par la nature. Cette digue existe réellement, et les Afghans lui donnent le nom de Band-î-Barbari (digue des Barbares).

Par la route du nord-est, Khulm se rattache aux villes de Koundouz, Khanabad, Kishm, Faizabad; puis, remontant la vallée de l'Ab-î--Vardoj, elle va vers Chitral et de là vers Mastouj. De Koundouz part une autre voie qui met également Caboul en communication avec le haut Afghanistan par le défilé de Khawak. Ce chemin traverse, en venant de la capitale afghane, les villes et villages de Talakun, Istalif, franchit l'Hindou-Koh, à la frontière du Kohistan et du Kafiristan, par la gorge de Khawak, dont l'altitude est de 4,000 mètres, descend dans la vallée en passant par Inderab, le fort Narin, et arrive à Koundouz.

Istalif est le chef-lieu du Kohistan. C'était autrefois une citadelle importante, égale à celle de Ghazni, et, comme cette dernière, réputée imprenable. Les Anglais s'en emparèrent en 1842 et la détruisirent. Depuis cette époque, ce n'est plus qu'une petite ville sans importance. La vallée qu'elle occupe est si fertile, si belle et si tempérée, qu'on l'appelle le jardin de l'Afghanistan oriental.

Koundouz est situé sur la rive droite de la rivière du même nom, à son confluent avec l'Akserai, qui se jette à une quarantaine de kilomètres au nord-ouest dans l'Amou-Daria. Le climat de cette localité est excessivement chaud en été et généralement insalubre. Un proverbe oriental dit : « Si tu as envie de mourir, va demeurer à Koundouz ». La plus grande partie de la vallée est si marécageuse que les chaussées sont posées sur des piles de bois et traversent les roseaux. L'altitude est à peine de 500 pieds. Koundouz a subi le sort de beaucoup d'autres villes du haut Afghanistan. Après avoir eu une importance considérable, elle est devenue presque insignifiante. Aujourd'hui elle compte à peine 1,500 habitants, qui la quittent aux premières chaleurs et n'y séjournent guère que pendant les trois mois de l'année où la neige couvre la terre. Le gouverneur y a un château entouré d'un fossé. La place elle-même est assez forte, mais les murailles en briques séchées au soleil s'effritent sous l'action de la température ; pour les tenir debout, on est obligé de les réparer continuellement.

En vue de Koundouz le panorama offre une certaine grandeur. Au sud, se dressent les cimes de l'Hindou-Koh, couvertes de neige; plus proche, apparaissent des faîtes si bas qu'ils ressemblent à des monticules émaillés de fleurs, mais dépourvus d'arbres et même de broussailles. En remontant un peu dans la vallée, on commence à jouir du climat plus salubre du Badakshan, dont les habitants célèbrent avec ravissement les bocages, les ruisseaux, les fleurs et les fruits. Koundouz nous est plus spécialement connue par la relation du lieutenant Wood, qui est loin d'en faire une description flatteuse. Il la représente comme une des localités les plus misérables que l'on puisse s'imaginer ; cinq ou six cents huttes couvertes de chaume servent d'abri à la population nomade. Celle-ci aurait depuis longtemps cherché ailleurs un séjour plus agréable, si l'endroit n'était, à certains égards, un centre de trafic, à cause de la culture des céréales qui s'étendent jusqu'au pied de la citadelle. Toutefois cette population, composée d'Ousbecks et d'Hindous, atteste par son aspect misérable et sale un état de profonde démoralisation. Sous la *kirgah* (tente des Ousbecks) on ne trouve pas ici la race vaillante de Maïmène. Tout dénote la dépravation, l'indolence;

les murs de la citadelle, reconstruits toujours à la dernière heure, sont partout lézardés, les meurtrières sont délabrées, et les canons gisent rouillés à côté de leurs affûts vermoulus.

De Koundouz une route se dirige vers le nord sur Samarkand et Taschkend. A l'est de Koundouz est Talikhan. Le chemin passe entre les deux localités par le défilé de Lattaband, et il va aboutir à la frontière, en traversant Hazrat-Imam que baigne l'Amou-Daria. Au sortir de la passe de Lattaband, la route commerciale atteint la Koktscha, cours d'eau principal du Badakshan. La porte de frontière est ici Roustak, à 1,500 mètres d'altitude. Le centre et le haut de la vallée du Badakshan sont fertiles et occupés par de nombreux villages, dont les ressources consistent surtout dans l'élevage des bestiaux et des chevaux. Les habitants sont en grande partie des Tadjiks; leur extérieur et leurs coutumes accusent de l'aisance.

La capitale du Badakshan est Faizabad. Elle est située à 1,567 mètres au-dessus du niveau de la mer, et s'étend dans le sens de la longueur sur les deux rives de la Koktscha. Faizabad n'est pas fortifié. L'industrie principale y est la fonderie du fer; on y fabrique avec ce métal de la vaisselle et des lampes, que l'on vend dans tout le nord de l'Afghanistan et même en Kachgarie, dans le Kafiristan et dans le Turkestan oriental. Les explorateurs ne sont pas d'accord sur l'emplacement exact de Faizabad. Il semble résulter de leurs relations contradictoires qu'il y a deux villes du même nom, et que l'une d'elles n'est, à proprement parler, que l'ancienne Badakshan. Pour le lieutenant Wood, la vraie capitale du Badakshan est Jerm, située au sud de Faizabad et plus rapprochée de l'Hindou-Koh ; mais depuis près d'un demi-siècle, époque à laquelle eut lieu cette exploration de l'officier anglais, Faizabad a considérablement gagné en importance et peut revendiquer à bon droit le rang que lui donnent la plupart des auteurs.

C'est aux environs de Jerm, presque au pied de l'Hindou-Koh, que se trouvent les célèbres mines de lapis-lazuli, dont il est si souvent question chez les poètes persans. Les procédés employés pour l'exploitation de ces mines sont très simples et presque primitifs. Les pierres sont de trois qualités, distinguées par leur couleur, bleu sombre, bleu pâle et vert. La première est la plus recherchée. D'autres voyageurs ont, après le lieutenant Wood, visité cette contrée si intéressante. L'un d'eux, le Pundit Munphul, y a séjourné pendant deux ans, et a publié la relation de son expédition en 1872. Il est d'avis que le Badakshan est, sous le rapport du climat, des richesses naturelles, des minéraux, de la faune et de la flore, l'un des plus admirables coins du globe, et que bien peu d'autres régions pourraient lui être comparées ; mais il ajoute que tous ces avantages se trouvent en grande partie perdus par la misère des habitants, privés des moyens d'exploiter des ressources aussi précieuses. Un autre explorateur, chargé d'une mission par le major Montgomerie et accompagné d'un interprète ou havildar, suivit l'itinéraire du lieutenant Wood, et découvrit la seconde source de l'Oxus. Il atteignit Faizabad en 1868 et y assista à la vente des esclaves. Ceux-ci étaient, pour la plupart,

2***

des jeunes filles, amenées du Chitral ; on les troquait contre des chevaux et des denrées. Le havildar refit la même expédition deux ans après. Il revint à Faizabad et constata que le commerce des esclaves avait presque entièrement cessé et n'était plus exercé que par des marchands de Boukharie, auxquels les autorités n'accordaient aucune protection. Cependant le *serai*, ou marché principalement affecté à ce trafic, existait toujours. Quoi qu'il en soit, il résulte de tous les récits que Faizabad est un grand centre d'activité, et la principale place commerciale du Badakshan. Cette importance se trouve encore augmentée par le voisinage des mines de rubis (1), que l'on rencontre, à l'est de la ville, sur la frontière.

Tout au nord de la vallée du Kounar, à l'entrée du Wakhan, région limitrophe du Badakshan et formant, au nord-est de l'Afghanistan, le coin figurant la lettre Y couchée sur le côté, se trouve la passe de Baroghil qui met en communication le bassin du haut Oxus avec ceux du Caboul-Daria et de l'Indus supérieur. Le Baroghil a 12,000 pieds d'altitude. On atteint cette passe par plusieurs chemins, soit en remontant la vallée du Kounar, à partir de Jelalabad et en passant par Chitral et Mastouj dans le Kafiristan, soit en partant de Gilgiht dans la vallée de l'Indus, pour aboutir au même point par le défilé de Karambar. La route du Baroghil se dirige, au sortir de la passe,

---

(1) Ces rubis, d'un si bel incarnat, étaient autrefois connus sous le nom de *balais*, corruption de *balash*. Marco Polo les appelle *balaciens*, terme dérivé de Badakshan.

vers la frontière russe et Khokand au nord ou vers la frontière chinoise et Kashgar au nord-est, en traversant le plateau de Pamir. Mais il est difficile de croire qu'une armée puisse se frayer un chemin à travers cette haute région. Il est vrai qu'elle peut tourner le plateau de Pamir, et se rendre avec beaucoup moins d'obstacles de Khokand dans l'Inde, soit par Faizabad et la passe qui débouche entre Chitral et Mastouj, soit en suivant le cours de l'Indus depuis Kolab jusqu'au défilé de Baroghil.

Itinéraires probables de l'invasion russe.

De l'ensemble de ces conditions stratégiques, il serait possible de déduire qu'un pays comme l'Afghanistan, n'ayant, à tout prendre, qu'une seule artère principale, devrait, en dépit de ses montagnes et de ses passes, présenter peu d'empêchements réels à une invasion russe. Il ne faut pas perdre de vue toutefois qu'après avoir rompu la ceinture extérieure des défenses naturelles et militaires, il resterait à rompre les lignes intérieures des hauteurs. La vraie difficulté ne consisterait d'ailleurs point à se saisir des défilés, mais à opérer sur d'immenses distances où l'on aurait à subir fréquemment le manque absolu de fourrage et d'eau dans les vastes déserts de sable et de pierre qui s'étalent entre les montagnes. Ces difficultés sont épouvantables, suivant l'expression du général Havelock. Lord Wellesley déclarait, il y a longtemps, que l'Afghanistan n'était, en somme, qu'un pays de rochers, de sables, de déserts et de neiges, où une armée d'invasion serait certaine d'être battue, si elle était peu considérable, et de périr de faim, si elle était nombreuse.

Il y a, en effet, entre la frontière russe et la frontière anglaise de l'Afghanistan, des centaines de lieues de parcours à franchir dans des régions où l'altitude n'est jamais au-dessous de 5,000 pieds et atteint jusqu'à 8,000 mètres sur la limite anglo-indienne. Il n'est pas rare que des caravanes, des expéditions scientifiques, pourvues de tout ce qui est nécessaire pour le voyage dans les montagnes, trouvent la route barrée et soient obligées de revenir sur leurs pas, par suite des difficultés naturelles qu'elles rencontrent. Une armée ayant besoin d'artillerie, de train, de convois, se heurterait, à plus forte raison, à ces obstacles. Ayant devant elle des troupes appuyées sur les bases d'opération de l'Inde, elle courrait, à la moindre erreur commise par l'intendance, au moindre délai dans la marche en avant, le risque, peut-être fatal, d'un désastre.

Cependant les conditions de la lutte seraient modifiées si l'invasion se poursuivait, comme l'Afghanistan en est menacé, par la vallée du Hari-Roud. Le chemin de fer que les Russes ont construit à partir de la Caspienne et qui s'arrête actuellement à Askabar, peut être poussé avec un redoublement d'activité en peu d'années jusqu'à Hérat. Dans ces conditions, la Russie pourrait transporter tout son matériel de guerre du centre de l'empire russe jusqu'à Hérat même.

Or, si l'on suppose un instant que ce soit là un fait accompli, il convient d'étudier quelles seraient, pour le général russe commandant l'armée d'invasion, les barrières à renverser avant d'atteindre l'Inde. S'il décide d'établir sa ligne d'opération par la passe de Khyber, il devra marcher de Hérat sur Caboul par Girishk et ensuite de Caboul sur le Pendjab. Or, de Hérat à Caboul il y a 56 jours de marche, et de Caboul à la frontière du Pendjab 52, soit 108 jours, ou, en comptant les haltes nécessaires, au moins quatre mois et demi. Le Pendjab est arrosé par cinq cours d'eau qui forment un réseau et se jettent dans l'Indus (Caboul-Daria, Jilum, Chenab, Ravi, Sutledje). La saison la plus propice à une invasion serait évidemment celle où les eaux sont à l'étiage. L'expédition ne pourrait donc efficacement quitter Hérat qu'au mois d'octobre, de manière à arriver en 70 jours à Caboul pour la fin de l'année.

D'autre part, quelque bien ourdie que pût être une trame d'intrigues russes dans la capitale afghane, à la cour de l'émir, dans son entourage et parmi les sirdars et les khans établis entre Caboul et Hérat, il serait téméraire, pour le corps expéditionnaire d'invasion, de se reposer entièrement sur l'amitié ou la neutralité des populations afghanes. Il deviendrait donc indispensable de ne pas quitter Hérat avant d'avoir établi, de force ou avec le consentement des tribus indigènes, des garnisons dans certaines places, afin de protéger les communications de la ligne d'opération avec la base, qui serait Hérat ou l'Asie centrale.

Admettons que, pour frapper un coup plus décisif, on adopte ces deux bases à la fois, en avançant de la frontière du Turkestan par Samarkand ou par Bokhara sur Caboul et de là sur la passe de Khyber. Il se peut que les Afghans se joignent à une armée européenne en possession de Hérat, pouvant compter sur des renforts, des vivres et des munitions, bien disciplinée et bien aguerrie. Il se peut qu'en vue d'avoir part aux dépouilles, les indigènes fassent cause commune avec les envahisseurs. Mais cette alliance, par suite même du mobile qui l'aurait déterminée, n'aurait de durée que celle du succès. Au premier échec, les alliés se tourneraient contre l'étranger dont ils n'auraient rien à espérer. Aucun généralissime prudent ne se risquerait donc à faire un mouvement en avant dans cette direction, s'il n'avait d'avance obtenu la reddition volontaire ou forcée des places afghanes nécessaires à la sauvegarde de ses troupes en marche. Supposons encore que ces difficultés soient résolues à l'avantage des envahisseurs et qu'ils soient parvenus jusqu'à la passe de Khyber : ils auront, avant de pouvoir la forcer, à acheter ou la neutralité des tribus occupant cette région ou leur concours basé sur des promesses de pillage de l'Hindoustan.

En résumé, une invasion de l'Inde par la passe de Khyber ne pourrait s'effectuer qu'à la condition de tenir constamment à l'abri de toute surprise, de toute défaite, 885 milles (1.425 kilomètres) de communication (entre Hérat et le Khyber), de s'emparer de la passe, de la franchir, et de remporter au moins cinq victoires décisives sur les Anglais avant d'arriver au Pendjab, et de pouvoir s'y établir sur les positions des vaincus.

Il reste à examiner quelles seraient les difficultés à résoudre par une armée russe qui tenterait une invasion de l'Inde par la passe de Bolan. La distance à franchir de ce côté serait, de Hérat par Giriskh jusqu'à Candahar, de 28 jours de marche; de Candahar par la passe de Bolan jusqu'à Sukkur, 34 jours de marche; de Sukkur jusqu'à Firozpur sur la Sutledje, dans le Pendjab, 36 jours de marche, soit en totalité 98 jours de marche, ou bien en comptant un jour de repos complet chaque semaine, 112 jours ou quatre mois et demi. L'armée d'invasion, opérant au sud au lieu d'opérer au nord, aurait d'abord à prendre Candahar, si cette place ne s'était pas rendue volontairement, à la fortifier, à forcer la passe de Bolan, à occuper Sukkur et le Scinde septentrional, avant de marcher sur le Pendjab (1).

Est-ce à dire que tant d'obstacles et de lenteurs doivent jamais déterminer les Russes, dans leur conflit inévitable avec les Anglais en Asie, à accepter une trêve perpétuelle, mais perpétuellement indécise, au lieu de trancher le nœud gordien par l'épée? Un fait domine toutes les considérations que nous avons indiquées plus haut. Quelque difficile que soit le passage de l'Afghanistan, quelque hauts que soient les pics de l'Hindou-Koh et ceux de ses ramifications, ils n'ont, à aucune époque de l'histoire, depuis Alexandre le Grand jusqu'à Nadir-Shah, ni arrêté les conquérants ni empêché les invasions de l'Inde, qu'elles soient parties de la Perse, de la mer Noire et de la Caspienne, ou des khanats de l'Asie centrale. Que la clef de l'Inde se trouve à Caboul, comme le voulait la tradition rapportée par les historiens du xvie siècle,

(1) Ces considérations se trouvent indiquées dans une brochure anglaise qui a produit une grande sensation en 1879.

ou qu'il faille la chercher à Candahar, où est aussi, suivant une autre légende, l'ombilic de l'Asie et du monde, il n'y a que deux façons de concevoir la destinée future et peut-être prochaine des Afghans : menacés du dehors par les Russes et par les Anglais, incapables de refouler ou ceux-ci ou ceux-là, ils succomberont fatalement sous le nombre, et ce jour-là commencera leur rapide disparition de la scène politique (1).

(1) CHAVANNE. — MALLESON. — E. RECLUS. — MARIOTTI. — BROCKHAUS. — MEYER. *Ouvrages cités.*

CHAPITRE III.

LE QUADRILATÈRE.

Les trois hypothèses.

Il n'y a, en effet, dans le conflit anglo-russe, s'il se termine par une guerre, et si cette guerre aboutit, n'importe à quelle date, à une tentative d'invasion de l'Inde, à une rencontre entre Cosaques et Cipayes sur les rives de l'Inde, il n'y a, disons-nous, en ce qui concerne les Afghans, que trois alternatives possibles : ou bien l'émir et tous les sirdars pactiseront avec les Russes ; ou bien Abdourrhaman sera, comme Yakoub, un satellite gravitant dans l'orbite politique britannique ; ou bien enfin les Afghans affirmeront leur indépendance et ne laisseront faire main basse sur leur territoire ni par l'un des belligérants ni par l'autre. Nous venons d'examiner la première de ces hypothèses. Envisageons maintenant la seconde.

Les dernières négociations ont échoué de part et d'autre ; les puissances en lutte ont rappelé leur ambassadeur ; toute offre de conciliation a été rejetée, toute médiation répudiée ; l'épée est tirée, en dépit de la sagesse, de l'humanité, de la volonté personnelle des peuples qui ne gagnent rien, ni d'un côté ni de l'autre, à ces tueries en masse. La rupture a lieu, le sang doit couler, la folie est consommée, et l'immense holocauste ne peut plus être évité. Le tsar a lancé son manifeste; l'Angleterre a rappelé à ses fils qu'elle n'attend d'eux qu'une chose: faire le devoir. Les hostilités sont engagées. Que va-t-il se passer?

Les Russes marchent sur Hérat. Par un coup de main ou par un coup de force, ils s'y installent avant qu'ils puissent en être empêchés; et, suivant la tactique indispensable que nous avons exposée, ils s'y renforcent. En même temps les Anglais, prenant pour base d'opération Quetta, s'avancent sur Candahar, et ils y parviennent, dans les mêmes conditions que les Russes à Hérat. Comme eux, ils assurent leur position et s'occupent de sauvegarder leurs lignes de communication. Si les Afghans les secondent dans cette manœuvre, ils n'auront à vaincre que les obstacles de la route, et en triompheront avec le même succès, qui aura couronné les premières mesures stratégiques de leurs adversaires. Si, au contraire, ils trouvent dans les Afghans ou des alliés de la Russie ou des hommes déterminés à repousser tout empiètement par la force, ils auront à soutenir une lutte semblable à celle qui a signalé les campagnes de 1878, 1879 et 1880. Ils auront cette fois le sort de Burrows essuyant à Maimana un désastre pareil à celui de la passe de Jugdulluk, ou bien ils renouvelleront les derniers faits d'armes de Roberts en infligeant aux sirdars hostiles une défaite écrasante. Maîtres de Candahar, ils demeureront sur l'expectative et observeront les mouvements de l'armée russe. Ils attendront celle-ci à Candahar même, ou ils iront au-devant d'elle pour prendre, les premiers, possession de Girishk. Si donc une bataille s'engageait entre Anglais et Russes sur le territoire afghan, ce serait, entre Girishk et Hérat ou entre Candahar et Girishk qu'elle aurait lieu ; mais il est presque certain que, le cas échéant, elle ne serait pas livrée avant la fin de l'été.

La plus vraisemblable des trois alternatives est celle d'une résistance personnelle des Afghans à toute invasion, qu'elle vienne d'un côté ou de l'autre. Il est difficile d'admettre qu'après l'expérience acquise par les faits accomplis dans le Turkestan, la population afghane, plus jalouse de son autonomie, mieux en état de la faire respecter, veuille, sans coup férir, déposer les armes et abdiquer tout patriotisme devant les hordes de Cosaques. La rencontre de Penjdeh a, d'ailleurs, donné la mesure des intentions afghanes. En admettant qu'ils ne puissent opposer à l'invasion une barrière infranchissable, les Afghans mettront en œuvre tous leurs efforts pour arrêter les Russes à chaque pas et emploieront tous les moyens de défense qu'ils trouveront dans leurs positions stratégiques, dans la vaillance de leurs populations, dans leurs forces militaires et leur tactique.

Nous avons fait connaître, en entrant à dessein dans de longs détails pour mieux représenter le théâtre de la lutte, quelles sont les routes par où un ennemi russe ou anglais pourrait pénétrer au cœur de l'Afghanistan et quels obstacles il aurait au nord, à l'est, au sud ou à l'ouest, à surmonter pour réduire les Afghans à une complète sujétion. Nous avons montré que ces diverses routes présentent en certains endroits des avantages de nature à barrer, au moins pendant un certain temps, le chemin à un corps expéditionnaire européen. Supposons néanmoins qu'après avoir épuisé tous ces avantages les Afghans, écrasés par le nombre, par la supériorité d'organisation et de discipline de leurs ennemis, soient refoulés de place en place : ils ont vu tomber, l'une après l'autre, toutes les tours isolées qu'ils ont érigées dans les campagnes pour protéger l'entrée des vallées et des défilés, ainsi que l'abord des villages ; leurs remparts en brique, entourant ces mêmes villages ou garantissant les villes, mais ne pouvant pas plus que les tours soutenir un siège régulier, ont été successivement renversés ; les fossés ont été franchis ou comblés, les glacis nivelés : quelle sera, après tant de revers, leur situation ? Et lorsqu'ils seront ainsi acculés, quel sera, en dernier lieu, leur suprême moyen de salut, ou bien à quels périls suprêmes devront-ils s'attendre et peut-être se résigner?

Il est certain que l'Afghanistan, dans ses conditions actuelles de défense, même en admettant qu'il n'y ait aucune hostilité entre les diverses tribus qui composent sa population et qu'elles se rangent, toutes sans exception, avec la même bravoure et le même dévouement, sous l'autorité absolue de l'émir de Caboul, ne pourrait, une fois les passes au pouvoir des ennemis, et les forts et forteresses de la frontière pris par eux, espérer un résultat sérieux de la situation stratégique de ses grandes villes : Caboul, Hérat, Candahar, Ghazni. Celles-ci forment, il est vrai, un quadrilatère, mais un quadrilatère dont chaque angle ne peut opposer qu'une résistance isolée, trop faible pour obliger les assaillants eux-mêmes à la défense et pour les contraindre à lever un siège qui aurait été fait en règle.

Caboul.

Caboul est la porte de l'Hindoustan sur la Tartarie, comme Candahar sur la Perse. Si ces deux places sont imprenables, l'empire de l'Inde peut défier toute invasion étrangère. Suivant les Hindous, nul ne peut se dire maître de l'Hindoustan, s'il n'est en possession de Caboul. Ainsi parlait, dès le xvie siècle, le secrétaire d'Akhbar le Grand ; et cette opinion, confirmée par les événements, est encore accréditée aujourd'hui. Résidence de l'émir, qui exerce sur les royaumes, principautés, tribus ou clans constituant la confédération afghane, une autorité souvent plus nominale qu'effective, Caboul n'est devenue la capitale de l'Afghanistan que depuis un siècle, à l'époque où Timour-Shah, fils et successeur du fondateur de la dynastie des Soudozais, y transporta le siège de son gouvernement jusqu'alors établi à Candahar. Plus tard, quand la dynastie des Soudozais eut été détrônée elle-même par l'usurpation de Dost-Mohammed, celui-ci continua, en opposition avec la sagesse politique et avec les vœux d'une grande partie des sirdars, à faire de Caboul le centre de sa puissance afghane. Beaucoup de raisons motivaient cette préférence. La principale était la situation heureuse de la ville tant au point de vue commercial qu'au point de vue militaire. D'ailleurs les souverains, sultans et shahs, qui tinrent l'Afghanistan sous leur domination, avant que le chef afghan se fût taillé un royaume à l'est de la Perse et aux dépens de celle-ci, faisaient eux-mêmes de Caboul leur séjour favori ; l'empereur Baber vante son importance en parlant de son climat délicieux, des prairies verdoyantes qui l'environnent, des fruits savoureux et variés que le sol y produit en abondance. « Buvez, s'écrie le poète Molla-Mohammed Mu-Ammaï, buvez joyeusement le vin dans le château de Caboul, et faites circuler sans cesse les coupes à la ronde, car ici l'on trouve tout réuni : la ville et le désert, les hautes montagnes et les courants limpides. »

Au vrai, Caboul présente de précieux avantages aux relations commerciales entre l'Inde et l'Asie centrale. Placée au débouché des passes les plus praticables, qui sont en quelque sorte les seules voies de communications directes entre les deux pays, elle doit nécessairement profiter des rapports réciproques. Elle forme ainsi un entrepôt presque obligé, où vient aboutir tout le courant des échanges dans l'Asie antérieure.

Dans ses rues populeuses, dans ses bazars animés se pressent tous les marchands de l'Orient, d'autant plus nombreux ici qu'ils n'y ont pas rencontré jusqu'à ce jour la concurrence européenne, comme dans la plupart des autres capitales orientales, et que Caboul ne fabrique elle-même que des armes et des équipements militaires. Aussi tout le commerce y consiste-t-il dans l'importation des produits naturels ou manufacturés. L'Inde y apporte ses cotonnades, ses indigos, ses épices et ses articles anglais ; le Turkestan et principalement la Boukharie y vendent les étoffes de laine, les soieries, les velours, les brocarts, les dentelles, le papier, la poterie, la quincaillerie, et servent ainsi d'intermédiaire à l'écoulement des articles russes. Caboul n'est donc, à proprement parler, qu'un lieu de transit; mais la présence de l'émir et de sa cour, la garnison nombreuse ajoutent à sa prospérité.

Il est d'ailleurs difficile de donner une idée exacte de Caboul à celui qui n'a jamais voyagé en Orient. Pourtant qui a vu le Caire peut assez bien se représenter la capitale de l'Afghanistan. La ville rappellerait Bagdad, n'étaient les églises chrétiennes et les tombeaux musulmans que l'on rencontre en grand nombre dans cette dernière. En réalité, toutes les cités de l'Asie ont un air de famille très prononcé et ne se distinguent guère les unes des autres, à moins qu'un grand nombre d'étrangers n'y aient établi leur domicile, ou que l'adoption volontaire des coutumes occidentales n'ait entièrement révolutionné l'opinion des indigènes en matière de comfort et de besoins matériels. Il y a cinq ou six ans, Caboul n'avait pas encore subi l'influence de ces éléments; et les modifications qui ont pu s'y introduire depuis lors n'ont guère changé l'aspect général de la ville. Tant que la configuration du sol environnant restera la même, Caboul gardera, avec son rang de capitale, son importance politique.

Cette importance est justifiée, au reste, par d'autres titres. Caboul est une des plus anciennes cités de l'Asie. Non seulement son origine se perd dans la nuit des temps, et les traditions locales lui attribuent plus de six mille ans d'existence, mais la légende rapporte que Satan, chassé sur la terre avant la création de l'homme, descendit là et y jeta les premières assises des montagnes qui servirent à escalader le ciel. Au neuvième siècle de notre ère, Caboul était, avec Ghazni, tributaire de Bamian, dont les idoles gigantesques, que nous avons signalées plus haut, attestent la haute antiquité. Elle passa ensuite sous la domination des Ghaznevides. Conquise plus tard par le sultan Baber, elle fit partie des Etats des souverains de Delhi. Nadir-Shah l'annexa à la Perse. Ahmed s'en empara au milieu du dix-huitième siècle et la rendit indépendante. Timour la prit pour capitale en 1776.

L'importance stratégique de Caboul date du xie siècle. Lorsque le fameux conquérant Mahmoud de Ghazni se fut annexé le pays dont il avait été le gouverneur, il mit à profit la situation de Caboul pour tenir en respect les populations nomades du nord, tandis qu'il portait ses armes victorieuses à l'ouest et à l'est, dans la Perse et dans l'Inde. Il fit bâtir, à l'entrée de la ville, une porte fortifiée, qui en commandait l'approche et qui resta debout jusqu'à ce que les Anglais en 1842 l'eussent remplacée par une construction en pierre brute et en briques cuites au soleil.

La position même de Caboul répondait à ces desseins. La ville occupe en effet l'extrémité occidentale d'une plaine vaste et fertile, dans une gorge triangulaire formée par le croisement de deux chaines de hauteurs qui, venant du nord et de l'est, font en se rencontrant un angle au sud-ouest. Elle est donc, en réalité, dans un cul-de-sac entouré de tous côtés par des montagnes énormes. A vrai dire, elle est élevée à près de 6,400 pieds (1,917 mètres) au-dessus du niveau de la mer, mais en même temps elle est dominée par une suite d'élévations, où il suffit d'établir des batteries à longue portée pour la réduire au silence.

« Au point de vue militaire, Caboul ressemble

beaucoup à la plupart des autres villes afghanes fortifiées, dont la puissance défensive se résume dans celle d'une citadelle occupant ce mamelon détaché par lequel se terminent si fréquemment les contreforts d'une chaîne de montagnes. Une série d'ouvrages entoure ensuite ce mamelon et constitue le corps de la place. Ici le terrain, renfermé dans les fortifications, se trouve au nord de la citadelle, et l'on peut en évaluer l'étendue, en nombre rond, à un peu plus de 800 mètres de l'est à l'ouest, sur 700 à 750 du nord au sud. Le périmètre de la place forme un hexagone irrégulier. Cinq des fronts qu'elle présente sont défendus par un mur en maçonnerie que flanquent, à intervalles inégaux, des tours en pierre. Au pied du mur, mais à hauteur du terrain naturel extérieur et couronnant l'escarpe du fossé, court une fausse braie inachevée et tombée en ruines. Les remparts sont mal entretenus, les fossés en partie comblés (1). » — « Cette citadelle, appelée le Bala-Hissar, située à l'extrémité sud-est de la ville, présentait autrefois, avec ses grands murs et ses bâtiments élevés, un aspect imposant ; mais déjà, en 1879, avant la seconde campagne des Anglais, elle était, en dépit de son apparence, en trop mauvais état pour tenir un temps appréciable contre une armée d'assiégeants, et les événements de cette même campagne n'ont fait qu'aggraver cette faiblesse. Le Bala-Hissar a donc cessé d'être « une forteresse respectable (2). »

(1) G. LE MARCHAND, *Deuxième Campagne des Anglais dans l'Afghanistan.* — (2) Jos. CHAVANNE, *Afghanistan, Land und Leute.* — FERRIER, *Caravan Journeys and Wanderings in Afghanistan.*

L'étroite vallée que laissent entre elles les deux lignes
de hauteurs formant le cul-de-sac de Caboul, livre passage
au Caboul-Daria (rivière de Caboul), qui borde la route
venant de Ghazni et de Candahar. La rivière est traver-
sée par un pont établi dans la gorge ; sur la rive gauche,
les montagnes, s'infléchissant peu à peu vers le nord-
ouest, vont rejoindre les derniers contreforts de l'Hindou-koh. Les crêtes des deux chaînes de montagnes
sont couronnées par deux longues murailles percées
de meurtrières et flanquées de distance en distance par
des tours rondes. Ces murailles, dont l'origine remonte à celle du Bala-Hissar, suivent toutes les sinuosités du terrain, se continuent le long des flancs
escarpés des hauteurs, et, traversant la vallée qui
les sépare, contournent le côté ouest de la ville, autrefois entourée de remparts construits partie en briques,
partie en terre.

Le Bala-Hissar forme comme une ville à part, entourée d'un mur bastionné. Il contient le palais de
l'émir, des jardins, le tombeau de Baber, quelques
monuments publics, un fort intérieur et un millier
de maisons avec un bazar. La ville proprement dite
se compose de la vieille enceinte, où l'on compte environ 5,000 maisons, et de vastes faubourgs. Sa population totale peut être évaluée à 60,000 habitants.
Comme aspect général, c'est une simple aggloméra-
tion de murs et de bâtisses en torchis, ayant généralement un air misérable. Entre les maisons, avec
cour carrée intérieure sans ouverture au dehors, se
déroule un labyrinthe de rues étroites et sales, où,
quand il pleut, on piétine dans la boue jusqu'à la

cheville et où croupissent les immondices, s'étalant impunément au soleil. Beaucoup de maisons n'ont qu'un étage, celles des riches seulement en ont deux ; les toits sont plats, en terre damée, et entourés d'un parapet de 3 à 4 pieds de hauteur.

Les plus belles habitations se trouvent dans un quartier connu sous le nom de Chandol, à l'ouest de la vieille ville, entre celle-ci et le fleuve. Ce quartier, qui n'était jadis qu'un village, est maintenant le faubourg « opulent » de la capitale. Il est occupé presque exclusivement par les descendants d'une tribu persane, établie à Caboul depuis la mort de Nadir-Shah. Ces Persans sont des musulmans chiites, et par conséquent les ennemis religieux des sunnites qui forment la plus grande partie de la population. Les chiites sont en quelque sorte parqués dans leur Chandol, que les autres habitants considèrent comme une espèce de Ghetto. On leur donne le nom de Kizilbachis ou têtes rouges, sans doute à cause du fez qui leur sert de coiffure. Quoiqu'ils soient méprisés à raison de leurs croyances, les Kizilbachis exercent une grande influence sur les sirdars afghans ; et comme ils sont plus ou moins instruits, ils occupent dans l'armée et dans l'administration des fonctions qui leur donnent une certaine puissance politique. Ils sont, à la cour de l'émir, les meilleurs instruments des intrigues anglaises, beaucoup d'entre eux ayant servi dans les troupes natives de l'Inde.

L'élément hindou proprement dit tient, au reste, une assez large place dans la population de Caboul ; mais la classe la plus nombreuse, la plus accessible à

toutes les manœuvres et menées des agents russes,
est celle des Caboulis ou Caboulins, qui sont de na-
tionalité afghane. Les Caboulis, excitables, violents,
poussant la fureur et la haine de l'étranger, surtout de
l'étranger anglais, jusqu'à la barbarie la plus sauvage,
constituent, par eux-mêmes et par ceux d'entre eux
qui ont accès auprès de l'émir, le parti de la guerre. A
diverses époques ils ont prouvé, par les massacres des
résidents anglais, leur aversion pour tout ce qui touche à la race britannique. Leur fanatisme est d'ailleurs
alimenté par les *mollahs,* nombreux et puissants dans
la capitale afghane, et par les derviches que l'on rencontre à chaque pas. Musulmans, ils sont hostiles
aux « Feringhis infidèles », et prêts à se lever en
masse contre eux, aussitôt que l'on prêche la *Jihad* ou
guerre sainte.

La ville de Caboul est divisée en quartiers ou
Mahallas, qui se subdivisent à leur tour en sections ou
Koutchas. Chacune de celles-ci est entourée d'un mur
de clôture percé de petites portes. En cas de guerre
ou de tumulte, ces portes d'entrées sont murées, et
la ville se trouve ainsi divisée en autant de petites
places fortifiées qu'elle a de sections. Ce moyen de
défense est ce qu'on appelle le *Koutchabandi.* Les
bazars sont indépendants de ces sections. Ils s'étendent
généralement en ligne droite. Les deux principaux
sont ceux de Char et de Lahore, parallèles l'un à l'autre, de l'est à l'ouest. Le bazar de Lahore aboutit à une
construction qui a quelque analogie avec le quartier du
Temple à Londres : on lui donne le nom de *Tchartchata*
ou Tchar-Tchivok (bazar des quatre carrés). C'est une

série de quatre cours rectangulaires entourées de galeries et réunies par de courtes rues couvertes. Des fon-
taines publiques ornent ces cours. Depuis que le
Tchartchata a été presque entièrement détruit en
1842 par le général Pollock, il n'est plus que le refuge
des mendiants qui pullulent à Caboul, et des petits
marchands, qui trouvent le moyen d'exploiter la dernière ressource de la misère. Ces revendeurs sont
assis, les jambes croisées, sur les comptoirs disposés
dans les galeries du *Tchartchata*, devant les magasins
où ils ont étalé leurs marchandises. Ils ont pour con-
currents les innombrables industriels dont les cris et
les métiers sont aussi variés que dans nos grandes
villes européennes, sans en excepter le marchand
d'habits (1). En dehors des bazars, Caboul ne possède
guère de monuments publics dignes d'intérêt.

Au centre de la ville, dans un enclos découvert, est
le tombeau inachevé de Timour-Shah, œuvre architec-
turale peu remarquable et du reste mal entretenue.
Les mosquées sont mesquines, et pas un de ces
minarets, que l'on s'attend à rencontrer dans une
capitale musulmane, ne vient rompre, pour l'œil du
spectateur, la triste monotonie d'un océan de toits,
gris et plats. Ce qu'il y a, en somme, de plus curieux à
voir, ce sont les cimetières, aussi nombreux que les
sectes religieuses. Chaque croyance a son champ de
repos spécial. Ici les sunnites, là les chiites, ailleurs les
Arméniens, ailleurs les juifs. Une des tombes les

(1) G. LE MARCHAND. *Deuxième Campagne des Anglais dans
l'Afghanistan.*

plus intéressantes se trouve dans un petit cimetière à
l'est de la porte dite de Peshawar : c'est une espèce
de tumulus en marbre, qui ne ressemble en rien aux
pierres verticales plantées habituellement par les musulmans au-dessus de la tête de leurs morts. L'inscription gravée sur ce tumulus est en anglais du xvii[e]
siècle. Elle constate que, déjà à cette époque, l'élément
britannique avait pénétré à Caboul.

La ville de Caboul a environ quatre kilomètres de
circuit. Les terrains marécageux qui l'avoisinent la
rendent malsaine, quoique le climat soit agréable. Les
environs sont fertiles et charmants. Les voyageurs
vantent tous la beauté de ses jardins. Du haut des
tours de la ville, on aperçoit un panorama splendide.
La vue s'étend à plus de trente kilomètres.

Ghazni.

Ghazni ou Ghuzni est à 145 kilomètres au sud de
Caboul et à 7,500 pieds au-dessus du niveau de la mer
(à peu près la même altitude que l'hospice du Mont-Saint-
Bernard). Cette ville, très importante par sa situation,
par ses ouvrages de défense et par le renom dont elle
jouit chez les Afghans, est la plus forte citadelle de tout
l'Afghanistan. Elle protège Caboul contre les attaques
d'un ennemi venant de la vallée du Gomoul ou de celle
de la Tarnak, et elle est maîtresse de toutes les communications entre le nord et le sud du pays.

Ghazni était, il y a deux siècles, la capitale du vaste
empire fondé par Mahmoud ; sa splendeur lui valut le
nom de Seconde Médine. Elle est, en effet, vénérée comme

une ville sainte, et plusieurs de ses édifices sont encore aujourd'hui visités par de nombreux pèlerins. Sa citadelle ou Bala-Hissar était jadis réputée imprenable. Les Anglais ne la prirent en 1839 qu'après un siège long et pénible, où il fallut mettre en œuvre toutes les ressources de la poliorcétique pour l'obliger à capituler. La ville renfermait alors un grand nombre de palais et de riches habitations. Une brigade de cavalerie tout entière pouvait y trouver ses cantonnements. Les remparts, hauts de 60 pieds, étaient construits en bonne maçonnerie, sur une éminence escarpée de 35 pieds d'élévation, et protégée par un fossé, défendu lui-même par des ouvrages avancés. Assiégée une seconde fois en 1842, Ghazni ne fut emportée par l'ennemi qu'après une vigoureuse résistance. Du haut du Bala-Hissar, le *Jubber Jung*, pièce de 68, balayait les assaillants ; trois fois le général Nott dut changer ses positions. Le siège dura trois mois. Pendant tout ce temps, les officiers anglais du 27ᵉ régiment d'infanterie de l'armée des Indes, qui avaient été faits prisonniers par les Afghans, restèrent enfermés dans les casemates de la citadelle ; ils étaient entassés sans lumière ni chauffage, par une température glaciale, dans un espace mesurant à peine 18 pieds sur 13, et envahi, infecté par la vermine, au point que leurs vêtements pourrissaient sur leur corps. Les Anglais tirèrent une éclatante vengeance de ces cruautés. Ils firent sauter la citadelle, après y avoir mis le feu ainsi qu'au bazar, et passèrent toute la garnison par les armes. Lorsqu'ils quittèrent Ghazni, ce n'était plus qu'un monceau de ruines fumantes : aussi resta-t-il peu de chose de la vieille ville. Dost-Mohammed répara la citadelle, et son fils Shere-Ali compléta cette défense avec l'aide d'officiers du génie russe, qui, dit-on, apprirent aux Afghans à construire des casemates blindées.

La nouvelle ville de Ghazni est, comparativement à l'ancienne, presque insignifiante, quoiqu'elle ait des places publiques assez vastes et de grandes maisons bien bâties et bien décorées. Parmi les monuments du passé qui ont échappé aux ravages de la guerre et du temps, on montre encore deux beaux minarets de hauteur inégale, qui se trouvent isolés, à un quart de mille, sur la route conduisant à Roza. La légende rapporte que le plus petit de ces minarets fut bâti pour le sultan Mahmoud par un architecte d'un âge avancé, qui se jeta du haut de l'édifice en voyant qu'un de ses élèves avait érigé un monument plus élevé et plus beau que le sien.

Ghazni a une population importante, composée de Hazaras et de quelques marchands Hindkis, qui font le commerce des blés, des fruits, de la garance, de la laine et du poil de chameau. Dans son état actuel, c'est une place qui a une valeur stratégique susceptible de devenir un obstacle sérieux pour une armée d'invasion.

Candahar.

Candahar est, au même titre que Caboul, Ghazni et Hérat, une des clefs de l'Inde. On peut dire d'elle, comme de la capitale afghane, que nul ne peut, sans la posséder, être maître de l'Afghanistan. Seconde ville des

Etats des émirs et leur capitale jadis, elle est l'une des cités les plus renommées, les plus industrieuses et les plus commerçantes de l'Asie. Les Afghans font remonter sa fondation à Alexandre le Grand ; et quelques géographes modernes se rallient à cette tradition (1). D'autres dérivent son nom de *Kand* qui veut dire forteresse, en rappelant qu'elle était, sous la domination mongole, la barrière opposée aux invasions persanes. Deux fois détruite par les tremblements de terre, elle a été successivement rebâtie. La ville actuelle est, au vrai, la quatrième qui s'élève sur le même emplacement. Elle a été fondée par Ahmed-Shah, premier souverain de la dynastie des Douranis, qui lui donna le nom de Ashreff-ul-Beland (la plus noble des cités), qu'elle porte encore dans la langue du pays et à la cour de l'émir. Mais le peuple l'appelle, comme aux temps anciens, Candahar. Ahmed-Shah fut enterré dans sa capitale favorite, et son tombeau devint l'objet de la vénération universelle ; l'émir lui-même n'ose point y faire rechercher le coupable qui y a trouvé un asile.

La ville est assise entre la Tarnak et l'Argand-Ab, dans une plaine fertile de onze kilomètres de largeur, bordée par une ceinture de collines. Elle a la forme d'un parallélogramme régulier mesurant environ cinq kilomètres de circuit, et ayant pour côtés de gros murs en pisé de 27 pieds de haut. Au centre de cette enceinte sont établis quatre grands bazars, dont les boutiques

(1) Vivien de Saint-Martin, *Dictionnaire géographique.* « C'est du nom d'Alexandria ou Alexandropolis, qu'elle dut à son fondateur, que s'est formé par la prononciation orientale (Kander, Secander) le nom de Candahar. »

ont sur toute leur longueur une vérandah. Ces bazars occupent le carrefour des quatre principales rues. Chacun d'eux a une porte ouvrant sur la campagne, excepté celui du nord, qui fait face à l'ancien palais des souverains. La ville est découpée en îlots par plusieurs petits cours d'eau, sur lesquels sont jetés des ponts de pierre. Elle est, comme Caboul, divisée en quartiers occupés chacun par une tribu différente. Les maisons sont bâties en briques rouges ; mais leurs toits, au lieu d'être, suivant l'habitude, en terrasse, sont surmontés d'un dôme, à cause de la rareté du bois de construction. Les portes et les fenêtres sont cintrées. Ces maisons alternent avec des constructions en pisé dont les toits sont recouverts d'une tente. Du haut des remparts la vue s'étend sur un paysage animé, à une distance d'une lieue et demie.

L'aspect général de Candahar n'a toutefois rien d'imposant. C'est plutôt une réunion de plusieurs grands villages, qu'une ville proprement dite. Ses rues ne sont guère praticables pour les voitures. La population de cette ville a été évaluée très diversement. Les uns la portent à 80,000 habitants. D'autres réduisent ce chiffre à 50,000. La classe riche se compose presque exclusivement de Hindkis. Le commerce y est florissant. Il se fait en grande partie avec Bombay par Sikharpour et Karachi. On y importe beaucoup de produits anglais : des soieries, des calicots, des mousselines, des cotons imprimés, des mérinos, des tissus de laine, du drap, de la coutellerie, du papier, de l'indigo, des épices, du sucre, des drogueries. Les exportations consistent en garance, assa-fœtida, laines, fruits secs, tabac, soie grège, armes, turquoises, brocarts, chevaux et *jabus* (poneys). Quand le chemin de fer indo-afghan arrivera jusqu'à Candahar, cette place deviendra le grand entrepôt des produits indo-anglais pour toute l'Asie centrale. Son industrie principale est celle des feutres et des soieries. On y fabrique aussi des rosaires en silicate de magnésie cristallisé, qui sont d'un grand débit en Orient. Les fruits y abondent. On y cultive également la vigne et le melon.

Candahar est défendue par une citadelle qui a soutenu plusieurs sièges. Mais quoiqu'elle soit, comme place forte, assez solide, elle peut être facilement privée d'eau, et elle est dominée à petite distance par un cercle de hauteurs qui ne lui permetraient pas de tenir longtemps sous le feu de l'ennemi, si ce dernier était maître de ces positions. Candahar a néanmoins une valeur stratégique indiscutable, et d'autant plus importante qu'elle est la première place où une armée, venant de Hérat pour se diriger vers l'Indus, devrait s'arrêter pour se renforcer. Comme elle commande l'entrée de toute les routes pénétrant dans le Pendjab et le Scinde, par la frontière occidentale de l'Inde, elle permet de prévenir un ennemi qui viendrait s'établir à Hérat, ou, s'il y a réussi, de le forcer à ne point sortir de cette dernière ville. D'autre part, la proximité du désert qui s'étend au sud, empêche de tourner l'un des flancs de la citadelle. Accessible à la fois du côté de la Perse et du côté de l'Inde, Candahar a passé aux diverses périodes de l'histoire, en diverses mains. C'est ainsi qu'elle a subi tour à tour la domination des Perses, des Ousbecks, des Afghans. Les forces britanniques s'y sont installées fréquemment.

Une fois maîtresse de Candahar et ses communications bien assurées, l'armée anglaise pourrait, si elle disposait de ressources numériques quelque peu considérables, se porter rapidement vers le nord-est sur Caboul par la route de Ghazni, et arrêter une marche éventuelle des Russes sur la capitale afghane par la route du nord, ou sur l'Inde par celle du nord-est. En même temps, elle pourrait barrer le chemin aux forces concentrées à Hérat en poussant jusqu'à Ghiriskh, et les refouler, si elles avaient fait une sortie. En outre, elle pourrait, en dirigeant de Candahar sur Caboul un corps expéditionnaire, donner la main à ceux qui viendraient par la vallée du Gomoul, du Kourum ou même du Caboul- Daria, et s'assurer ainsi de tout l'Afghanistan méridional et oriental, tout en sauvegardant le centre du pays (1).

Dans ces conditions, l'occupation de Candahar serait une question de nécessité pour les Anglais, dès qu'il y aurait une déclaration de guerre lancée par les Russes. Une première faute a été commise, en permettant aux Russes venant de Merv de prendre le pas sur les Anglais pour entrer à Hérat. Ne pas occuper immédiatement Candahar, avec ou contre le gré de l'émir, serait pour l'Angleterre une de ces erreurs coupables qui s'expierait fatalement par la mise en péril de l'Inde.

(1) ANDRÉ MARIOTTI, *Etude militaire sur l'Afghanistan.*

Hérat.

C'est sur Hérat qu'est fixée aujourd'hui toute l'attention de l'Europe et de l'Asie. C'est de cette ville qu'à toute époque l'on a parlé comme de la véritable clef de l'Inde. C'est elle que menacent en ce moment les Russes ; et il est désormais presque indubitable qu'ils y arriveront ou demain ou bientôt. L'importance de cette ville s'accroît donc par l'actualité des événements qui la mettent en jeu ou qui vont s'y passer. Personne n'a oublié ce qu'écrivait, il y a trois ans, le général Soboleff : « Un corps de troupes européennes, s'il s'établissait à Hérat pour faire front au sud-est, attirerait sur lui les regards de toutes les populations de l'Inde : telle est, au vrai, la portée d'une occupation militaire de Hérat, et ce n'est pas sans raison qu'en Angleterre beaucoup d'hommes expérimentés, connaissant bien l'Inde, ont exprimé la croyance que si un ennemi venait à occuper Hérat avec des forces considérables, l'armée anglaise pouvait, sans avoir tiré un seul coup de fusil, se considérer comme à moitié battue. » Un autre officier supérieur de l'armée russe, le général Grodekoff, a confirmé ces vues : « Hérat, dit-il, est une très grande cité et ne le cède pas en dimension à Tashkent. Elle a 50,000 habitants. Parmi les villes de l'Asie centrale et du Khorassan, Hérat, par ses constructions, prend place à côté de Meshed. La ville est entourée de murs de 12 pieds de haut, avec un fossé extérieur peu profond. Or, ces défenses ne peuvent-être prises en considération ; elles n'ont rien de commun avec ce qu'on appelle en Europe une ville fortifiée. Dans son état actuel, Hérat n'est pas une position capable de se défendre contre une armée européenne : elle est en effet dominée au nord à un mille de distance par des hauteurs, d'où elle peut être bombardée. Elle n'en possède pas moins une importance stratégique *immense.* »

Hérat est donc la ville gardienne de l'Afghanistan occidental et sa vraie citadelle. Elle est le sommet de ce triangle stratégique dont la base a pour angles Candahar et Caboul, triangle sans lequel on ne peut se flatter de tenir l'Afghanistan (1). Aussi a-t-elle été, de temps immémorial, signalée comme un de ces points d'appui qui donnent le moyen de soulever un monde. Phrase hardie, mais sans exagération ; car il est hors de doute que si la Russie tient Hérat en sa possession, c'est là qu'elle pourra appliquer le levier qui ébranlera tout l'Orient jusqu'à Calcutta et Bombay et peut-être au delà, vers l'extrême-est de l'Asie. « Si Hérat tombe entre les mains des Russes, dit avec raison un écrivain militaire allemand d'une haute compétence, il n'y aura pas un bazar de l'Hindoustan où la prépondérance de la Russie ne soit proclamée en même temps que l'abaissement de la puissance anglaise (2). »

L'importance de Hérat ne réside du reste pas exclusivement dans sa situation stratégique, commandant les vallées qui mènent au seul point vulnérable de l'Inde. Elle est aussi dans la fertilité et la richesse de ses en-

(1) *Le Temps*, 6 décembre 1878.
(2 Colonel Wachs, *Militærisches Wochenblatt*, 1878.

virons qui peuvent fournir à bref délai tout ce qui est nécessaire au ravitaillement et aux transports d'une armée. Hérat est, en effet, le grenier de l'Asie centrale, et il est peu de poètes persans qui n'aient parlé d'elle comme du plus merveilleux des jardins. Son antiquité la rend en outre vénérable. Connue des Grecs sous le nom d'Aria, elle fut pendant de longs siècles la capitale d'un royaume indépendant, et telle était son incomparable valeur que, « prise cinq fois et cinq fois détruite, elle renaquit cinq fois de ses cendres ». Il y a six siècles, elle était déjà le rendez-vous des caravanes qui y affluaient chaque année de tous les points de l'Asie. Elle avait alors, au dire d'un historien contemporain, 12,000 boutiques, 6,000 bains publics, 350 écoles, 144,000 maisons habitées. Quand le torrent mongol, dévastant tout sur son passage, se répandit sur toute l'Asie antérieure au treizième siècle, Hérat perdit, assure-t-on, en moins de dix ans, plus d'un million et demi d'hommes. Malgré ces désastres, elle recouvra sa splendeur et la conserva jusqu'à une époque rapprochée de la nôtre.

La ville de Hérat est située sur la rive gauche du Hari-Roud, qui y apporte ses eaux par divers canaux. Elle est bâtie en forme de rectangle. Les côtés du nord et du sud mesurent 1,375 mètres, ceux de l'est et de l'ouest 1,460. Un immense ouvrage en terre de 50 pieds de haut, surmonté d'un mur de 25 à 30 pieds d'élévation, lui sert de clôture et de rempart. La citadelle, appelée Tchagar-Bag, est au centre de la place. Elle est entourée d'une profonde tranchée qui peut être submergée. Elle a cinq portes, dont une murée, toutes flanquées de deux bastions. Chaque porte est défendue par un pont-levis. Chacun des murs d'enceinte est pourvu de 25 à 30 bastions. Le glacis est protégé par deux tranchées superposées. La place n'est défendue que par vingt canons de divers calibres, sans compter un certain nombre de pièces démontées. Si l'on considère que le circuit de la citadelle est de 5 kilomètres et demi, on reconnaîtra que cet ensemble d'artillerie est peu fait pour arrêter sérieusement une armée russe.

La population de Hérat se rapproche de celle de Candahar. L'une et l'autre s'évaluent, d'après les calculs les plus dignes de foi, à 50 ou 60,000 habitants, Afghans, Hindous, Tartares, Turcomans, Juifs, Tadjiks et autres. La ville proprement dite est sale, quoique l'eau n'y manque point, chaque maison ayant une fontaine, en outre de celles que l'on trouve sur chaque place publique. La principale rue est voûtée en forme d'arcade. Parmi les monuments, on cite la mosquée en ruines de Musjid-Janca. Les bazars sont anciens et populeux. Hérat est un marché central des produits de l'Inde, de la Chine, de la Tartarie, de la Perse; son industrie est renommée dans l'Orient. C'est là qu'on fabrique ces tapis aux couleurs brillantes dont la richesse est admirée dans le monde entier. C'est également de Hérat que vient la coutellerie dite de Damas, si recherchée par les Orientaux. Les environs sont réputés pour leurs blés, mais surtout pour leurs vins, dont on compte jusqu'à dix-sept crûs. Les roses y sont en telle abondance que Hérat est appelée *Surgultzar* (la belle cité des roses). Dans les pâturages on fait en grand l'élevage de chevaux qui sont très estimés.

Ce sont ces environs, bien plus que la ville elle-même, qui constituent ce que l'on appelle la Clef de l'Inde. Ils peuvent fournir tout ce qui est nécessaire à la subsistance d'une armée de 100,000 hommes, et, par conséquent, suppléer à tous les besoins d'une marche en avant sur l'Inde. En traçant, du nord au sud, une ligne idéale mesurant 100 milles (161 kilomètres) de Hérat à Farah, une autre de 70 milles vers l'ouest de Kusan à la frontière persane, et une troisième de 120 milles, du sud au nord, derrière les points occupés par les Russes, on peut se faire une idée approximative de l'étendue de ce territoire aussi fertile que la France ou l'Angleterre, et possédant de merveilleuses ressources minérales. Il n'y a point de lieu de campement semblable de la Caspienne à Hérat, et il n'y en a plus de Hérat à l'Inde.

M. Ch. Marvin rectifie une erreur commise par la plupart des géographes. Sur la carte, dit-il, on nous montre au nord de Hérat une chaîne de montagnes appelée le Paropamisus, que l'on considère comme une barrière de hauteurs, dont les passes sont aux mains des Afghans, et qui constituerait pour eux, suivant l'opinion communément acceptée, une frontière efficace contre les Russes. Or, cette opinion et cette assertion sont l'une et l'autre controuvées par l'examen topographique de cette région. Sur la carte, deux rameaux se détachent du Paropamisus et vont de Hérat à travers le Badgheis jusqu'au Hari-Roud. L'un de ces rameaux court, dit-on, vers le nord-ouest

sous le nom de Barkhut, l'autre vers l'ouest. En réalité, il n'y a que le premier qui existe. L'autre n'est,
au vrai, qu'une ombre et ne peut être figuré tout au
plus que par les ondulations d'un sol sablonneux couvert de plantes épineuses et d'assa-fœtida.

La barrière de hauteurs qui protégerait les Afghans
et Hérat contre les Russes est donc un effet de mirage,
une illusion, ou, suivant M. Marvin, une de ces vérités
géographiques que dément l'exploration et qui sont
répandues ou par l'ignorance ou par la mauvaise foi
intéressée des topographes officieux attachés aux mis-
sions scientifiques. La frontière du Paropamisus au
nord de Hérat se réduit à une série de monticules, tra-
versés par de nombreuses routes, qui ne présentent de
difficultés et d'obstacles qu'en deux ou trois cas, obstacles qui ne comptent point. Ce que l'on appelle le Bad-
geis est une contrée fertile, située immédiatement au
nord du Paropamisus et faisant partie du territoire
de Hérat. Vu du sommet du Paropamisus, le Badgheis
se divise en deux sections (1). Le regard, en dévalant
les versants, s'arrête à droite sur la vallée de Khushk-
Mourghab, l'objectif des Russes partis de Merv, et
sur la vallée du Hari-Roud, l'objectif des Russes
partis de Sarakhs. Un panorama frappant se déroule
devant l'observateur. Aussi loin que sa vue peut porter, il ne découvre qu'une vaste mer de collines basses
et herbeuses, fuyant vers l'ouest jusqu'au pied des
monts Djam, et vers le nord dans un espace sans limites. Les ondulations de cette surface ne sont inter-

(1) *Times* (12 mars 1885).

rompues que par les hauteurs qui forment la ceinture de la vallée de Penjdeh. Nous verrons plus loin que ces remarques de M. Marvin relativement à l'insignifiance stratégique du Paropamisus ont une valeur considérable et détruisent toutes les théories militaires ou autres qui, avant les derniers événements, avaient cours au sujet de la défense de Hérat.

Hérat a été de tout temps un objet de convoitise pour tous les conquérants qui se sont disputé la suprématie en Asie. Prise au XIIIe siècle par Gengis-Khan, puis par Tamerlan, qui y établit le siège de son empire, elle fut ensuite réunie à la Perse, Conquise par les Afghans en 1715, reprise par les Perses en 1731, et par les Afghans en 1749, elle forma, à partir de cette époque, un Etat semi indépendant nommé le royaume de Hérat. Dès 1833, la Perse essaya de nouveau de s'annexer ce territoire. Elle dut renoncer à ses prétentions et signer définitivement avec l'Angleterre le traité de Paris de 1857. Depuis cette époque, Hérat appartient à l'Afghanistan.

CHAPITRE IV.

LA POPULATION AFGHANE.

Organisation sociale. — Les tribus et les clans.

POLITIQUEMENT, l'Afghanistan est divisé en neuf provinces, réunies administrativement en cinq gouverne-ments, soumis à l'émir de Caboul, ou bien semi-indépendants. Ces gouvernements sont : 1° le Caboulistan, qui comprend le territoire de Caboul proprement dit, et le Kafiristan ; 2° le Hésar, qui comprend le Hésar proprement dit et le Poucht-Koh ; 3° le Khorassan, qui comprend la province de Candahar, celle de Hérat et les dépendances de Hérat ; 4° le Turkestan, qui comprend les khanats de Maimana, d'Andkho, de Balkh, de Khulm, de Koundouz et le Badakshan ; 5° le Saïstan. Les provinces sont subdivisées en circonscriptions, appelées *zaes*, et celles-ci partagées en clans ou *khails*. L'existence de ces clans est une cause incessante de rivalités et de luttes sanglantes.

La condition sociale de l'Afghanistan rappelle à notre esprit les temps où, en France, chaque ville avait son seigneur, suzerain ou vassal, et chaque vassal sa querelle. Les tribus sont gouvernées par des conseils ou *Jhirgahs* convoqués par l'émir, lorsque la nation est en péril, et se levant en masse pour la défense commune, quand le pays est envahi. Par suite des guerres continuelles, les agglomérations sont fréquentes. La population se concentre dans des localités, villes ou villages, généralement considérables et entourés de murs. Dans beaucoup de villages on compte jusqu'à 3,000 maisons. Les villes sont pour la même raison très peuplées. C'est dans les vallées du Caboul, du Kourum et de leurs affluents, que la densité de la population est la plus forte. Au sud, les tribus se pressent le long des cours d'eau en désertant le reste du territoire. Les régions voisines du Béloutchistan sont les plus abandonnées.

Chaque communauté de tribus (*oulouss*), partagée en *khails* ou *chels* (clans), mène au reste une vie indépendante. Le gouvernement intérieur de l'*oulouss* est entre les mains d'un khan, assisté de la *Jhirgah* (assemblée des chefs); chacun des membres de la *Jhirgah* préside lui-même une réunion plus petite ou *Jhirgah* secondaire. Cette organisation permet à chaque individu composant la tribu de prendre part à la discussion des questions qui intéressent la communauté, ou aux résolutions qui doivent assurer la défense de l'*oulouss*. Dans les cas de peu d'importance, le khan agit sans consulter la *Jhirgah* principale, et celle-ci émet aussi dans certaines conditions des avis sans prendre conseil des *Jhirgahs* secondaires ou inférieures. Mais dans les circonstances graves, rien ne se décide sans que l'opinion de toute la tribu soit connue. Bien que ce système éprouve assez souvent des modifications, on peut le considérer comme le type du gouvernement général des tribus. Dans toutes les *oulouss*, la pensée dominante est la sauvegarde de la communauté, et il est rare que

3***

les intérêts personnels d'un khan puissent entraîner
une tribu à un acte contraire à son avantage (1). Le
maintien et la sauvegarde de l'indépendance sont en
effet le seul lien qui existe entre les *chels* d'une *oulouss*
et entre les diverses *oulouss* du pays. Mais ce lien
est si fort, chacun y rattache son existence personnelle avec une passion si fougueuse que, pour le conserver intact, on brave tous les dangers, on court
toutes les aventures, on surmonte toutes les fatigues,
on fait des prodiges de vaillance. Le peuple afghan,
plus qu'aucun autre en Orient, possède ce patriotisme
qui dicte tous les sacrifices. Aussi serait-il capable de
grandes choses si les guerres où il est sans cesse engagé
ne l'avaient rendu aussi rusé et féroce qu'il est brave et
hardi. « Le sang pour le sang, le fer et le feu pour tous
les infidèles » : telles sont les deux principales maximes
de la conduite des Afghans ; et riches ou pauvres, nomades ou sédentaires, ils n'en ont, à peu de chose près,
point d'autre. Il en résulte que, pour la plupart d' entre
eux, le pillage et l'assassinat sont des genres de guerre
aussi nobles que celui que pratiquent les Européens (2).

L'émir est le chef suprême de la confédération afghane,
il est en même temps khan de Caboul. Lui seul déclare la guerre, fait la paix, conclut les traités. Il
est revêtu de l'autorité d'un monarque absolu dans
ceux de ses États qui sont sous sa domination
immédiate, et il dirige les autres, oulouss ou khanats,
sans porter atteinte à leurs gouvernements respectifs.

(1) Perrin, *L'Afghanistan.*
(2) Général Wolseley, article publié en 1878 dans la *North
American Review*.

A la tête de chaque division territoriale est le *hakem*
(chef civil) ; la police, la justice, la force armée sont
entre les mains du *serdar* (chef militaire).

La population afghane est composée d'éléments si
divers que les mœurs et les coutumes des habitants
varient, d'une province ou même d'une *zaes* à l'autre,
presque autant que le climat et les productions naturelles. On peut néanmoins, en négligeant les diffé-
rences secondaires des tribus, ranger les Afghans, con-
sidérés dans leur ensemble, en deux grandes classes :
ceux qui habitent sous la tente, et ceux qui habitent
des maisons. Les premiers se livrent, en temps de
paix, à la vie pastorale ; les seconds, au commerce et
à l'agriculture. Les pasteurs afghans vivent parmi
leurs troupeaux, bœufs, vaches, moutons et chèvres.
Ils sont bons cavaliers, et, dans une guerre sainte de
défense nationale, peuvent former de redoutables
guerillas, car ils connaissent toutes les passes et
gravissent les montagnes ou dévalent des précipices
avec une agilité et une audace qui ne peuvent être
égalées par aucun Européen.

Les races.

On compte dans le pays afghan neuf races distinctes :
les Afghans, les Tadjiks, les Kizilbachis, les Hesaris,
les Ousbecks, les Hindous, les Djats, les Kafirs, les
Arabes. Les Afghans forment la race dominante, et
représentent un ensemble de 3,000,000 d'hommes,
équivalant à la moitié de la population totale du pays.
Ils se divisent en cinq tribus, subdivisées en 405

khails ou clans. La plus considérable de ces tribus est celle des Karalanaï, qui se donnent à eux-mêmes le nom de Pahtans, pour se distinguer des quatre autres, formées des Afghans proprement dits. Tous, Afghans ou Pahtans, sont des montagnards établis à l'est et au sud-est, souvent nomades ou errant une partie de l'année sur le territoire britannique.

Les Afghans sont les véritables aborigènes du pays, et c'est d'eux qu'il a pris son nom. Ils se disent, mais erronément, de race sémitique et font remonter leur origine au roi Saül. Aussi prennent-ils le nom de Beni Israël (fils d'Israël), et prétendent-ils avoir possédé jadis l'arche d'alliance, faite, suivant eux, de bois du Shemshed, arbre coupé par Adam au milieu du Paradis. Ils assurent que leurs ancêtres se faisaient précéder de cette arche dans leurs combats, et que, par des sons retentissants, elle leur annonçait d'avance la victoire. Ils conservent aussi dans leurs annales des souvenirs de l'Egypte. En dépit de ces traditions, il semble aujourd'hui avéré que l'origine israélite des Afghans n'est fondée que sur des ressemblances plus fortuites qu'ethnologiques avec le type juif. Il est plus vraisemblable qu'ils ont occupé primitivement les hautes vallées situées entre l'Indus, l'Amou-Daria et le Caboul-Daria. Quoi qu'il en soit, leur existence est historiquement constatée à partir du huitième siècle de notre ère, époque à laquelle ils étaient fixés dans les environs de Ghor. L'invasion musulmane les absorba et les convertit violemment et en masse.

Les Afghans sont de beaux hommes, vigoureux, bien proportionnés : ils ont les traits réguliers. Leurs mœurs sont polies, et leur caractère est hospitalier. Ils n'ont point la subtilité d'esprit des Persans, leurs voisins ; mais leur penchant pour l'instruction est très prononcé. Leurs *mollahs*, prêtres ou instituteurs, exercent dans chaque tribu une influence prépondérante, et avant d'aborder leur profession, se rendent eux-mêmes à Bokhara, grand centre d'instruction musulmane, où on leur enseigne la théologie, l'histoire, la littérature, la médecine et la métaphysique, telle que l'entendent les Orientaux.

La langue afghane est le *poukhtou* ou *poushtou*, dont les racines se retrouvent dans le persan, le sanscrit, l'arabe et l'hébreu ; mais un grand nombre de mots n'ont point de source connue. Cette langue est exclusivement parlée, quoique les Afghans aient une littérature peu différente de celle des Persans, auxquels ils ont du reste emprunté leur écriture. Comme tous les idiomes orientaux, la langue vulgaire afghane comprend un grand nombre de dialectes.

Les Afghans sont mahométans du rite sunnite, ou orthodoxes, c'est-à-dire qu'ils reconnaissent comme successeurs du Prophête les trois premiers khalifes dont le sultan de Constantinople est l'héritier légitime. Ils admettent l'interprétation de la loi telle qu'elle a été donnée par ces khalifes ; mais ils sont tolérants et, tout en demeurant fidèlement attachés à leurs propres croyances, n'attaquent point ceux qui en professent d'autres, ce qui est rare chez les sectateurs de Mahomet. Cependant, ils haïssent les mahométans chiites, qui vivent parmi eux et qui sont les descendants des anciens conquérants persans. On trouve également dans les villes afghanes un certain nombre de suffites, qui sont les libres-penseurs de l'islamisme. Ceux-ci admettent la mission politique et sociale de Mahomet, mais ils nient le caractère divin du Coran. Leur doctrine est une espèce de panthéisme, répudiant toute distinction entre l'esprit et la matière ; ils regardent la création comme une évolution de la matière divine d'où les êtres émanent en naissant et où ils s'absorbent par la mort et la destruction. Il existe dans l'Afghanistan une autre secte religieuse à laquelle on donne le nom de *Séids* et qui compte de nombreux partisans parmi les classes ignorantes et superstitieuses. Ces Séids se font passer pour les descendants directs de Mahomet, et, de même que les fakirs hindous et les derviches arabes, ils sont thaumaturges et prophétisent l'avenir. Leurs tombeaux sont sacrés. Ils se retirent souvent dans les montagnes et les déserts où ils sont, dit la tradition, hantés de la *Ghoule Becabaun* (esprit de la solitude).

Les Afghans pratiquent la polygamie comme les autres mahométans ; mais beaucoup d'entre eux n'ont qu'une seule femme. Dans les classes pauvres, il règne une extrême dépravation. Les femmes de cette condition ne sont pas voilées, contrairement à l'usage oriental. Les femmes riches des grandes villes sont vêtues avec un luxe exceptionnel et portent des bijoux et des ornements précieux à profusion. Quelques-unes d'entre elles sont remarquables par leur beauté ; mais, à l'exemple des Turques, elles se fardent les joues, se teignent les cils et les sourcils. Elles passent la plus grande partie de leur temps à fumer, à broder, à lire, à monter à cheval ou à causer. Lorsqu'elles traversent les rues ou visitent les bazars, elles ont le visage caché sous plusieurs voiles et se distinguent ainsi des femmes pauvres. Elles prennent part aux conversations des hommes et s'entretiennent avec eux des affaires politiques; quelques-unes ont une grande influence à la cour de l'émir. Les mariages afghans offrent une particularité remarquable; lorsqu'une femme devient veuve, elle doit épouser le frère de son mari défunt. Ce lévirat se rencontre dans d'autres contrées avec lesquelles les Afghans n'ont aucune affiliation de race.

Afghans proprement dits : Douranis, Ghilzaïs, Afridis.

Parmi les Afghans proprement dits, les principaux clans sont ceux des Douranis, des Ghilzaïs, des Touris, des Shinwaris, des Mohmounds, des Afridis. Les Douranis, qui occupent la région entre Candahar et Hérat, sont appelés à prendre plus directement que tous les autres une part active dans le conflit anglo-russe, si la guerre est déclarée. Leur nombre, que l'on peut évaluer à un million d'hommes, est supérieur à celui de chacune des autres tribus. On les appelait autrefois Abdalais, et c'est sous ce nom qu'il est question d'eux dans l'histoire afghane. Leur territoire mesure en longueur 650 kilomètres, et en largeur 200 à 225. Il est borné au nord par les monts Aïmak, à l'ouest par le désert persan, au sud-ouest par le Saïstan, au sud par la chaîne du Khoja-Amran, et à l'ouest par le pays des Ghilzaïs. Ils habitent la partie la plus fertile de l'Afghanistan, et sont, suivant la nature des localités où ils vivent, laboureurs ou pasteurs. Ils représentent l'élément le plus civilisé de toute la nation afghane. La terre qu'ils cultivent leur appartient; mais ils paient à l'émir une redevance militaire : chaque charrue, suivant l'expression locale, fournit son cavalier armé. Ils ont une vieille aristocratie, qui a conservé tout le raffinement des mœurs persanes, et forme l'un des principaux soutiens du pouvoir suprême. Mais l'influence de cette aristocratie est restreinte à la localité où elle réside.

Les plus proches voisins des Douranis sont les Ghilzaïs, moins nombreux à vrai dire, puisqu'on n'en compte que 250,000, mais plus importants par leurs rapports commerciaux avec l'Inde et l'Asie centrale. En automne, ces Ghilzaïs franchissent les passes des monts Soulaiman, et leurs caravanes se dispersent sur le territoire anglo-indien, où ils offrent les laines, la garance, l'assa-fœtida, les fruits, les chevaux, en échange des armes à feu, de la poudre, de la quinine et des produits manufacturés de Manchester. Ces goûts de trafic les rendent peu propres aux combats, quoiqu'ils soient robustes et intelligents. Aussi en compte-t-on fort peu dans l'armée active. Leur territoire est considérable : illimité au sud, il s'y perd dans le désert; au nord il confine au Kohistan et va jusqu'à la capitale afghane, qui est dépendante elle-même de leur oulouss. A l'ouest il touche aux monts Soulaiman et enclave la ville de Ghazni.

Les Shinwaris peuvent mettre en ligne 7,000 fusils. Belliqueux et farouches, comme tous les montagnards qui occupent avec eux la passe de Khyber, ils se divisent en petits groupes ayant chacun leur khan particulier. Ils reçoivent leur part des 10,000 ou 20,000 roupies (1), que le gouvernement de Caboul paie chaque année aux Khybériens pour laisser passer librement les caravanes. Les Touris habitent la vallée de Kourum; ils peuvent mettre en rang 6,000 guerriers.

Les Mohmounds se divisent en Mohmounds supérieurs et Mohmounds inférieurs. Les premiers s'étendent jusqu'au Caboul-Daria et sur la rive droite de ce cours d'eau jusqu'aux montagnes du Khyber. Ils comprennent 25,000 familles, gouvernées par deux khans. Les Mohmounds inférieurs, qui peuvent mettre 12,000 hommes sous les armes, occupent l'angle sud-ouest du district de Peshawar. Les Mohmounds sont les plus sauvages de tous les Pahtans.

Les Afridis sont les plus redoutables des Khybériens. Quoique descendants d'une même origine, ils forment cinq clans (les Adam-Khels, les Ukka, les Moullik-Din, les Toukka, les Kouki-Khels), subdivisés eux-mêmes en plusieurs groupes distincts, lesquels se font la guerre entre eux lorsqu'ils ne pillent pas d'un commun accord les caravanes. Ce sont les brigands de l'Orient, ne vivant que de rapines, paresseux, sans éducation. Hommes forts, bien proportionnés, ils ont une attitude martiale; leurs turbans fièrement campés sur le coin de l'oreille, leurs vêtements de toile bleue, retenus par une ceinture où brillent des cou-

---

(1) La roupie vaut environ 2 fr. 5o. — 100,000 roupies font un lak, et 100 laks font un crore.

teaux et des pistolets, leur donnent un air pittoresque. Quelquefois ils vont servir dans l'armée anglo-
indienne, mais la nostalgie les ramène vite dans leurs
montagnes. Ce contact avec la civilisation n'a pour
résultat que de les rendre plus dangereux. Ils ne re-
tiennent de ce qu'ils ont vu que l'enseignement du
vice, de la trahison, de l'assassinat; ils coupent la
gorge à un homme pour le simple plaisir de montrer
leur adresse. Aussi a-t-on coutume de dire qu'offrir
de l'argent à un Afridi pour se faire guider dans la
passe de Khyber, c'est payer d'avance son propre assas-
sin. C'est un de ces Afridis qui tua le vice-roi lord
Mayo. Il avait fidèlement servi comme domestique le
commissaire général anglais à Peshawar, et menait
chaque jour la fille de son maître à la promenade. Un
jour il apprit qu'un homme appartenant à un clan
avec lequel sa tribu était en lutte de représailles vivait
à Peshawar. Il rechercha cet homme et l'assassina. Il
fut condamné à mort; mais sa peine fut commuée.
On le transporta à la colonie pénitentiaire des îles
Andaman. Pour y échapper aux souffrances de l'exil,
il poignarda lord Mayo.

**Races non afghanes : Tadjiks, Kizil-Bachis, Ous-
becks, Arabes, Hindous, Kafirs.**

La race la plus nombreuse dans l'Afghanistan,
après la race afghane, est celle des Tadjiks, qui constituent, dans toutes les provinces de l'ouest, l'élément
aborigène. C'est une population sédentaire, agricole
ou manufacturière. Son nom qui signifie paysan, est

opposé à celui de *Turk* (guerrier). Les Tadjiks proprement dits se donnent l'appellation de Parsivans ou Parsis-Zevans. Ceux d'entre eux qui sont nomades sont connus sous la dénomination d'Aïmaks. Ces derniers errent dans la région formée par le bassin supérieur du Hari-Roud. Le nombre des Tadjiks atteint près d'un million. Ils vivent assez fréquemment dans les villages occupés par les Afghans dont ils sont les fermiers, sans posséder eux-mêmes aucune terre. Dans les villes, ils forment une population tranquille et laborieuse, exerçant les industries que les Afghans méprisent.

La troisième race qu'on rencontre dans l'Afghanistan est celle des Kazulbashis ou Kizil-Bachis, descendant des Perses qui furent amenés à Caboul, en 1737, par Nadir-Shah. Nous avons précédemment indiqué leur importance. Viennent ensuite les Hezarais ou Hazarawais, qui occupent le pays entre Hérat et Caboul ; on les appelle quelquefois Mongols, et l'on croit qu'ils ont été introduits dans le pays par Gengis-Khan ou par Tamerlan. Les Afghans les regardent comme invincibles dans leurs montagnes. Peu d'entre eux cependant font partie de l'armée régulière. Quelques-uns ont émigré dans l'Inde, où ils travaillent comme terrassiers. Ils professent une haine irréconciliable pour les sunnites. Les Hézarais sont touraniens.

Les Ousbecks sont les descendants des Turcomans et par conséquent aussi d'origine touranienne. Ils constituent l'élément dominant au nord de l'Indou-Koh et forment une petite armée bien organisée, dont on évalue l'effectif à 10,000 hommes, placés en temps ordinaire sous les ordres du gouverneur afghan de Balkh.

Les Arabes, appartenant presque tous à la secte des Séids, forment une masse compacte dans le Caboulistan septentrional ; mais ils sont aussi disséminés sur toute la surface du pays. Comme les Arabes, les Djats, d'origine inconnue, sont répandus sur toute l'étendue du territoire, quoiqu'on les trouve en plus grand nombre sur les pentes des monts Soulaiman.

Les Hindous représentent une population de 300,000 à 400,000 âmes. Ils vivent principalement dans les villes, où ils se livrent à l'industrie, au commerce et surtout aux spéculations financières et aux opérations de banque interdites aux musulmans par le Coran.

Entre le Haut-Indus et l'Indou-Koh, au nord de Peshawar et au nord-ouest de Cachemire, est le Kafiristan région montagneuse comme l'Afghanistan, bornée au sud par la province de Caboul et au nord par le Wakhan. Les naturels de cette région portent le nom de Kafirs. Ils se divisent en Siahpoush ou Pieds-Noirs, nom qu'ils doivent à la couleur de leurs guêtres en peau de chèvre, et en Kafirs blonds. Ces derniers ont le type des races du Caucase : le teint pâle, les yeux bleus. Chasseurs intrépides, aimant le danger et les aventures, ils peuvent devenir redoutables dans une guerre de montagnes; mais ils sont à peine civilisés, boivent avec excès et mangent de la chair crue. Ils sont les ennemis jurés des mahométans. Un Kafir s'enorgueillit d'avoir assassiné un disciple du Prophète ; et lorsqu'un crime de ce genre a été commis, chaque homme de la tribu met une plume à son turban.

Ce tableau sommaire des populations afghanes suffit pour définir leurs caractères généraux et pour laisser préjuger la conduite qu'ils opposeraient à une invasion russe. Dans leurs guerres si nombreuses avec les Anglais, elles n'ont reculé devant aucun acte de barbarie, d'atroce vengeance. Quelques-unes de leurs oulouss sont aujourd'hui animées de sentiments plus bienveillants ou moins haineux à l'égard des troupes britanniques ; mais pour peu qu'elles soient excitées à se tourner contre ces alliés de l'émir bien plus que du pays, elles reviendront à leurs cruautés et à leurs trahisons. Une *jihad* (guerre sainte) proclamée par les mollahs serait aussi fatale aux Anglais qu'aux Russes, le jour où de montagne en montagne se répéterait dans tout l'Afghanistan le même cri : Indépendance ! Indépendance !

CHAPITRE V.

FORCES MILITAIRES ET TACTIQUE DES AFGHANS.

L'armée régulière.

Dans un pays comme l'Afghanistan, où il n'y a pas d'unité nationale, et où le territoire est partagé entre un grand nombre de peuplades, à peu près indépendantes les unes des autres et subdivisées en groupes de familles à peine attachés à leur chef par un lien féodal, plus ou moins fort suivant les régions, l'organisation militaire reflète nécessairement l'organisation sociale. La constitution de la monarchie afghane date tout au plus de 135 ans, et le fondateur de l'Afghanistan, Ahmed-Shah, ne parvint à former avec des éléments semblables à ceux qu'on trouve parmi les Bédouins, qu'un gouvernement sans assises profondes et sans cesse assailli par les ambitions de princes et de rivaux, presque toujours en guerre ouverte. On comprendra donc aisément le peu de cohésion de l'armée afghane et les difficultés de maintenir sous une autorité régulière des troupes relativement nombreuses, mais disposées à recevoir des influences de tout genre, avant de se soumettre à une même discipline. Il est vrai que l'émir actuel, Abdourrhaman, plus énergique que ses prédécesseurs, tient d'une main de fer les rênes de l'administration. Prompt à châtier, il a réussi, dans une assez large limite, à réduire à l'impuissance ses compétiteurs au trône. Grâce à une paix d'environ cinq ans, il a modifié l'esprit de l'armée afghane ; il a infusé à celle-ci ce que l'on peut appeler un sang nouveau, plus sympathique, en versant dans les cadres de ses régiments des chefs d'*oulouss* instruits et dévoués, qui jusque-là étaient obstinément restés à l'écart ; il a séduit et subjugué les *khails* par le double prestige de sa valeur militaire personnelle et du succès ; enfin il a trouvé dans le concours pécuniaire des Anglais ce nerf du pouvoir si utile en Orient. Mais, en dépit de ces avantages, il est manifeste que cette assistance étrangère, sous forme de subside, sur laquelle il s'appuie, témoigne d'embarras intérieurs plus complexes qu'on ne le pense.

Certes, l'émir a fait preuve d'habileté politique en attirant à lui des hommes de bonne volonté, dont il est d'autant plus sûr qu'il les paie bien ; mais, au vrai, son autorité repose beaucoup moins sur l'affection de ses sujets que sur les artifices employés pour faire le jeu de la centralisation administrative, civile ou militaire, en opposant les oulouss les unes aux autres, et en neutralisant leur autonomie par la balance de leurs forces ou de leurs tendances respectives. Il en résulte que depuis son avènement Abdourrhaman n'a pu introduire des réformes vraiment marquantes dans l'organisation de la défense du pays afghan, et que l'effectif de ses troupes, leur armement, leurs cadres, leur tactique n'ont pas subi, depuis les campagnes de 1878 à 1880, de changements appréciables. Or, à cette époque, l'émir avait sous ses ordres, dans ses possessions immédiates, une armée régulière de 50 à 60,000 hommes, et les tribus indépendantes pouvaient lui fournir un contingent évalué à plus de 100,000 hommes.

L'armée régulière afghane comprend des troupes d'infanterie, de cavalerie, d'artillerie, constituées en régiments, bataillons, escadrons ou batteries, et pouvant, en cas de guerre, être renforcées par de nombreuses réserves. Ces troupes régulières, disciplinées, instruites, équipées, soldées d'après les principes admis en Europe, ne sont, à parler exactement, que les contingents forcés de Caboul, de Candahar et de Hérat et de leurs districts. Elles ne représentent, dans ces conditions, et encore partiellement, que deux éléments du pays : celui du Caboulistan proprement dit et celui du Khorassan ; mais elles sont régulières, au sens propre du terme, par le mode de conscription, de mobilisation et de discipline.

La plupart des troupes régulières tiennent garnison dans les places fortes ou dans les villages fortifiés, notamment à Caboul, Hérat, Candahar, Ghazni, Jelalabad. Au nord de l'Hindou-Koh, un petit corps d'armée formé d'Ousbecks est stationné dans les villes de Balkh, Koundouz et Khulm, et chargé de la protection de la frontière sous le commandement du gouverneur de Balkh.

Avant le règne d'Abdourrhaman, les soldats de Caboul seuls recevaient une solde et des vivres ; dans les autres localités, ils étaient nourris généralement par les habitants, qui les logeaient. L'émir est le chef suprême de l'armée. Les officiers généraux, peu nombreux, portent le nom de *serdars* ou *sirdars*, et on leur donne quelquefois celui de *djernal*, corruption du titre anglais. Le serdar-serdaran (serdar des serdars) exerce le commandement en chef sous les ordres directs du souverain. Les sirdars sont toujours des khans d'oulouss. Ils amènent avec eux une espèce de garde du corps, composée d'hommes de leur propre khail et renforçant l'effectif de leur régiment respectif. La cavalerie a pour chef spécial un *toptchi-bachi*, appelé aussi *chanichi-bachi*. Les régiments sont divisés en bataillons et ceux-ci en compagnies. A part les sirdars et les toptchi-bachi, les officiers empruntent leurs titres à ceux de l'armée anglaise : les grades de coronels, midjirs, etc., correspondent évidemment à ceux de colonels, majors, etc.

L'armée régulière se divise en trois catégories : l'armée active, la réserve (*defteri*) et l'armée territoriale (*ouloussi*). L'armée active se recrute par voie de tirage au sort et à l'aide d'engagements volontaires ; pour les classes rurales, la conscription est obligatoire, et les recrues sont immatriculées avant d'être adultes. L'effectif du defteri peut être évalué au dixième de la population mâle valide. Le contrôle de tous les hommes qui en font partie est soigneusement tenu en temps de paix. Ils ont droit à une petite paye. Dans certaines parties du pays, cette rémunération en espèces est remplacée par des avantages particuliers, tels que la libre jouissance des eaux d'irrigation ou l'allocation d'une certaine quantité de grain. La milice fournie par le defteri est répartie entre les trois armes. Le defteri correspond à la landwehr allemande, l'ouloussi à la landsturm. La

4*

deuxième réserve, appelée seulement dans les cas exceptionnels, représente la levée en masse du pays. Si l'on calcule que l'*ouloussi* peut, comme les événements de 1838 l'ont prouvé, mettre en ligne le huitième de la population entière de l'Afghanistan, on est autorisé à évaluer, dans le cas de *jihad* ou guerre sainte, les forces actives afghanes à près de 700,000 hommes. En outre, les fonderies de canon, les manufactures d'armes, les capsuleries, les magasins d'habillement, les arsenaux créés ou construits depuis quinze ans, sont aujourd'hui en état de répondre à tous les besoins d'une campagne.

L'organisation intérieure des corps de troupes de l'armée active afghane a été calquée sur celle de l'armée des Indes. L'instruction est donnée par des officiers et sous-officiers anglais ou des indigènes ayant servi dans l'armée anglo-indienne. La discipline est extrêmement sévère. Le pouvoir des chefs est tellement illimité qu'un officier peut impunément tuer un de ses subalternes. Les baraquements ou casernes s'établissent sur le modèle anglais. Les hommes et souvent les officiers y sont logés aux frais de l'État avec leurs familles dans des maisons ou des bâtiments spéciaux. En dehors de la solde, les hommes reçoivent des vivres, l'armement et l'équipement.

Les régiments sont numérotés. L'infanterie est armée de fusils de modèles récents, de sabres afghans recourbés et de poignards de 30 à 40 centimètres de long. L'uniforme est de coton bleu clair, de coupe anglaise, à larges plis; le pantalon en coton de même couleur ou blanc, court et très collant. La chaussure est une espèce de sandale qui se porte à découvert, sur le pied nu. La coiffure est le bonnet persan noir, en temps de service, ou la culotte rouge, verte ou jaune.

La cavalerie a conservé le costume national afghan. Elle fait usage d'armes variées, dont les principales sont le sabre, le fusil et la lance. Les cavaliers afghans achètent eux-mêmes leur monture, qui leur appartient. Tous les chevaux viennent du pays des Ousbecks et de la région baignée par l'Amou-Daria. Les plus beaux sont des environs de Hérat. Le principal marché pour la remonte est à Balkh. La selle est en bois d'une extrême légèreté, rembourrée de coton et recouverte d'étoffe ou de velours. Les chevaux ousbecks sont de petite taille, mais vigoureux et infatigables. Les turcomans ou chevaux de Boukharie sont plus grands, plus propres à la remonte et plus chers. La cavalerie afghane peut rivaliser avec la meilleure de l'Europe ou de l'Asie, et n'a point à craindre de se mesurer avec les Cosaques. Elle est solide, habile à la manœuvre, et ses charges brillantes dans les dernières campagnes l'ont rendue légendaire.

L'artillerie a été considérablement perfectionnée depuis cinq ans. Elle forme au moins 12 batteries ayant plus de 100 pièces légères, sans compter les bouches à feu en réserve dans les arsenaux et le matériel de grand calibre renfermé dans les places fortes. En dehors de l'artillerie de campagne, il existe une espèce d'artillerie de montagne composée de petites pièces appelées *zambourek*, qui sont portées à dos de chameau.

L'armée irrégulière.

Tout Afghan est né pour combattre. Debout au premier appel, toujours prêt à partir, il lui suffit d'entendre la parole d'un mollah, l'ordre d'un khan, pour se mettre en marche. Accoutumé dès l'enfance à la vie d'aventures, surtout lorsqu'il appartient à une oulouss indépendante, il aime la guerre parce qu'elle donne satisfaction à ses penchants belliqueux et lui procure une occasion de pillage. Mais, téméraire autant qu'intrépide, il méprise les campagnes réglées et n'apporte son concours spontané à la défense du pays que s'il voit celui-ci réellement en danger et s'il comprend que ce danger menace immédiatement ou indirectement sa propre tribu. Aussi l'émir ne peut-il compter sur l'armée irrégulière qu'après avoir proclamé la *jihad*. Alors les khans se mettent à la tête de leurs contingents, plus ou moins nombreux, qu'ils répartissent en petits groupes, ayant chacun leur chef et s'entendant d'avance pour le partage du butin. Cette espèce d'organisation toute primitive a pour avantage de ne laisser en route presque aucun traînard; mais elle a d'autre part le double inconvénient de rendre toute discipline impossible et de faire nécessairement lâcher pied à ceux qui, n'ayant à compter sur aucune intendance pour s'approvisionner de vivres et de fourrage, désertent la région qui ne les nourrit pas. Une des grandes révolutions projetées par Abdourrhaman a été, dans ces derniers temps, de contraindre les khanats indépendants à la même obligation que ceux du Badakshan et du Wakhan qui ont des armées autonomes, mais forcées de se mettre en campagne chaque fois qu'elles sont convoquées par l'émir. Or, l'expérience a démontré promptement qu'il était aussi impossible aujourd'hui que dans le passé de faire des mercenaires de tous les Afghans. Les Shinwaris et les Douranis ont donné, à ce sujet, des preuves éclatantes de leur résolution à n'accepter aucun joug ; et l'émir, en dépit de ses tendances despotiques, s'est vu réduit à laisser, suivant l'expression afghane, « reposer les chiens qui dorment ».

Tactique.

Le soldat afghan est brave par instinct. Ses courses dans les déserts et dans les montagnes, en temps de paix, lui apprennent à dédaigner le péril en temps de guerre. Sa vigueur physique répond à son énergie morale. Habitué à pourvoir lui-même à sa subsistance, il se contente de peu et sait à merveille trouver ce qui lui est nécessaire. Si les hasards de la campagne lui font passer un jour sans manger, il attend au lendemain et ne se plaint pas. D'ailleurs, il ne se met en route qu'avec ce qui lui est absolument indispensable : peu de campement, quelques rechanges, l'eau et le fourrage, le tout porté à dos de chameau ou de mulet. Il n'a point d'*impedimenta* comme dans les armées européennes. Chaque colonne est suivie d'un petit bazar, et chacun s'approvisionne lorsqu'il en a besoin, sans compter sur une distribution de rations. L'infanterie est formée en colonne compacte ou, pour dire

mieux, en troupeau. On marche vivement par étapes
de 5 à 6 lieues ; au camp ou au bivouac, chaque
homme mange sans murmurer son pain, son grain
bouilli ou son fromage durci (*craout*) arrosé d'eau ;
les vivres sont enfermés dans une besace, l'eau dans
une bouteille en cuir. Dans les haltes, la moitié des
cavaliers restent à cheval pour veiller à la sécurité du
gros de la troupe. Les autres chevaux gardent la selle ;
on les attache par groupes de huit ou dix à deux cordes.
qu'on fixe parallèlement l'une à l'autre par des
piquets (1).

Toute la tactique consiste dans la valeur personnelle.
Peu habiles dans les manœuvres, les Afghans dirigent
leurs attaques en se maintenant sur un double front
de bataille; mais ils sont très solides au feu et redoutables dans les escarmouches. Leur artillerie a une
précision et un sang-froid de tir que tous les généraux
étrangers qui les ont vus à l'œuvre, ont signalés avec
éloge. Plus d'une fois, elle a tenu en arrêt les
colonnes anglaises. Dans la guerre d'embuscade, ils
sont presque irrésistibles. Excellents tirailleurs ,
harcelant l'ennemi jour et nuit, le fatiguant par des
surprises et des attaques incessantes ou se dérobant à
sa poursuite, ils constituent une force avec laquelle
il faut compter lorsqu'ils sont dirigés par des chefs
capables (2). Cette direction leur fait moins défaut
aujourd'hui qu'il y a cinq ans. Abdourrhaman s'est, en

---

(1) Général Ferrier, *Voyages en Perse et dans l'Afghanistan.*
(2) André Mariotti, *Etude militaire sur l'Afghanistan.*

effet, entouré de plusieurs officiers anglais expérimentés, et il est à présumer qu'un certain nombre d'autres entreraient au service de l'armée afghane, aussitôt que la lutte serait ouverte avec les Russes.

CHAPITRE VI.

LE PASSÉ DE L'AFGHANISTAN.

Avant la période d'indépendance. — Depuis Alexandre le Grand jusqu'à Ahmed-Abdallah.

L'HISTOIRE de l'Afghanistan se lie étroitement à celle de l'Inde. Depuis la plus haute antiquité, ce pays de transition a été foulé par toutes les armées conquérantes qui ont renouvelé les luttes d'Alexandre le Grand et de Porus sur ce théâtre où, de siècle en siècle, le sang n'a cessé de couler. Il y a deux mille ans, le fils de Philippe dirigeait ses terribles phalanges macédoniennes sur Hérat avec le même dessein que celui dont paraît animé aujourd'hui le tsar Alexandre III, en poussant vers le même but ses hordes non moins farouches de Cosaques. Alors comme maintenant, les tribus qui occupaient la vallée de Caboul et celle d'Area (Hérat) se heurtèrent à ces ambitions, « forçant la destinée par d'heureux exploits », et, par la digue opposée au torrent, elles empêchèrent l'Asie de devenir un désert sous les pas des vainqueurs (1).

On peut dire que, dès cette époque et même en remontant plus haut, chaque page des annales afghanes atteste le courage des populations établies sur ce

(1) *Solitudinem in Asia vincendo facere.* — QUINTE-CURCE, IX, 2.

territoire, où les maîtres ont changé de nom et où les dynasties ont été successivemant renversées les unes par les autres, mais où l'indépendance n'a cessé en aucun temps d'être l'âme du pays. Sur ce sol fécond, d'âge en âge, des flots fougueux se sont précipités et entre-choqués ; mais les ruines qu'ils amoncelèrent et qui, selon l'admirable expression du poète, ont péri elles-mêmes, n'ont pas enseveli la nation. Celle-ci reste debout, malgré vingt siècles d'écrasement successif, et la conscience de sa force la soutient dans l'enfantement de sa liberté. Si l'Europe civilisée, en refluant vers son berceau, respectait cette moisson mûrissante, s'il y avait une loi immuable, fondée sur le droit international public, dont l'autorité s'imposât d'elle-même sans médiations ni congrès, ces peuplades laborieuses, inasservies, quoiqu'elles aient porté le joug de toutes les servitudes, ne tarderaient pas à montrer une expansion de vitalité dont aucun des empires qui les entourent n'a donné d'exemple. Elles ont su en effet, seules dans l'Asie antérieure, garder le sentiment de la personnalité abdiquée par les Persans, jouets aux mains des Russes, par les Hindous, jouets aux mains des Anglais. Seules, elles s'appuient sur les deux bases de l'association humaine : la liberté individuelle, l'indépendance nationale ; et elles sont si jalouses de l'une et de l'autre, que l'heure n'est pas éloignée où elles s'armeront ensemble contre l'étranger de toutes les haines qui les tenaient divisées, et auxquelles ce que l'on pourrait nommer le patriotisme local a toujours servi de ferment.

Débordé, à l'aurore des temps historiques, par les

émigrations aryennes roulant des hauteurs de l'Hindou-Koh et de ses ramifications à travers la vallée de Caboul-Daria, pour se répandre dans les plaines de l'Indus, envahi, dix-neuf ou vingt siècles plus tard, par les satrapes de Cyrus, puis par ceux de Darius, annexé ensuite à l'empire d'Alexandre, qui fonda, croit-on, Candahar et fortifia Caboul, l'Afghanistan, alors colonie de vétérans et porte principale couvrant l'Hindou-Koh et le sud de l'Indus, tomba, à la veille de l'ère chrétienne, aux mains des Indo-Scythes, qui s'y fixèrent et y demeurèrent établis jusqu'en 571.

De ces diverses périodes, la tradition, obscurcie par l'oubli successif des générations, n'a guère conservé qu'un seul vestige : celui de l'indissoluble attachement du peuple afghan à la terre où il vit. Cette passion du sol natal subsiste, perpétuellement vivace, sous les Turcs, devenus maîtres du pays à la fin du sixième siècle. Elle est d'autant plus caractéristique qu'elle survit même à l'abjuration des croyances religieuses. Ainsi les Afghans se convertissent en masse à l'islamisme aussitôt après la conquête ; ils se rangent avec empressement, avec fanatisme, parmi les premiers adhérents du Prophète, dès le commencement de l'hégire ; ils s'enrôlent dans les armées d'Abou-Bekr, d'Omar, et par leur intrépidité ils contribuent aux victoires des khalifes ; quelques-uns acceptent même la domination arabe et reconnaissent comme souverain le représentant de la dynastie des Samanides ; ils consentent à lui laisser transférer le siège de son gouvernement de Bokhara à Ghazni. Mais, dès que cette domination se change en despotisme, ils la secouent ; au onzième siècle, le gouverneur afghan de Ghazni se révolte contre son suzerain, se rend indépendant, et fonde à son tour la première dynastie afghane des Ghaznévides. Mahmoud de Ghazni, en s'affranchissant de la tyrannie étrangère, affirme si hautement le droit du peuple au pays que son règne brille du plus vif éclat. Mais, pour bien déterminer la portée de sa révolution nationale, il se borne à répudier la suprématie du sultan, dont il prend lui-même le titre, et se soumet à celle du khalife, en qui il reconnaît le successeur religieux du Prophète.

La gloire de Mahmoud de Ghazni éclipsa, s'il faut en croire les historiens et les poètes persans et afghans, celle de Cyrus. Il porta l'Islam jusqu'au cœur de l'Inde et jeta les assises d'un empire dont les bornes s'étendaient depuis le Gange jusqu'à la Caspienne. L'histoire de ses triomphes a la magnificence d'une épopée et le charme d'un roman de chevalerie. Quelques auteurs modernes l'ont appelé, avec une certaine justesse d'expression, le Napoléon de l'Orient. Il eut, en effet, l'immense ambition du premier Bonaparte et, comme lui, il vit, à l'approche de ses armées, disparaître les obstacles de la nature et fondre les légions ennemies. Il prit la Perse et l'Inde, et transféra sa capitale à Lahore. Dans ses heures de repos, entre deux victoires, il se retirait à Ghazni, sa ville natale et sa résidence favorite. Il la rendit si splendide que les richesses les plus éblouissantes des autres cités de l'Orient pâlirent devant cette merveille. La mosquée qu'il y bâtit était d'une somptuosité si inouïe qu'elle reçut le nom de « fiancée céleste ». Pour orner son propre tombeau, il enleva les portes de bois de sandal du fameux temple hindou de Somnauth dans le Gudjerate (1)

Mahmoud mourut en 1030, et ses trésors furent dispersés par ses fils dans leurs guerres fratricides, tandis que le territoire persan sur lequel il avait étendu sa puissance fut arraché à son petit-fils, trop faible pour tenir dans ses mains un sceptre aussi pesant. Le vaste empire des Ghaznévides, successivement émietté, cessa d'exister complètement lorsqu'en 1186, Chehab-Eddin renversa le trône de Mahmoud, rétablit le siège du gouvernement à Ghazni, et par son testament partagea ses États entre deux de ses favoris, dont l'un reçut l'Inde, l'autre les pays situés sur la rive droite de l'Indus.

Sous le règne de Chehad-Eddin, il se fit un grand déplacement des tribus occidentales. Peu de temps après son accession au trône, le sultan ordonna en effet à ses premiers omras de faire sortir tous les Afghans des districts montagneux de l'ouest et de les établir dans les montagnes les plus rapprochées de Ghazni, « afin, dit la chronique nationale, qu'ils y devinssent les gardiens du siège de l'empire et qu'ils tinssent en respect les infidèles de l'Hindoustan ». Cet ordre fut exécuté. Tous les Afghans quittèrent le Kohistan ou « haut pays » de Ghor, et reçurent de nouveaux établissements dans le territoire qui s'étend de Ghazna au Sindh, depuis Badjour et Peschawar jus-

____

(1) Ces portes et la massue suspendue à la tombe de Mahmoud ont été enlevées en 1839, sur l'ordre de lord Ellenborough, par le général Nott, lorsqu'il traversa Ghazni, après sa sortie de Caboul.

qu'aux confins de Bakkar dans le Sindh. Cette époque
est une des plus remarquables dans l'histoire des Afghans (1).

Tous les grands empereurs d'Orient ont convoité la
proie afghane. Tous l'ont saisie ; mais aucun ne l'a
retenue longtemps. Gengis-Khan s'abattit sur elle
lorsqu'il descendit avec les Mogols sur les bords du
Sindh en 1221. Timour (Tamerlan) envahit Candahar
et s'empara de Caboul en 1400 ; le grand sultan mongol
Baber prit, en 1504, possession de cette dernière ville
et la conserva pendant vingt ans. Baber fit de Caboul
le siège de son gouvernement. A sa mort, son empire
fut divisé entre ses deux fils : l'un régna sur Caboul ;
l'autre sur l'Inde, avec Delhi pour capitale. Cependant
la sujétion des Afghans n'était que nominale ou si
peu durable que les khans turbulents avaient peu de
peine à recouvrer leur liberté. Au milieu du xve siècle,
on avait vu un chef puissant, Melik-Belhol, renverser
l'empereur régnant et s'asseoir sur le trône de Delhi.
Baber tua le dernier de ces souverains afghans à la
bataille de Panibet. Les exploits de Melik-Belol trouvèrent des imitateurs sous les fils de Baber. Un khan
afghan, Schere-Schah, fonda dans l'Inde une nouvelle
dynastie pahtane, qui fut renversée presque aussitôt. La
mort du souverain de Caboul donna tout l'empire de
Baber à celui de ses deux héritiers qui régnait à Delhi.
La dynastie des Mogols conserva sa puissance jusqu'au xviie siècle ; mais leur autorité sur l'Afghanistan se restreignit peu à peu à une partie des plaines

(1) Vivien de Saint-Martin. *Dictionnaire de géographie.*

et des vallées qui avoisinent l'Indus ; la partie méridionale du pays fut acquise par la Perse, et les habitants des montagnes s'affranchirent de toute autorité
étrangère.

La situation de Candahar protégeait cette ville
contre la Perse et l'Inde, qui toutes deux la con-
voitaient. Au commencement du xviie siècle, le shah
de Perse, Abbas-le-Grand, parvint à faire accepter son
protectorat sur Candahar. L'annexion suivit de près.
Abbas II, deuxième successeur d'Abbas-le-Grand, s'é-
tablit en maître à Candahar en 1650, et le royaume
afghan resta au pouvoir de la Perse jusqu'en 1714. A
cette époque, un khan afghan, Mir-Véis, souleva la
population, massacra le gouverneur persan, chassa
l'armée étrangère et se fit proclamer roi. Son successeur Mahmoud s'empara de la Perse et réunit tout le
pays sous son sceptre. Mahmoud périt assassiné. Les
Perses, profitant des désordres qui suivirent sa mort,
s'unirent à leur tour pour expulser l'étranger. Un des
chefs de ce parti força le prince afghan à se retirer à
Candahar. Pendant ce temps, les Abdalis, puissante
tribu afghane du nord-ouest, demeurée indépendante,
pénétraient en Perse et s'emparaient de Hérat. Nadir-
Shah parvint à reprendre cette place, après six mois de
lutte. Mais telle fut l'admiration du vainqueur pour le
courage des assiégés, qu'après la capitulation, il les
traita en alliés, et les incorpora dans son armée, sous
le commandement de leur khan Zemaoun. Grâce à eux,
Nadir put entreprendre son expédition de l'Inde, si
brillante pour ses armes. Il obligea le souverain mongol
à lui céder tous ses droits sur le Caboulistan, le Can-

dahar et les plaines situées sur la rive droite du Sindh. Zemaoun avait, pour prix de ses exploits et de sa fidélité, obtenu, à titre de fief, le khanat de Hérat. En 1747, Nadir-Shah périt assassiné par trois chefs persans. Ahmed-Abdallah, fils de Zemaoun, était alors âgé de vingt-trois ans. Il réunit trois mille cavaliers afghans, Abdalais et Ousbecks, marcha avec eux sur Candahar, y entra sans résistance, et se fit proclamer roi (octobre 1747).

Depuis Ahmed-Abdallah jusqu'à Dost-Mohammed.

Le règne de Ahmed-Shah marque le commencement d'une ère nouvelle dans l'histoire des Afghans. C'est le réveil de la vitalité de la nation et de son indépendance; à partir de ce moment, elle s'affirme et prend place parmi les grands États de l'Asie.

Ahmed-Shah prit le nom de Ahmed-Shah Dour-î-Douran (Ahmed roi du monde des mondes); et la tribu des Abdalis devint celle des Douranis. Il régna vingt-six ans, s'empara du Caboulistan, de Hérat, et étendit ses possessions jusqu'à Mesched et Tourshourz à l'ouest, jusqu'à l'Amou-Daria au nord, jusqu'à la mer et l'embouchure de l'Indus au sud, et jusqu'au Gange à l'est. Il prit deux fois Delhi, réprima énergiquement une tentative des Sicks sur le Pendjab; puis, n'ayant plus d'ennemis à combattre, il consacra sa dévorante activité à l'organisation intérieure de son pays. Il eut pour successeur en 1773 son fils, Timour, qui transporta le siège du gouvernement à Caboul.

Timour était un prince débonnaire, indolent, n'ayant aucune des qualités de son père. « On ne le vit jamais, dit-on, qu'un verre à la main et une maîtresse dans les bras. » Il ne se maintint sur le trône que grâce à un système de concessions perpétuelles. Mais il perdit néanmoins une grande partie des Etats conquis par Ahmed, et lorsqu'il mourut en 1793, il ne laissa qu'un trésor vide et un royaume en décadence.

La mort de Timour fut le signal de luttes intérieures, qui se prolongèrent pendant un demi-siècle. Timour laissait sept fils : Humayoun, Firouz, Mahmoud, Ayoub, Zemaoun, Abbas et Shoudja. Leur père n'avait pas fait de testament. Une intrigue de la reine fit monter Zemaoun sur le trône. Humayoun et Abbas se révoltèrent. Ils furent chassés, et Mahmoud, qui avait suivi leur exemple, eut le même sort. Humayoun, vaincu dans une bataille, fut fait prisonnier. Zemaoun lui fit crever les yeux et le jeta dans une prison, où il resta jusqu'à sa mort. Pendant ce temps, Zemaoun engageait une correspondance avec Tippoo-Saïb qui l'invitait à franchir l'Indus et à se joindre à une guerre sainte contre les Anglais. « Plaise à Dieu, écrivait Tippoo, que les infidèles deviennent la proie de l'épée insatiable des croyants ! » Zemaoun fut lui-même victime de ses intrigues avec Tippoo. Tandis qu'il était occupé au delà de l'Indus, les Perses et les Sikhs, dont le chef Rundjit Singh lui avait rendu hommage en 1799, ravagèrent ses Etats. Grâce à ces circonstances, Mahmoud pénétra dans Candahar et débaucha une partie des troupes de Zemaoun, puis marcha contre lui. Zemaoun, obligé de fuir devant son frère, lui fut livré par un mollah, chez qui il avait trouvé un asile. Mahmoud fit jeter Zemaoun dans une casemate du Bala-Hissar et ordonna de lui crever les yeux. Plus tard il le relégua à Ludiana, où les Anglais lui payèrent une pension de 3,000 livres (75,000 francs) par an.

En 1802, Mahmoud fut supplanté par son frère Shoudja, dont le règne fut de courte durée. C'est de cette époque que datent les premières relations politiques de l'Angleterre avec l'Afghanistan. En 1807, Napoléon Ier chargea le général Gardane d'une mission en Perse, en vue de préparer le souverain de cette nation à la conquête de l'Inde. La Perse, cédant au prestige dont les victoires de Bonaparte remplissaient alors le monde, entra sans hésiter dans l'alliance française. L'Angleterre s'empressa de combattre cette intrigue. Elle envoya une mission à Caboul sous la conduite de M. Mountstuart Elphinstone. L'ambassadeur britannique fut accueilli favorablement par Shoudja. L'année suivante, l'Afghanistan concluait avec l'Angleterre un traité d'amitié et d'union « perpétuelles », et les deux nations s'obligeaient à repousser d'un commun accord toute manœuvre agressive des Perses et des Français.

La perpétuité de cette convention ne dura pas six mois. La même année (1809), presque aussitôt après le départ de l'ambassadeur anglais, le faible Shoudja, vaincu dans une rencontre avec Futthi-Khan, commandant des troupes de Mahmoud, dut s'enfuir dans les montagnes du Khyber, abandonnant au vainqueur ses bagages et ses trésors. Une tentative faite par Shoudja sur Candahar, quelques mois après, échoua misérablement. Abandonné par ses soldats et par l'Afghanistan tout entier, le prince malheureux chercha un refuge à Cachemire, où il fut retenu en captivité. Futthi-Khan avait, pendant ce temps, rétabli Mahmoud sur le trône et reçu lui-même le titre de grand-vizir.

Shoudja avait en sa possession le fameux diamant connu sous le nom de Koh-î-Noor (montagne de lumière) (1). Il offrit à Rundjit Singh, maharadjah des Sicks et maître de Cachemire, ce trésor en échange de la liberté. Le maharadjah accepta le marché, prit le Koh-î-Noor, et promit en échange à Shoudja les revenus de trois villages. Promesse mensongère, qui ne fut jamais acquittée. Shoudja, dépouillé, parvint, après

---

(1) Le Koh-i-Noor est le plus gros diamant connu. La tradition rapporte qu'il appartenait à l'un des héros de la guerre qui eut lieu il y a 4000 ans, et qui forme le sujet du grand poème épique indien le Maha-Bharata. Lorsque Mahomed-Shah, arrière-petit-fils d'Aureng-Zeb, fut amené en présence de Nadir-Shah, son vainqueur, à Delhi, en 1739, il portait le fameux diamant à son turban. L'astucieux Persan, frappé de la beauté merveilleuse de cette pierre précieuse, demanda à Mahomed d'échanger avec lui son turban en signe de paix. Nadir devint ainsi le possesseur du trésor, auquel il donna le nom de « montagne de lumière » (Koh-i-Noor) qu'on lui a conservé. Lorsque Ahmed-Shah quitta Delhi, après l'assassinat de Nadir, il emporta le Koh-i-Noor. Son petit-fils Zemaoun l'avait sur lui, quand il fut trahi par le mollah qui le livra à Mahmoud. Il eut néanmoins le temps de le cacher dans l'épaisseur d'un mur, où plus tard Shoudja le retrouva. Rundjit, en le recevant des mains de son prisonnier, lui demanda ce que valait cette pierre. « C'est, dit l'infortuné prince afghan, un gage de bonheur pour quiconque la possède, de malheur pour qui la perd. » Lorsque le Pundjab fut annexé à l'Angleterre, le Koh-i-Noor fut offert à la reine Victoria.

de longues souffrances, à s'évader, et à gagner la ville de Ludiana, où le gouvernement anglais lui fit une pension annuelle de 5o ooo roupies, en attendant les événements.

Futthi-Khan gouverna l'Afghanistan sous la souveraineté nominale de Mahmoud. Le rêve du grand-vizir était de reconstituer le royaume afghan tel qu'il était au moment de sa splendeur. Pour réaliser ce dessein, il distribua les hautes fonctions du gouvernement à ses vingt frères, et se créa ainsi un parti formidable. Aussi aurait-il triomphé de tous ses adversaires, si la faveur croissante dont jouissait ce chef des Baroukzais n'avait éveillé l'envie et les craintes du prince Kamran, fils de Mahmoud. Profitant d'un échec infligé au grand-vizir par le prince Hadji-Firouz, frère rebelle de Mahmoud et gouverneur de Hérat, Kamran obtint l'autorisation de faire arrêter Futthi-Khan à Candahar, où on lui creva les yeux. « La tragédie qui termina la vie de Futthi-Khan est peut-être sans égale dans les temps modernes. Aveugle et enchaîné, il fut amené à la cour de Mahmoud, où il avait si récemment exercé un pouvoir absolu. Le roi lui reprocha ses crimes, et lui enjoignit d'user de son ascendant sur ses frères pour les faire rentrer dans le devoir. Futthi-Khan répondit avec calme et courage qu'il n'était plus qu'un aveugle et ne se mêlait plus des affaires de l'État. Mahmoud, irrité de sa constance, donna le signal de sa mort, et le grand-vizir fut littéralement coupé en morceaux par les nobles de la cour qui finirent par lui abattre la tête. Futthi-Khan endura son supplice sans pousser un soupir, et montra pour sa propre vie la même indifférence, le même mépris, la même insouciance qu'il avait témoignés si souvent pour l'existence d'autrui. Ses restes furent réunis dans une toile et envoyés à Ghazni, où ils reçurent la sépulture (1). »

Les frères de Futthi-Khan firent un appel aux armes pour le venger, et mirent tout en feu. Mahmoud, impuissant contre les insurgés de Caboul, s'enfuit à Hérat, où il se plaça sous la suzeraineté de la Perse. Telle fut en 1818 l'origine de la fameuse lutte entre les Soudozais et les Baroukzais, aussi mémorable aujourd'hui que celle des Guelfes et des Gibelins. Poursuivie d'année en année, de génération en génération, elle a fait de l'Afghanistan un champ de bataille et d'intrigues où deux grandes puissances de l'Europe ont, chacune de leur côté, donné carrière à cette rivalité de suprématie qui, au moment même où nous sommes, provoque le conflit dont cet ouvrage a pour objet d'étudier les causes.

Parmi les frères de Futthi, le plus puissant était Azim, gouverneur de Cachemire. Il s'installa à Caboul et rappela de l'exil Shah-Shoudja. Mais la fatalité s'obstinait à accabler ce prince de ses coups. Au moment où il allait être replacé sur le trône, il insulta un des envoyés d'Azim. Azim abandonna son premier projet et choisit un instrument plus docile dans Ayoub, frère de Shoudja. Ayoub ne fut qu'un roi sans initiative, sans pouvoir, un roi-fantôme, asservi aux volontés d'Azim, qui renouvela lui-même, mais sans profit

______

(1) Burnes, *Voyage de l'embouchure de l'Indus à Lahore, Caboul, Balkh,* etc., traduit en français par Eyriès.

personnel, le rôle de Futthi. Des troubles éclatèrent en Afghanistan. Les Sikhs, mettant à profit ces désordres intérieurs, reconquirent, sous la conduite de Rundjit Singh, tout ce qui restait de la monarchie des Douranis dans le Pendjab, battirent complètement les Afghans à Nouchero, et s'emparèrent de Peshawar et de Cachemire (1822). Azim-Khan, mourant, accablé de tristesse, en présence de ces désastres et des succès de Rundjit Singh, chargea son fils de sa vengeance; mais le fils d'Azim n'eut pas l'occasion de tenir ce serment. Il fut chassé par ses oncles, qui firent main basse sur les provinces de Caboul et de Candahar, tandis qu'Ayoub prenait la fuite, et, sans tenir compte de l'enseignement que lui offraient les souffrances de Shoudja, se réfugiait, comme ce prince, chez le perfide Rundjit Singh.

Ainsi s'évanouit cette monarchie des Douranis, qui, fondée par Ahmed Abdallah, avait, à son début, donné à l'Afghanistan tant d'espérances de prospérité. Elle avait duré soixante-seize ans. Une querelle ne tarda pas à surgir entre les chefs des Baroukzais. Le sirdar Mahomed-Khan, gouverneur de Caboul, et Kohan-dil-Khan, gouverneur de Candahar, se liguèrent contre leur frère Dost-Mohammed. Encouragé par ces événements, Shoudja essaya, par un coup de force, de recouvrer le trône afghan. En 1833, il demanda au gouvernement anglais de lui venir en aide. L'Angleterre n'accéda pas ouvertement à cette proposition. Habituée aux résolutions obliques, elle donna de la main gauche ce que la main droite devait ignorer. Elle fit à Shoudja l'avance de quatre mois de pension. Lord Auckland était à cette époque gouverneur général de

l'Inde. Shoudja leva des troupes et alla mettre le siège
devant Candahar. Il fut défait par Dost-Mohammed
et obligé de revenir à Ludiana (1835). Dans l'intervalle, Rundjit Singh avait annexé Peshawar à ses possessions. Dost-Mohammed voulut ressaisir cette partie
du royaume afghan. Mais les intrigues qu'il mit en
œuvre achevèrent de lui aliéner ses frères. Abandonné
par eux, il succomba dans sa rencontre avec Rundjit
Singh et son armée se fondit dans le silence de la nuit.
Ce fut alors que, désespéré, ne pouvant boire sa honte,
Dost-Mohammed s'adressa aux Anglais et réclama
leur concours « moral » contre Rundjit Singh. On
lui répondit que « le gouvernement britannique
n'a pas pour politique de s'immiscer dans les affaires
des Etats indépendants ». Mais en même temps on
chargea le capitaine Burnes de se rendre à Caboul
pour « discuter avec l'émir sur des questions de commerce ».

Depuis Dost-Mohammed jusqu'à Abdourrhaman-Khan.

Dost-Mohammed avait eu une jeunesse orageuse;
mais, parvenu à l'âge mûr, il racheta par l'énergie de
sa conduite les égarements de ses premières années.
C'était un homme d'une grande intelligence, d'une
habileté remarquable, d'un courage extraordinaire. Il
joignait la bravoure du soldat aux qualités du souverain. Quoiqu'il ne fût, à tout prendre, qu'un usurpa-
teur, il aima sincèrement son pays, et l'on doit lui
rendre cette justice qu'il le gouverna avec sagesse et

avec équité. S'il n'avait eu à combattre que l'opposition des sirdars, ses frères et ses rivaux, il aurait triomphé d'eux, et renouvelé pour l'Afghanistan l'ère glorieuse de Ahmed. Mais il trouva devant lui la politique insidieuse de l'Angleterre, et ce fut elle qui le contraignit à tracer presque toute l'histoire de son règne en caractères de sang.

La mission commerciale du capitaine Burnes n'était qu'un prétexte fallacieux. Au vrai, l'envoyé anglais était un agent secret, porteur d'instructions politiques. L'Angleterre, émue des manœuvres sourdes de la Russie en Perse, voyait, à la suite d'une querelle entre le shah et le gouverneur de Hérat, les troupes persanes menacer cette dernière ville, et, les prenant pour une avant-garde de l'armée russe, pressentait dans leur mouvement les desseins du tsar sur l'Inde. La Russie, de son côté, soupçonnant le rôle du capitaine Burnes, répandait elle-même des agents, officiers en service actif et autres, dans toute l'Asie centrale, et chargeait le capitaine Wikowich de contrecarrer à Caboul l'influence britannique. Un pamphlet dû à la plume de M. Mac Neill (depuis sir John Mac Neill), qui faisait le jour sur la politique russe à Téhéran depuis plus d'un demi-siècle, venait de produire une vive impression à Londres, dans le monde gouvernemental. Il était manifeste que la Perse, après avoir reçu, dans ses différends avec la Russie, l'appui du cabinet anglais, trahissait la confiance de ses premiers alliés et se jetait dans les bras du tsar. Les Anglais avaient, dans ces circonstances, intérêt à se rapprocher de Dost-Mohammed. Aussi le capitaine Burnes jeta-t-il presque aussitôt le masque en avouant ouvertement à l'émir qu'il venait solliciter son alliance contre les Perses et les Russes. Dost-Mohammed inclinait, à ce moment, à faire accueil à ces ouvertures. Il offrit de rompre tous les liens qui pouvaient l'attacher à la cour de Téhéran et à celle de Saint-Pétersbourg, pourvu que l'Angleterre lui prêtât main-forte dans son conflit avec Rundjit Singh et lui donnât ainsi le moyen de reprendre Peshawar. Il alla même jusqu'à prévenir le capitaine Burnes de l'arrivée à Caboul du capitaine Wicowich, en s'engageant à ne pas recevoir ce dernier et à lui ordonner de quitter la capitale afghane, si l'Angleterre en exprimait le désir. L'envoyé anglais, persuadé de la sincérité de l'émir, lui conseilla au contraire d'écouter les propositions russes, afin de pouvoir en informer lord Auckland et d'attendre sa réponse de l'Angleterre.

Le capitaine Burnes était de bonne foi. A Londres et à Simla, on ne le fut point. Le gouvernement anglais mit en doute la droiture de son agent secret et celle de l'émir. Dost-Mohammed n'était, disait-on, qu'un traître faisant le jeu de la Russie et de la Perse. Aussi la réponse de l'Angleterre fut-elle brève et hautaine. Dost-Mohammed était invité, sous forme d'injonction, à cesser toutes négociations avec le capitaine Wicowich, et on ne lui donnait aucune compensation pour prix de cette attitude. La conclusion était facile à prévoir. Le souverain de Caboul, cédant à une colère légitime, congédia l'envoyé anglais et s'entendit avec l'envoyé russe. Saint-Pétersbourg promit tout ce que Londres avait refusé. La Russie consentait à fournir à l'émir un subside annuel et, ce qui tenait le plus à cœur à Dost-Mohammed, à lui venir en aide pour reprendre Peshawar. Dans le même temps, le comte Simonich offrait, au nom de la Russie, à la Perse une assistance armée pour s'emparer de Hérat, sous réserve, une fois la ville prise, d'en laisser le gouvernement aux frères de Dost-Mohammed, mais avec la reconnaissance du shah de Téhéran comme suzerain.

Il est hors de doute pour quiconque envisage, comme nous le faisons ici, les événements et les actes avec impartialité, que l'intrigue était double et ourdie avec la même arrière-pensée de la part de l'Angleterre et du côté de la Russie. Les deux puissances européennes cherchaient à s'assurer des atouts asiatiques dans la partie qu'elles engageaient depuis ce moment ; et la suite de cet ouvrage mettra en lumière la trame qu'elles ont continué de nouer, l'une et l'autre, dans ce dessein prémédité et poursuivi jusqu'à ce jour.

Un bataillon russe se joignit aux troupes persanes. Hérat fut assiégé. Yar-Mohammed, l'énergique vizir du faible Kamran, prince débauché, se prépara à une résistance désespérée de la ville. Il n'aurait pu tenir longtemps tête à l'armée russo-persane, forte de 3o,ooo hommes et appuyée par une artillerie capable de réduire les remparts en poussière. Mais Hérat dut son salut à une de ces circonstances qui tiennent du roman. Il y avait alors dans la ville assiégée un jeune officier anglais, Eldred Pottinger, qui y était entré sous un déguisement de pèlerin. Il dirigea les travaux de la défense, et inspira un tel courage aux Afghans que

lorsque les murs eurent été battus en brèche, il y eut
dans les rues un combat corps à corps si acharné que
les Persans, déjà vainqueurs, furent forcés de battre
en retraite. Le siège se changea alors en un blocus qui
dura plusieurs mois, pendant lesquels la population
afghane subit avec héroïsme les plus cruelles privations.
Il fut enfin levé lorsque lord Auckland menaça de faire
une démonstration navale dans le golfe Persique, en déclarant que toute occupation de Hérat ou d'une partie
de l'Afghanistan par la Perse serait considérée comme
un acte d'agression directe contre l'Angleterre.

La diplomatie russe, bien plus que le shah de Perse,
subissait un échec. A Saint-Pétersbourg, on fit bonne
mine à mauvais jeu. On désavoua le comte Simonich et
le capitaine Wicowitch. On déclara que le premier avait
agi sous sa responsabilité et outrepassé ses instructions
en encourageant le shah à marcher sur Hérat ; on nia
l'authenticité du message de l'empereur Nicolas remis
par l'envoyé russe à Dost-Mohammed. L'Angleterre
gagnait la partie. L'émir de Caboul, officieusement
conseillé par la Russie et la Perse, manifesta de nouveau
le désir de signer une alliance anglo-afghane, à la condition de pouvoir compter sur « les bons offices » de
l'Angleterre pour faire avorter les projets éventuels de
Rundjit Singh contre Caboul. Pour la seconde fois
lord Auckland répudia l'offre loyale de Dost-Mohammed. L'Angleterre alla plus loin : elle signa un traité
avec Rundjit Singh et avec Shah Shoudja pour replacer
ce dernier sur le trône afghan. Nous ne faisons dans
ce chapitre que résumer les événements. Nous nous
réservons d'apprécier les actes plus loin. Disons toutefois

que ce traité des trois parties (*tripartite treaty*) était à la fois inique, inutile et impolitique. Il avait pour prétexte ce que l'on appelait alors la restauration de la dynastie légitime, oubliant que Shoudja n'avait lui-même occupé le trône qu'à la faveur d'une usurpation. D'ailleurs Shoudja était un prince faible, débauché, impopulaire. Imposer aux Afghans ce roi déchu, vicieux, sans estime, sans partisans, sans courage, et, pour consommer cette œuvre absurde autant que criminelle, déposséder l'homme admiré et aimé du peuple, digne de lui commander par sa fermeté dans la paix, par sa vaillance dans la guerre, c'était inévitablement alimenter les haines et semer la tempête. Mais lord Auckland avait la conviction que Shoudja serait entre ses mains ce que Ayoub avait été entre celles d'Azim, et le gouvernement de Londres ratifia cette conduite. L'Angleterre cherchait la Russie derrière Dost-Mohammed ; elle déclara la guerre à l'émir de Caboul le 1er octobre 1838.

Shah Shoudja vivait, à ce moment, depuis trente ans, dans l'exil et l'obscurité. On lui fit croire que le peuple afghan tout entier faisait des vœux pour son retour au pouvoir ; on le tira de l'oubli et du silence, et on lui annonça qu'il allait redevenir maître d'une couronne à laquelle il ne songeait plus. Dost-Mohammed fut vaincu et détrôné. Il opposa, il est vrai, à ses ennemis une résistance vigoureuse que certains historiens ont qualifiée de splendide ; mais lorsque les Anglais arrivèrent aux portes de Caboul, il dut abandonner sa capitale, et avec quelques cavaliers il prit la fuite et franchit l'Indus.

Shah Shoudja entra dans Caboul, escorté par des officiers anglais. Un silence de mort l'accueillit. Pas un cri de sympathie ne s'éleva sur son passage ; pas une main ne le salua. A peine obtint-il de quelques gens de la populace un regard indifférent. Tout le reste de la population se détourna de lui avec mépris. Il était manifeste que son autorité devait s'écrouler le jour où elle cesserait d'être entourée des baïonnettes anglaises. Pourtant, malgré des signes si évidents d'impopularité, les Anglais se persuadèrent que leur œuvre était achevée. Ils ne laissèrent au nouvel émir pour toute sauvegarde que 8,000 hommes de troupes anglo-indiennes, avec quelques mercenaires afghans. L'envoyé anglais, Sir William Macnaghten, croyait Shoudja désormais aussi solidement assis sur son trône que la reine Victoria l'était sur celui de la Grande-Bretagne. Les événements ne devaient pas tarder à faire expier cruellement cet excès de confiance.

Cependant Dost-Mohammed n'avait pas abandonné l'espoir de reprendre l'avantage. Il avait, dans sa fuite, demandé asile à l'émir de Bokhara, et celui-ci l'avait emprisonné. Echappé de sa captivité, il envahit le territoire de Shoudja, et il lui livra la bataille de Purwandurrah, où il se couvrit de gloire au point d'arracher des cris d'admiration aux Anglais eux-mêmes. Mais Dost-Mohammed était un homme politique encore plus qu'un guerrier. Il savait d'avance qu'une victoire ne pouvait être décisive pour lui, quelque brillante qu'elle parût même à ses adversaires. Il n'ignorait pas la supériorité numérique des Anglais et les ressources dont ils disposaient. Le soir même du combat, il se présenta, à cheval, à l'entrée du camp de Sir W. Macnaghten, à qui il remit son épée en se rendant à merci. On le traita avec égards, on lui rendit son épée, et quelques jours après on l'envoya à Calcutta, où on lui donna un demi-million de francs de pension. La soumission de Dost-Mohammed n'était, comme nous le verrons bientôt, qu'un stratagème. Il ne disparaissait de la scène politique que pour faire place à un homme nouveau, son fils Akhbar-Khan.

Une haine croissante s'amoncelait sur Shoudja. Mais aucun des Anglais ne semblait entendre l'orage qui grondait sur ce prince sans prestige et sur eux-mêmes. Il n'y avait pas, en effet, un seul Afghan qui ne vît dans le nouvel émir de Caboul un traître souillé du plus odieux des crimes : celui d'avoir livré sa patrie à l'étranger. En dépit de ces sentiments de haine, manifestés par des troubles dans toute la contrée, l'Angleterre, loin de prendre des mesures de précaution contre les démonstrations d'hostilité, paraissait encourager l'audace de la révolte. Parce qu'elle avait interné chez elle le plus dangereux de ses ennemis, elle se croyait garantie contre l'avenir. Les Russes avaient échoué dans une tentative dirigée sur Khiva ; la Perse tenait ses promesses d'amitié ; les forces britanniques avaient repris Khélat et occupaient le Béloutchistan. « Le pays est tranquille depuis Dan jusqu'à Bersheba », disait Sir W. Macnaghten, dans ce langage biblique familier aux Anglais. Aussi lord Auckland crut-il inutile de charger plus longtemps le budget indien des dépenses excessives causées par la campagne afghane. Il commença par réduire les subsides en argent payés aux chefs indigènes. Ceux-ci, avertis de cette résolution, écoutèrent avec impassibilité l'envoyé anglais ; mais lorsqu'ils rentrèrent dans leurs montagnes, ils pillèrent la première caravane qu'ils rencontrèrent, et coupèrent les communications entre l'Inde et Caboul ; puis ils soulevèrent toutes les oulouss.

Le 1er novembre 1841, Sir W. Macnaghten, nommé gouverneur de Bombay, déjeunait, avant de quitter l'Afghanistan, avec Sir Alexandre Burnes, qui le félicitait d'avoir pacifié à jamais le pays afghan. Le soir de cette même journée, les sirdars se réunissaient dans Caboul même, et juraient la mort des Feringhis. Le lendemain matin, la maison de Sir A. Burnes était cernée. En vain il harangua la foule : elle enfonça les portes. En vain il protesta de son dévouement, qui était sincère : il fut massacré avec son frère et son secrétaire et leurs cadavres furent littéralement hachés. Sir Alexandre Burnes, petit-fils du célèbre poète écossais, n'avait que trente-sept ans. La fatalité, toujours ironique, faisait du premier instrument qui avait secondé l'intervention anglaise dans l'Afghanistan, la première victime de cette funeste politique.

Le meurtre de Sir A. Burnes n'était que le prélude d'autres assassinats. Les Afghans attaquèrent les cantonnements des Anglais et obligèrent ceux-ci à quitter les forts où étaient leurs magasins d'approvisionnement. L'armée anglaise se trouva menacée de la famine. Elle n'avait malheureusement qu'une protection illusoire dans les autorités militaires et civiles. Sir William Macnaghten était un homme faible et crédule. Le général Elphinstone, qui commandait le corps d'occupation, n'était qu'un vieillard infirme, incapable de suggérer une résolution ou de suivre un conseil. Au lieu de prendre une décision immédiate et énergique, il se borna à attendre les événements. Le 23 décembre, Akhbar Khan, qui dirigeait l'insurrection, fit proposer à Sir William Macnaghten une entrevue. L'envoyé anglais s'y rendit sans soupçonner le piège qu'on lui tendait. Il n'était accompagné que de trois officiers et de seize hommes. A peine furent-ils en présence du chef afghan que ce dernier ordonna aux siens de se jeter sur l'escorte anglaise et de la désarmer. En même temps, le fils de Dost-Mohammed tuait à bout portant de sa propre main Sir William Macnaghten. Le cadavre mutilé de l'envoyé et ministre plénipotentiaire de l'Angleterre fut promené en triomphe dans les rues de Caboul, par une populace avide d'autres massacres, et le général Elphinstone ne fit rien pour venger ce crime et cet affront.

Akhbar Khan ne laissa d'ailleurs pas aux Anglais le temps de se reconnaître. Dès le lendemain il envoya un message au général pour l'engager à capituler. Alors s'accomplit un de ces actes inouïs dans l'histoire d'une grande nation. Un seul parmi les officiers anglais, le major Eldred Pottinger, dont on se rappelle le courage au siège de Hérat, déclara qu'il ne pouvait être question d'une entente avec les assassins du représentant direct de la reine, et qu'on n'avait qu'un seul parti à prendre : celui dicté par le vieil Horace à son fils. Lord Elphinstone resta sourd à cette voix de l'honneur. Non seulement il but toute honte en faisant accueil aux propositions des rebelles, mais il mit le comble à la faiblesse en réclamant *au nom de l'amitié des égards et de la considération!* Il alla plus loin : il mit sa main dans celle que couvrait encore le sang de Sir William Macnaghten, et signa un traité par lequel les troupes anglaises s'engagèrent à évacuer l'Afghanistan en livrant des otages, tous leurs trésors et la meilleure partie de leur artillerie. Ce pacte impliquait la mise en liberté de Dost-Mohammed et son retour à Caboul.

La retraite commença le 6 janvier 1842. L'armée d'évacuation se composait de 4,500 hommes et de 12,000 suivants, accompagnés de femmes et d'enfants. C'était au cœur de l'hiver, la neige couvrait le sol en masses profondes. On marchait en désordre, les uns abattus, les autres pris de panique. Quiconque regardait derrière soi voyait les flammes de l'incendie allumé dans les cantonnements mis au pillage. Les traînards étaient égorgés par les Ghilzaïs. Ce fut dans ces conditions que l'on atteignit la passe de Kourd-Caboul qu'il fallait franchir. Sur les hauteurs étaient embusqués les Afghans. A peine fut-on entré dans le défilé qu'ils ouvrirent un feu croisé A partir de ce moment, le drame fut affreux. L'affolement était général. A la tombée de la première nuit, 3,000 hommes avaient péri. Accablés de fatigue, presque sans vêtements, n'ayant pour toute arme que le fusil à silex, l'antique *Brown Bess,* et souvent pas une seule cartouche, les soldats anglais, frappés d'horreur, démoralisés, glacés par le froid, étaient incapables de lutter contre les assaillants qui les harcelaient de tout.s parts. Des enfants succombèrent à la faim ; des jeunes filles tombèrent au pouvoir des Ghilzaïs et furent entraînées dans la montagne. Hommes, femmes, enfants, chevaux, chameaux, blessés, mourants et morts formaient une cohue épouvantable, s'ensevelissant dans la neige, piétinant ou baignant dans le sang. De distance en distance, on apercevait, sur le flanc des rochers, Akhbar Khan avec une petite troupe d'Afghans. On eût cru qu'ils savouraient leur vengeance et surveillaient l'accomplissement de leur œuvre sinistre. Cependant le fils de Dost-Mohammed, impuissant lui-même contre la fureur des Ghilzaïs, cherchait, au contraire, à protéger la marche des Anglais. Grâce au major Pottinger, son prisonnier, il parvint à décider lady Macnaghten, lady Sale et neuf autres femmes avec quinze enfants, à se confier à lui. Il les fit conduire dans sa tente et s'engagea à les diriger en toute sécurité sur Peshawar. Le reste de l'armée anglaise poursuivit sa route. Bientôt de nouveaux monceaux de cadavres jonchèrent la passe. Akhbar Khan fit alors demander qu'on lui livrât le général Elphinstone, le brigadier Shelton et le capitaine Johnson comme otages pour la reddition de Jelalabad, située à l'issue de la passe, et occupée par le brigadier Sir Robert Sale avec une garnison anglaise. Cette offre fut acceptée. Akhbar promit de fournir des vivres aux soldats affamés et de les mettre à l'abri de nouvelles attaques des Ghilzaïs. Aucune de ces promesses ne fut tenue.

Privée de son général, l'armée anglaise se remit en marche ; mais la déroute ne tarda pas à être complète. Les Ghilzaïs massacraient les blessés avec un redoublement de férocité. Les autres couraient devant eux éperdus, n'échappant à la mort que pour la trouver quelques pas plus loin. Les survivants arrivèrent ainsi à la gorge de Jugdulluk, sentier étroit, escarpé, montant entre deux chaînes de hauteurs. Un cri d'angoisse partit alors de toutes les poitrines. Tous avaient compris que c'en était fini d'eux. Les tribus avaient barricadé la gorge. En quelques heures l'œuvre d'extermination fut achevée. De toute l'armée anglaise de Caboul il ne restait que six hommes, six fugitifs, qui s'engagèrent dans la montagne à quatre lieues de Jelalabad. Cinq d'entre eux furent surpris par des maraudeurs et tués. Un seul, le docteur militaire Brydon, épuisé par ses blessures, arriva jusqu'à Jelalabad, où il apporta la nouvelle de l'immense massacre (1).

Les Anglais réparèrent ce désastre par la belle défense de Jelalabad qui, après deux mois de siège, fut délivrée par le général Pollock. Bientôt après, celui-ci se dirigea sur la passe de Jugdulluk et rencontra Akhbar Khan qu'il défit complètement. Pendant ce temps, les chefs afghans, maîtres de Caboul, se saisissaient de l'infortuné Shah Shoudja, le massacraient, dépouillaient son corps de ses ornements royaux et de ses vêtements pompeux et le jetaient, sanglant et nu, dans un fossé. Quelques mois plus tard, en juillet 1842, deux corps

____

(1) Col. G.-B. Malleson. *History of Afghanistan.*

d'armée, sous les ordres des généraux Nott et Pollock, envahirent de nouveau l'Afghanistan, prirent Ghazni et Caboul, brûlèrent le Bala-Hissar de cette dernière ville et rasèrent les principales forteresses afghanes.

La guerre ainsi terminée, il restait à s'occuper du sort des femmes, des enfants, des prisonniers demeurés au pouvoir d'Akhbar Khan et de les mettre en liberté, s'il en était encore temps. Il se passa, en cette circonstance, un fait incroyable, qu'un historien anglais qualifie d'ignoble (1). Un officier supérieur de l'armée britannique se montra assez dépourvu de sens et d'humanité pour déclarer, sur la foi des dépêches du gouverneur de l'Inde, que « le salut de ces infortunés lui était indifférent et ne devait pas l'être moins au gouvernement » ! Des conseils plus sages prévalurent, il est vrai. Sir Robert Sale, le défenseur de Jelalabad, fut chargé par le général Pollock de rechercher les captifs. Le général Elphinstone avait succombé à la maladie. Les autres prisonniers avaient, après de nombreuses vicissitudes accompagnées d'incessantes souffrances, été internés à Bamian, dans la région la plus sauvage de l'Hindou-Koh. Ils y étaient confiés à la garde de Saleh-Mahmoud, un des soldats de fortune qui avaient suivi Akhbar Khan. A la nouvelle de l'échec écrasant de son chef, Saleh-Mahmoud céda aux promesses du capitaine Johnson et du major Pottinger, et il renvoya les captifs à Caboul, sous l'escorte d'une partie de la garnison de Bamian. Le 17 septembre 1842, la petite troupe rencontra, à peu de

(1) J. Mac Carthy, *History of our own times.*

distance de la capitale afghane, le détachement de Sir Robert Sale. Les prisonniers étaient sauvés. Ils étaient au nombre de soixante, et parmi eux se trouvaient lady Sale et le major Pottinger.

Un autre épisode, plus lugubre, signala cette funeste campagne. Le colonel Stoddart, qui avait été chargé, au début des événements, d'une mission en Perse, fut, après la levée du siège de Hérat, envoyé à Bokhara. L'émir, au lieu de lui faire bon accueil, le fit jeter en prison. Le capitaine Conolly essaya de le délivrer; il ne réussit qu'à partager sa captivité. Le gouvernement anglais ne prit aucune mesure décisive pour faire relâcher ces deux officiers. Il se contenta de protestations diplomatiques et d'un appel à la magnanimité de l'émir, qui ne donna pas suite à ces démarches. Un missionnaire, le célèbre explorateur Wolff, entreprit alors, spontanément et à ses frais, une expédition en vue de sauver les deux infortunés prisonniers. Malheureusement, lorsqu'il arriva à Bokhara, il apprit qu'ils avaient été mis à mort.

Telles furent les deux premières campagnes des Anglais dans l'Afghanistan (1). Le 1er octobre 1842, quatre ans, date pour date, après la proclamation de lord Auckland, le nouveau gouverneur des Indes, lord Ellenborough, condamnait la politique de son prédécesseur et déclarait qu'elle était *incompatible avec celle de la Grande-Bretagne !* Il ajoutait qu'il avait pour devoir de reconnaître l'émir choisi par les Afghans eux-mêmes, et que le gouvernement de l'Inde devait « se contenter

(1) Sir J.-W. Kaye, *History of the Afghan war.*

des limites que la nature paraît avoir assignées à son empire ». Il donnait l'ordre à l'armée anglaise d'évacuer l'Afghanistan, faisait mettre en liberté Dost-Mohammed, et lui rendait sa couronne.

Il semblait qu'à partir de ce moment tout conflit entre les émirs de Caboul et les vice-rois de l'Inde fût impossible. Non seulement Dost-Mohammed vécut en bonne intelligence avec l'Angleterre, mais il signa avec le successeur de lord Ellenborough, sir John Lawrence, un traité par lequel il prenait l'engagement de respecter l'intégrité du territoire britannique, et recevait en échange la même promesse solennelle. Aussi, pendant l'insurrection indienne de 1857, les Afghans restèrent-ils fidèles à l'alliance conclue, sans inquiéter la frontière anglaise. Mais Dost-Mohammed mourut en 1863, et sa mort fut le signal de guerres civiles provoquées par ses fils, qui, pendant cinq ans, se disputèrent la souveraineté. Sir John Lawrence s'abstint sagement de toute intervention dans ces luttes intestines. Lorsqu'elles eurent cessé, Shere-Ali, successeur désigné par son père, resta maître de la couronne par la victoire de Ghazni (1869). Pour récompenser son fils Yacoub-Khan qui l'avait secondé, Shere-Ali lui donna la vice-royauté de Hérat. Yacoub, aussi populaire que Dost-Mohammed, dont il rappelait le courage et le talent, devint peu à peu aussi puissant que son père. Celui-ci en prit ombrage et désigna, comme héritier présomptif du trône de Caboul, Abdoullah Djan, fils de sa femme favorite. Un des oncles de Yacoub, indigné de cette frustration, prit les armes pour lui ; mais Shere-Ali, usant de duplicité, rappela son fils à Caboul et feignant de lui pardonner, l'y retint dans une prison dorée.

Lord Lawrence resta neutre dans ces démêlés. Il en fut de même de lord Mayo, qui le remplaça. L'Angleterre inaugurait alors cette politique de non-intervention qualifiée, en 1869, de « passivité magistrale » (*masterly inactivity*) (1). Nous verrons plus loin que cette passivité était plus expectante que réelle Lorsque lord Mayo eut été assassiné en 1872 dans les circonstances que nous avons rapportées, lord Northbrook, devenu vice-roi, ne se départit point de cette ligne de conduite dictée par la *masterly inactivity* ; mais il était déjà facile de voir que l'Angleterre n'attendait en somme qu'une occasion de s'immiscer de nouveau dans les affaires afghanes. Elle ne réduisait encore, il est vrai, cette immixtion qu'à un concours moral prêté à l'émir, sous forme de subsides en argent, en armes et en munitions ; mais elle revenait fréquemment sur le désir d'appuyer ces bons offices par la présence d'officiers anglais dans les villes afghanes. Shere-Ali ne cessa de combattre ces desseins obliques. Il refusa de recevoir un officier anglais qu'on voulait charger d'examiner la frontière septentrionale de l'Afghanistan, et il ne voulut pas accorder à un autre officier anglais, revenant de la Kachgarie dans l'Inde, le droit de passer par Caboul. Il était d'ailleurs peu satisfait du jugement arbitral rendu en 1872 par le général Goldsmid dans le différend entre l'Afghanistan

(1) Le mot fut employé pour la première fois dans un article de la *Fortnightly Review* signé par un jeune publiciste nommé Wyley ; il a été, depuis lors, adopté dans le langage courant des journaux et du Parlement anglais.

et la Perse au sujet du partage du Saïstan. Enfin il s'alarmait de la prise de Khiva par les Russes (1873) et de la soumission complète de tout le Khanat à l'influence russe. Peu à peu, il prit vis-à-vis des Anglais une attitude réservée et méfiante. Par contre, ses rapports avec le gouverneur général du Turkestan russe devinrent plus intimes.

En 1876, lord Lytton fut nommé vice-roi de l'Inde anglaise. Le ministère Disraeli, pour relever son prestige en Asie, venait de faire voter par le Parlement une loi conférant à la reine le titre d'Impératrice des Indes. Il était manifeste que l'on se préoccupait, à Londres, de l'accroissement d'influence de la Russie non seulement dans l'Asie centrale, mais à Caboul même. La correspondance entre l'émir et le général Kaufmann devenait en effet beaucoup plus suivie, et tout laissait soupçonner qu'une intrigue s'ourdissait à Saint-Pétersbourg pour combattre celle de Simla. Mais les avances faites par lord Lytton à Shere-Ali n'eurent pas plus de succès que celles de lord Northbrook. Une conférence réunie à Peshawar n'eut aucun résultat; l'ambassadeur de l'émir y fut hautain et agressif; et cet ambassadeur étant mort subitement, les pourparlers furent abandonnés.

Au mois d'août 1878, le bruit se répandit que le général Kaufmann, qui avait continué d'étendre la domination russe vers le sud du Turkestan, dans des conditions de nature à impressionner les populations de l'Asie centrale et antérieure, avait fait agréer un représentant de son gouvernement par Shere-Ali. L'émir avait reçu avec ostentation une ambassade du tsar au moment même où une rupture paraissait imminente entre l'Angleterre et la Russie. Lord Beaconsfield, alors chef du cabinet de Londres, s'émut de cette nouvelle, et ordonna aussitôt au vice-roi des Indes d'envoyer sans délai un ambassadeur à Caboul avec une armée suffisante pour le préserver contre toute surprise. La mission anglaise fut confiée à Sir Neville Chamberlain. Shere-Ali ne répondit pas aux deux lettres que lui fit remettre le vice-roi pour lui adresser ses condoléances à propos de la mort récente d'Abdoullah Djan, et pour lui annoncer l'arrivée prochaine de l'envoyé britannique. Le général Chamberlain, jugeant que sa dignité d'ambassadeur ne lui permettait pas d'attendre davantage, marcha en avant. Son avant-garde, dirigée par le major Cavagnari, arriva sans encombre dans la passe de Khyber, en vue du fort Ali Musjid. Mais le commandant de cette place fit connaître au chef du détachement anglais qu'il ne pouvait aller plus loin, et que, si la mission anglaise voulait passer outre, elle serait, au besoin, repoussée par la force. Un ultimatum fut envoyé à l'émir. L'Angleterre réclamait des excuses catégoriques et l'acceptation d'une mission diplomatique permanente à Caboul. Dans ces conditions, la mission ne pouvait plus être qu'une invasion. La guerre fut déclarée à l'Afghanistan, le 21 novembre 1878.

Nous n'avons pas à raconter ici par le menu les

(1) Elle se trouve exposée d'une manière remarquable et détaillée dans l'excellent ouvrage publié par M. G. Le Marchand, *Campagne des Anglais dans l'Afghanistan.*

opérations de cette campagne (1). Elle fut d'ailleurs de courte durée. Les Afghans n'opposèrent qu'une faible résistance aux trois colonnes anglaises qui les attaquèrent sur trois points à la fois. Les Anglais ne tardèrent pas à occuper Caboul. Shere-Ali avait abandonné la capitale. Il mourut peu de temps après, et fut remplacé par son fils Yacoub. Une partie des forces anglaises avait pris possession de Candahar. Le nouvel émir, pour ne pas être dépossédé, n'avait plus qu'à se soumettre aux conditions du vainqueur. Il se présenta spontanément au camp anglais établi à Gaudamak, entre Jelalabad et Caboul. Le 5 mai 1879, le traité de Gandamak fut signé. Le gouvernement indien s'engageait, par cette convention bilatérale, à payer à l'émir 60,000 livres sterling (1,500,00 francs) par an. L'émir, de son côté, cédait ou « feignait » de céder ce que lord Beaconsfield appelait la « frontière scientifique », et consentait à la présence d'un résident permanent de l'Angleterre à Caboul.

A peine avait-on cessé à Londres d'exulter qu'un coup de foudre éclata dans ce ciel serein : un télégramme annonça que les événements de novembre 1841 venaient de se reproduire à Caboul. La tragédie était exactement la même dans chacun de ses actes et dans son dénouement. Les personnages seuls avaient changé de noms. Un soulèvement populaire avait eu lieu dans les mêmes conditions que celui dont Sir Alexandre Burnes avait été victime. Sir Louis Cavagnari, l'envoyé anglais, et la plus grande partie des membres de la légation britannique, avaient été massacrés. L'Angleterre, trahie, outragée, n'avait plus qu'à exercer une vengeance exemplaire. Les troupes anglaises partirent aussitôt de l'Inde. Elles se battirent avec leur courage accoutumé, et, la veille de Noël 1879, elles entrèrent à Caboul. Yacoub Khan, accusé de complicité dans les assassinats, fut traité en prisonnier et envoyé sous escorte à Simla. Caboul fut occupé militairement. Le gouvernement anglais garda en sa possession les positions afghanes nécessaires pour couvrir son armée. Le traité de Gandamak était déchiré par le milieu et sans valeur. La frontière scientifique n'avait pas même été délimitée. Le sang de Sir Louis Cavagnari et de ses compagnons avait effacé les signatures de la convention du 5 mai ; et, suivant le mot de Macbeth, « ce sang appelait du sang ». Les Anglais étaient entrés dans l'Afghanistan. Ils avaient vaincu la première difficulté. Restait à résoudre la seconde : celle de sortir du pays.

Yacoub Khan était au pouvoir du vice-roi ; l'Afghanistan était investi par les armées de l'Angleterre. Qu'allait-on faire de cette conquête ? Les événements commandaient une action nette, ferme, immédiate. A Londres, on ne sut pas se résoudre. Lord Beasconfield était aux prises avec les complications électorales. Le désastre d'Isandlana, au pays des Zoulous, avait surexcité les esprits. On commençait à se lasser de la politique militante et du *jingoism* (1).

(1) Le parti de la guerre comptait, depuis le conflit anglo-russe éclaté à la suite du traité de San-Stefano, de nombreux partisans en Angleterre, surtout à Londres. Il se composait de quelques libéraux et de tous les tories ou conservateurs. Il était surtout secondé par les manifestations populaires des cafés

Un sirdar remuant, Mohammed Djan, l'un des généraux de Yacoub, possédant une grande influence dans les oulouss voisines de celle des Ghilzaïs, avait proclamé la *jihad* et rassemblé sous la bannière de l'insurrection un grand nombre des clans les plus farouches. Les mollahs parcouraient toutes les tribus en annonçant que l'heure était venue d'exterminer les Feringhis (Anglais) trois fois maudits. Les femmes afghanes se répandaient dans les bazars et donnaient par leur exaltation un nouvel aliment à la haine de l'étranger. Les Anglais s'étaient, à l'approche de l'hiver, cantonnés à Sherpour. Mohammed Djan, à la tête de dix mille hommes, s'abattit sur Caboul, occupa la capitale et mit sur le trône Mousa Khan, le jeune fils de Yacoub. Le sirdar se persuadait que

chantants, où il est d'habitude de chansonner les hommes politiques. Ceux que M. de Bismarck venait d'appeler « les gentils-hommes du pavé » prêtaient leur concours bruyant à lord Beaconsfield. Il fallait un nom à cette *masterly activity* opposée à la *masterly inactivity*. Il vint on ne sait d'où. Les partisans de la guerre reçurent l'appellation de *Jingoes*; on la leur appliqua d'abord comme un terme de dédain. Ils l'acceptèrent avec orgueil; et, d'une qualification destinée à les couvrir de ridicule ou de mépris, ils se firent, à l'exemple des Gueux flamands, un titre de gloire. L'origine de ces noms de *Jingo* et de *Jingoism* n'est pas exactement connue. L'historien Mac Carthy croit pouvoir l'attribuer à quelque Tyrtée de la populace. Toujours est-il que dans les *music-halls* on chantait tous les soirs jusqu'à la nuit ce refrain répété en chœur par des milliers de fanatiques :

We don't want to fight, but, by Jingo, if we do,
We've got the ships, we've got the men, we've go the money too.

(Nous ne voulons pas nous battre, mais par Jingo, s'il le faut, nous avons les vaisseaux, nous avons les hommes et nous avons l'argent aussi.)

la situation était la même qu'à l'époque d'Akhbar Khan, et qu'il n'y avait plus qu'à faire capituler un nouveau général Elphinstone. Il exigea la mise en liberté immédiate de Yacoub, l'évacuation de l'Afghanistan par les Anglais, et la remise de deux officiers comme otages. Les Anglais répondirent à ces injonctions par le défi du silence. Ils tinrent tête à l'attaque dirigée par Mohammed Djan contre leurs cantonnements de Sherpour. Bientôt ils reçurent des renforts, et Mohammed Djan fut forcé de quitter Caboul, où l'armée anglo-indienne rentra victorieuse.

Alors surgit un autre candidat au trône afghan. Il s'appelait Abdourrhaman-Khan, et était fils de Mohammed Afzoul-Khan, le fils aîné de Dost-Mohammed. Abdourrhaman était né en 1830. Il avait, dès son adolescence, conspiré et pris les armes avec son père Afzoul et son oncle Azim contre Shere-Ali. Après cinq ans de lutte infructueuse, il avait été complètement défait par son neveu Yacoub, et obligé de se réfugier en 1869 à Tashkend. Depuis cette époque, il avait vécu sur le territoire russe, à Samarkand, et avait vainement essayé de s'assurer l'appui du général Kaufmann pour tenter un coup de main sur Caboul.

Un troisième compétiteur entra en lice avec lui : c'était Ayoub-Khan, le héros des poètes afghans. Ayoub, l'un des fils de Shere-Ali, était né en 1851. Tout jeune, il avait embrassé la cause de son frère Yacoub contre Shere-Ali. Après le rappel de Yacoub à Caboul, il avait, pour échapper au ressentiment de son père, cherché un asile à la cour de Perse, et le shah l'avait accueilli avec des démonstrations chaleureuses. A la mort de Shere-Ali, il était parti pour Hérat, où la population avait salué son retour avec enthousiasme. Ayoub avait promptement levé une armée irrégulière et marchait sur Candahar, dont le vali ou gouverneur avait été reconnu indépendant par lord Lytton.

« La position de l'Angleterre dans l'Afghanistan ressemblait, à ce moment, à celle du roi des *Mille et une nuits*, à qui des hérauts viennent successivement annoncer que des armées s'avancent de tous les points cardinaux sur la capitale ; mais, tandis que, dans le conte arabe, ces armées n'ont que des desseins pacifiques, les divers prétendants à la couronne afghane avaient ou semblaient avoir tous les mêmes desseins d'hostilité contre l'Angleterre (1). » Dans ces conditions, l'Angleterre avait nécessairement à faire un choix entre les trois rivaux. Elle se décida pour celui qui lui parut avoir le plus de chances de succès, et chargea M. Lepel Griffin d'ouvrir des négociations avec Abdourrhaman.

Pendant ce temps, l'armée de Ayoub poursuivait sa marche sur Candahar, dont la garnison anglaise était alors sous les ordres du général Primrose. La citadelle pouvait se défendre ; mais la garnison était trop faible pour opérer une sortie. Le général Primrose commit l'erreur de ne pas se renseigner exactement sur l'importance numérique des forces de Ayoub. Celles-ci se trouvèrent subitement accrues

(1) J. Mac Carthy, *History of our own times.*

par la désertion de 4,000 hommes du vali de Candahar. Il n'est pas exactement démontré jusqu'à quel point ce dernier toléra ou put empêcher cette défection. Toujours est-il que le général Burrows, envoyé à la rencontre de Ayoub, fut défait entre Koushk-î-Fakhoud et Maiwand, le 27 juillet. La déroute était complète. Les Anglais et les Cipayes tombèrent sous le feu des Afghans ou furent égorgés. Toutes les horreurs de la marche dans la passe de Jugdulluk en 1842 se répétèrent. Ayoub poursuivit les fuyards jusqu'à quelques milles de distance de Candahar et mit le siège devant la ville.

Le gouvernement de M. Gladstone avait succédé à celui de lord Beaconsfield et la *masterly inactivity* héritait de toutes les complications créées par le *Jingoism*. A Londres, l'émotion était excessive; la colère populaire, dans un violent paroxysme, menaçait le ministère, injustement inculpé. A Candahar, la situation était terrible : le succès de Ayoub, bruyamment exploité par les mollahs, enflammait les imaginations orientales. On pouvait craindre un choc en retour dans l'Inde. Un conseil militaire tenu à Caboul décida de remédier sur-le-champ à cette situation si périlleuse. Le général Sir Frédérick Roberts partit de la capitale afghane avec 10,000 hommes, Anglais, Ghourkas et Sikhs. Il avait pour mission de débloquer Candahar et de venger la défaite de Maiwand. Il s'engagea, à la tête de ce petit corps d'armée, dans les ténèbres et le silence des régions jusqu'alors jugées impénétrables entre Caboul et Candahar. Pendant trois semaines on n'entendit plus parler de lui et de ses

10,000 compagnons. Il disparut comme Sherman dans sa fameuse marche. L'anxiété ne cessa que lorsque le télégraphe apprit que Sir Frédérick Roberts était arrivé à Candahar, restée sauve, qu'il avait engagé le combat avec Ayoub sans prendre de repos et avait culbuté les Afghans.

Sans attendre le résultat de cette expédition, dont l'issue pouvait être aussi fatale qu'elle fut heureuse, les Anglais avaient quitté Caboul, après avoir assis Abdourrhaman sur le trône d'Ahmed-Abdallah et de Dost-Mohammed, et s'étaient repliés vers l'Inde, sous les ordres du général Stewart. Le nouvel émir avait fait son entrée dans la capitale afghane, le jour indiqué comme propice et faste par ses astrologues ; et, en dépit de l'opinion de Pline, il avait fait graver sur l'émeraude de la bague qu'il portait au doigt, la date de son avènement suivant l'ère de l'hégire. En juillet 1883, le gouvernement de l'Inde reprenait, sous la vice-royauté de lord Ripon, la politique de lord Lawrence et de lord Northbrook, et pour la première fois l'Angleterre inscrivait dans son budget des dépenses extraordinaires le paiement d'un subside annuel de 120,000 livres sterling (3 millions de francs) au souverain de l'Afghanistan. Un subside semblable, mais moins élevé, avait, il est vrai, été fourni à Shah Shoudja et plus tard à Dost-Mohammed ; seulement la mesure, alors provisoire, prenait cette fois un caractère définitif. L'Angleterre retirait ses soldats de l'Afghanistan, et elle renonçait à la frontière scientifique ; mais, suivant l'expression populaire, elle gardait un clou dans la maison, ou plutôt elle s'attachait l'émir par des chaînes d'or. Il entrait dans ses vues, aujourd'hui comme autrefois, d'avoir une part d'influence prépondérante dans les conseils du souverain de l'Afghanistan, et de se prémunir, par cette chausse-trappe habilement établie à Caboul, contre les intrigues d'un rival étranger.

En 1809, lorsque M. Mountstuart Elphinstone arrivait à la cour de l'émir Shoudja avec la première mission anglaise de l'Afghanistan, le rival étranger était la France, agissant de concert avec la Perse. Aujourd'hui l'ennemi c'est la Russie, toute-puissante à Téhéran depuis le traité de Turcomanchai, signé en 1828, toute-puissante dans l'Asie centrale depuis la grande invasion du Turkestan et surtout depuis le coup de main de Merv (1).

En attendant les événements, l'Afghanistan demeure donc, pour nous servir d'un terme consacré, un « Etat tampon », soumis aux conventions réciproques des deux puissances européennes, arrêtées, qui à l'est, qui à l'ouest, à ses portes, par une « barrière diplomatique », dont il reste à l'avenir à nous apprendre le plus ou moins de sécurité et de solidité.

(1) J. Mac Carthy, *England under Gladstone.*

LIVRE II

L'INTRIGUE RUSSE

CHAPITRE I.

LA GRANDE INVASION.

Les Russes dans l'Asie centrale.

L y a un siècle, en 1783, dix ans après le partage de la Pologne, cette grande iniquité accomplie de concert avec la Prusse et l'Autriche, grâce à l'impassibilité forcée de la France et au silence voulu de l'Angleterre, Catherine II, poursuivant ses spoliations, faisait main basse sur la Crimée, puis, successivement, s'emparait du Kouban et imposait son protectorat à la Géorgie. A partir de cette époque, la route des tsars à l'est et au sud de leur empire est tracée sur la carte. Désormais, de règne en règne, ils s'attacheront à la frayer avec une âpre ténacité, secondée par l'astuce de la diplomatie et l'audace de la conquête. L'inscription de l'arc de triomphe de Kherson ne signifie plus seulement : *Chemin de Byzance* ; elle veut dire aussi : *Chemin de l'Inde*, et les Cosaques se chargeront de justifier cette dernière interprétation.

« Il n'y a qu'un seul héritier de l'Asie centrale, c'est l'empereur de Russie, et aucune puissance au monde ne peut l'empêcher d'entrer en possession de son héritage (1). » Toute la politique extérieure du gouvernement de Saint-Pétersbourg tient dans cette phrase qui résume le fameux testament de Pierre le Grand.

Or, cette politique a un système dont elle ne se désiste point : « Pousser en avant dans ses empiètements aussi rapidement et aussi loin que le tolère l'apathie ou la faiblesse des autres gouvernements européens. Lorsque ceux-ci s'y opposent résolûment, s'arrêter et reculer, en attendant une occasion favorable pour faire un nouveau bond sur la proie convoitée. De cette façon l'arc, toujours tendu, a deux cordes : langage modéré et protestations de désintéressement à Saint-Pétersbourg et à Londres, de la part des chanceliers et des ambassadeurs; et dans le même temps, action agressive de la part des agents sur le théâtre des opérations. Si ces agressions, brutales ou sans bruit, sont couronnées de succès sur certains points, dans certaines localités, Saint-Pétersbourg les accepte comme un fait accompli, et les inscrit à son actif, en déclarant qu'il n'en peut mais, et que sa dignité nationale défend de renoncer au bénéfice acquis. Si les agents échouent, on les désavoue, on les rappelle; et l'attitude gardée dans l'intervalle par la diplomatie sert de preuve pour établir qu'ils ont dépassé leurs instructions (2). »

(1) H. V. LANKENAU, *Das heutige Russland.*
(2) *Lord Palmerston's Life*, vol. II, ed. in-12, p. 273.

Grâce à cette méthode, pratiquée surtout depuis Nicolas, la Russie avait, il y a cinquante ans, étendu ce que l'on peut appeler son bras gauche dans la direction de la Sibérie occidentale, où elle avait graduellement pénétré d'étape en étape jusqu'à ce qu'elle eût pris possession de tout ce territoire, à peu de chose près. D'enclave en enclave, pour assurer ses positions ainsi usurpées, elle avait établi des colonies militaires, des forts et fortins, des postes détachés, mais ayant entre eux une ligne de communication bien protégée, depuis le fleuve Oural et l'Irtysch jusqu'à la vallée de l'Ili. Simultanément, son bras droit, encore ployé, s'allongeait depuis Orenbourg jusqu'à 320 kilomètres de l'embouchure du Syr-Daria, l'Iaxarte des anciens (1). Cependant l'extension du bras droit ne se fit point sans rencontrer de nombreuses difficultés. La ligne des fortins et des ouvrages de défense partant d'Orsk vers Tashkend, son objectif inavoué, enlevait, déjà en 1834, à la Petite Horde des Khirghiz les pâturages indispensables à l'existence de ces peuplades exclusivement adonnées à la vie pastorale. Voyant leurs terres passer aux mains des Cosaques, colons armés comme jadis les soldats de Rome, elles mettaient en œuvre tous les moyens pour ressaisir le bien dont elles avaient été dépouillées par la violence. De là, entre les premiers occupants et les nouveaux, des luttes incessantes. Les caravanes venant de l'Asie centrale et de la Chine aux grandes foires de la Russie du nord et celles de la Russie allant en Chine

---

(1) Fréd. Burnaby, *A Ride to Khiva.*

étaient régulièrement pillées ou rançonnées. Le commerce russe souffrait nécessairement de cet état de choses, et le prétexte plausible était tout prêt à Saint-Pétersbourg pour légitimer un mouvement en avant dans les khanats indépendants.

Les khans, principalement ceux de Bokhara et de Khiva, encourageaient d'ailleurs les hostilités, les raids et les déprédations de la Petite Horde. Ils avaient vu, de 1716 à 1719, la ligne de l'Irtysch se jalonner et peu à peu se construire définitivement, et quoique l'expédition prétendûment scientifique dirigée par le prince Bekowitsch eût abouti, en 1717, à un désastre pour les Russes, dans les khanats on gardait mémoire de cette tentative avortée de Pierre le Grand, et l'on savait d'avance que, tôt ou tard, ses successeurs essaieraient de la renouveler. D'autre part, on n'ignorait point que la Russie épiait de Semipalatinsk le Turkestan encore libre de tout joug étranger. Le jour où elle poussa son bras droit jusqu'à l'Aral, on s'émut dans la steppe tourkmène comme on s'émeut actuellement dans l'Inde. Bientôt on comprit qu'il y avait à choisir entre deux partis : ou bien laisser le flot de l'invasion s'avancer impunément, ou bien l'endiguer, et l'on reconnut aussitôt que l'on ne pouvait se décider que pour la seconde alternative.

Vers 1834, la Russie transforma la vassalité des Khirgiz du nord en sujétion. Les Khirgiz indépendants, secondés par le khan de Khiva, n'en poursuivirent pas moins leurs attaques contre la nouvelle colonie russe. Pour y mettre un terme, Nicolas ordonna en 1839 au général Perowski de franchir la frontière du khanat. Les Khirgiz de la Petite Horde venaient de capturer une centaine de marchands russes et les avaient vendus comme esclaves sur le marché de Khiva. Le tsar ne pouvait refuser sa protection à ses sujets, et l'occasion était trop propice pour ne pas la mettre à profit. Perowski échoua dans des conditions presque aussi lugubres que Bekowitsch. Une partie de son armée périt dans les steppes voisines du lac d'Aral; le reste se replia en déroute sur Orenbourg. Le khanat conservait son indépendance.

La Russie ne dévora pas longtemps l'affront infligé à ses armes; mais elle sentit qu'avant de se risquer une nouvelle fois sur le territoire turcoman, elle devait y découvrir un point vulnérable. Les événements lui vinrent presque immédiatement en aide. En 1840, le khanat du Khokand, touchant la mer d'Aral au nord et s'étendant entre les cours inférieurs de l'Amou et du Syr-Daria, tomba aux mains de l'émir de Bokhara, Nasroullah-Khan. Le khan du Khokand fut mis à mort et son fils emmené comme otage à Bokhara. Les parents de ce jeune prince se liguèrent pour le délivrer. Il en résulta une guerre, mêlée de succès et de revers; dans le cours des hostilités, le territoire russe fut violé à plusieurs reprises. Le tsar avait donc de nombreux motifs de châtier le khan ennemi. Toutefois, au lieu de recourir tout d'abord à la force, on usa d'artifices. La Russie s'appliqua à opérer la jonction de ses deux lignes de défense. Le bras gauche se rapprocha du bras droit; avant de pouvoir espérer un résultat décisif, les deux mains de la Russie devaient s'unir.

Pendant douze ans cette œuvre se continua silencieusement : il importait de n'éveiller aucune suspicion, ni celle des gouvernements de l'Europe, ni celle des populations asiatiques. Lentement, imperceptiblement, la borne russe se poussait du nord au sud dans la steppe déserte qui sépare la Sibérie du Syr-Daria. On englobait ainsi de distance en distance des milliers de lieues carrées de terrain et trois millions de Khirgiz, sur lesquels on n'exerçait naguère qu'une autorité nominale. A Saint-Pétersbourg, ces envahissements progressifs et incessants prenaient le nom de rectifications de frontières nécessitées pour la sauvegarde de l'ordre et opérées dans l'intérêt de la civilisation Les forts de Karabatalsk et d'Ouralsk sur l'Irghyz, celui d'Orenbourg sur la Tourgaï étaient achevés en 1848. La même année, on commençait les travaux du fort d'Aralsk, à proximité de la mer d'Aral. En 1852, le fort de Kosz-Aral complétait le raccordement de l'ancienne frontière sibérienne avec la ligne du Syr. Il ne manquait plus dès lors qu'un sujet de querelle avec les khanats, et ce sujet se présenta de lui-même. A la fin de 1851, dans un raid, 75,000 têtes de bétail russe disparurent : c'en était assez pour légitimer l'occupation du fort khokand de Kosch-Kourgan par les troupes du tsar. Cela fait, il restait à couvrir une expédition régulière dans le khanat, du masque de l'intervention. Les Ousbecks du Khokand faisaient, à cette époque, peser un joug rigoureux sur les Kirghiz riverains du Syr-Daria. Ces derniers abandonnaient en masse leurs pâturages et cherchaient un refuge dans la steppe habitée par les nomades ou dans les

Etats du khan de Khiva, que convoitait avidement le Khokand. Mais les réfugiés, au lieu d'un asile, ne trouvèrent qu'une oppression plus despotique. Dans ces conditions, les Russes, dès leur entrée en lice, furent accueillis par les Kirghiz comme des libérateurs.

Les khans de Khiva et de Khokand ne s'attaquèrent pas directement aux protecteurs des Kirghiz ; ils se bornèrent à exercer contre ceux-ci des représailles sous apparence d'un châtiment justement infligé à des Asiatiques qui se jetaient dans les bras des Européens. La Russie, de son côté, faisait mine de ne pas être prise personnellement à partie. Il était manifeste que ce jeu oblique n'aurait qu'une courte durée. En dépit de ces faux-semblants d'inactivité, on faisait des préparatifs considérables à Orenbourg, et l'on transportait, pièce à pièce, de la frontière russo suédoise, par Saint-Pétersbourg jusqu'à Aralsk, deux cuirassés. A la fin, au mois de mai 1852, lorsque tout fut prêt, le général Perowski, pour provoquer le conflit, commença sur le Syr-Daria l'établissement d'une série d'ouvrages en terre. Cette démonstration avait pour le Khokand la portée d'une invasion. A Khiva, où l'on était moins menacé, on s'en rendit si bien compte qu'il n'y eut plus qu'une parole sur toutes les lèvres : « Nous sommes perdus si les chevaux des Russes boivent l'eau du Syr-Daria ! »

Les premiers engagements entre les troupes russes et celles du Khokand furent défavorables au général Perowski ; mais, l'année suivante, il prit le dessus, et s'empara du fort d'Ak-Mesdsched, situé à 105 kilomètres de l'embouchure du Syr Daria. La prise de cette position qui commandait la frontière du Khokand était pour celui-ci une perte si sensible que le khan devait inévitablement employer tous les moyens pour prendre le fort, auquel les Russes s'empressèrent de donner le nom de Perowski. Loin de s'inquiéter de cette attitude, les Russes s'occupèrent exclusivement de se consolider sur le Syr-Daria. Ils relièrent, par deux nouveaux forts, Aralsk et Perowski, établirent dans cette dernière place une garnison de 1,000 hommes avec une quantité de vivres et de fourrage suffisante pour un an, et constituèrent, par ces quatre ouvrages de défense, la ligne alors regardée comme définitive du Syr-Daria. Le moment était arrivé de rattacher la main droite à la main gauche. En décembre 1853, le khan de Khokand, à la tête de 15,000 hommes appuyés par 15 pièces de canon, se rua à l'improviste sur Ak-Mesdsched, qui serait tombé en son pouvoir s'il n'y avait eu, au moment décisif, un mouvement de désordre dans les rangs des assiégeants. Le général Perowski allait prendre l'offensive lorsque survinrent deux événements qui l'obligèrent à demeurer sur l'expectative. L'émir de Bokhara, Mozaffer Ed-din-khan, accouru au secours du khan du Khokand, menacé non seulement par les Russes mais par des rivaux indigènes, s'était emparé de tout le khanat, après une suite de victoires rapides, et l'avait divisé en deux principautés, en donnant l'une au khan du Khokand Khoudadjar et l'autre à un enfant au nom duquel il exerça lui-même la régence. Ce partage accompli, il se disposait à entrer ouvertement en lutte avec les

Russes lorsqu'éclata la guerre de Crimée. Qu'il nous suffise de rappeler qu'elle eut pour cause véritable l'antagonisme de la Russie et de l'Angleterre, et que la France, en faisant le jeu du cabinet de Londres, fit avorter les desseins de Nicolas.

« Tendre aussi loin que possible vers Constantinople et vers l'Inde ; dans ce but, susciter des conflits continuels et faire la guerre tantôt avec la Turquie, tantôt avec la Perse ; établir des magasins d'approvisionnement sur la mer Noire ; précipiter la ruine de l'empire persan et s'avancer jusqu'au golfe Persique ; reconstruire la voie commerciale de l'Orient et pousser jusqu'aux Indes, où est l'entrepôt du monde (1) : une fois arrivé là, vous n'aurez plus à craindre l'or de l'Angleterre. » Telle était la pensée du tsar : pensée exprimée dans un document attribué à Pierre le Grand et considérée comme la ligne de conduite dictée par le fondateur de l'empire à ses héritiers. A vrai dire, ce document, reconnu aujourd'hui comme apocryphe, n'avait aucune valeur historique ; mais il était en si parfaite harmonie avec la politique du vainqueur de Charles XII et surtout avec celle de Catherine II, qu'il a longtemps passé pour authentique et qu'en 1853 tout le monde était disposé à l'admettre comme tel. Les Anglais, surtout, feignirent d'y ajouter foi, et exploitèrent cet aveu de la Grande invasion. Pour eux, le coup longtemps médité et enfin frappé par Nicolas, le 30 novembre 1853, à Sinope, ne visait pas seulement la Turquie : il était dirigé également contre les

(1) Testament apocryphe de Pierre le Grand, publié en 1853.

possessions anglaises de l Inde. N'avait-on pas vu, en
effet, les Russes s'étendre vers ce but, et ne se rappelait-
on pas leurs intrigues dans toute l'Asie centrale et dans
l'Afghanistan ? Or, aussi longtemps que les Anglais
avaient pu se faire illusion sur ce véritable objectif
du tsar, ils s'étaient montrés disposés à entrer dans
une combinaison assez semblable à celle du partage
de la Pologne, ou tout au moins ils ne l'avaient pas
repoussée. Il est certain que, lors de son second voyage
à Londres, en 1844, Nicolas eut avec lord Wellington
et lord Aberdeen, alors secrétaire du Foreign Office, de
longs entretiens sur la Turquie, et il paraît hors de
doute maintenant qu'il fit des avances ouvertes pour
régler la question d'Orient entre trois, de concert avec
l'Autriche. Le memorandum du comte de Nesselrode,
alors chancelier de Russie, justifie cette hypothèse,
partagée par des historiens anglais. Sans doute, aucun
des hommes d'Etat anglais n'acquiesça dans des termes
formels à cette proposition ; mais aucun d'eux ne laissa
croire au tsar qu'il n'avait pas à compter sur leur appui
pour la réalisation d'un projet de morcellement de la
Turquie, dans des conditions analogues au traité de
Pétersbourg de 1772, qui régla la répartition des dépouilles polonaises (1). Sans doute aussi, le silence
gardé, dit-on, par les hommes d'Etat anglais, en
cette circonstance, devant le tsar, ne pouvait être considéré par lui comme une adhésion tacite à des insi-
nuations trop clairement accentuées ; mais il y a, même

(1) J. Mac Carthy, *History of our own times*, t. III, p. 176 à
179, ed. Tauchnitz; Kinglake, *History of the Crimean war.*

dans les entrevues diplomatiques, des cas où le silence s'entache d'un soupçon de complicité.

Plus tard, l'ambassadeur anglais à Saint-Pétersbourg, Sir Hamilton Seymour, le comprit si bien que dans ses fameuses conversations avec Nicolas, au palais de Saint-Pétersbourg, pendant la soirée donnée par l'archiduchesse Hélène, il déclara, lorsqu'il fut question de *l'héritage de l'homme malade*, que « l'Angleterre ne pouvait entrer dans une entreprise de spoliation ». Quoi qu'il en soit, un écrivain impartial, étudiant et jugeant les faits trente ans après, ne peut se défendre d'arrêter, en passant, son attention sur des réflexions faites par des Anglais eux-mêmes.

Ce qui reste acquis, c'est que l'Angleterre ne vit plus dans Nicolas qu'un ennemi, dès l'heure où elle s'aperçut qu'au delà de Constantinople il entrevoyait l'Inde. Grâce à la France, elle fut débarrassée de ce cauchemar. Nicolas échoua dans ses plans, et la mort vint le surprendre avant même que la guerre de Crimée fût achevée. Alexandre II n'avait plus qu'à remédier à la situation compromise de la Russie. Il signa la paix avec les deux grandes puissances européennes, qui avaient infligé une si sévère leçon à la politique de Catherine II ; et, pour donner un gage de sa sincérité, il déclara qu'il voulait désormais se consacrer aux réformes intérieures de son pays. Il le prouva, il est vrai, par l'abolition du servage ; mais à peine le traité de Paris était-il conclu, en avril 1856, et l'encre des signatures n'étant pas encore sèche, il jeta 150,000 hommes dans le Caucase, et, après trois ans de résistance des montagnards conduits par Schamyl, il s'empara de toutes leurs forteresses.

Prise de Tashkend.

L'heure avait sonné de reprendre les agissements du général Perowski dans les khanats turkestans. Presque au lendemain du traité de Paris, les Russes traversaient l'Ili, et le général Zimmerman détruisait les forts de Pishpek et de Tomak. De 1854 à 1864 les empiètements se continuèrent sans grande effusion de sang, et l'Europe inattentive laissa faire et passer. Cependant, l'armée de Sibérie commandée par Tchernaïeff opérant de concert avec l'armée d'Orenbourg commandée par Verëvkin, l'entreprise avait été si activement et si habilement menée qu'avec une perte d'à peine cinquante hommes, tués ou blessés, on avait pris les villes de Tchemkend et de Turkestan, et fait subir à l'émir de Bokhara un échec écrasant.

Craignant d'éveiller les appréhensions de l'Angleterre, le prince Gortschakoff, chancelier de Russie, lança son manifeste du 21 novembre 1864. Dans ce document, où l'intrigue russe prend à peine la précaution de se dissimuler sous un langage diplomatique, le ministre du pacifique Alexandre II se justifiait de l'occupation permanente des deux villes mentionnées plus haut, en la déclarant « nécessaire » pour mettre un frein aux instincts de rapine des populations limitrophes de la frontière russe. Il ajoutait néanmoins que la Russie possédait maintenant un territoire compact mieux organisé et lui permettant de *fixer avec une précision géographique la limite d'avancement où elle doit s'arrêter.* « Il est inutile, disait encore le manifeste, d'appeler l'attention sur l'intérêt évident qu'a la Russie *à ne pas étendre son territoire.* »

Après ces paroles officielles, on était autorisé à croire que la Russie s'était imposé à elle-même le devoir de répudier toute idée d'annexion ultérieure dans l'Asie centrale. Les sabres des Cosaques allaient se changer en faucilles ; un nouveau millénaire s'inaugurait. Les Cosaques et les Turcomans n'avaient plus qu'à se caresser la barbe et à dormir en paix côte à côte. A Saint-Pétersbourg, on n'allait plus prendre souci que du développement commercial et des intérêts de la civilisation (1). Disons-le tout de suite : en Russie même, personne, à moins d'y être contraint officiellement, n'escompta, au profit des Asiatiques, ces belles promesses de Gortschakoff écrites sur un papier destiné à être jeté presque aussitôt au panier. Les généraux russes sourirent en lisant le factum littéraire du chancelier, et ils haussèrent les épaules en pensant à la naïveté des puissances européennes et surtout de l'Angleterre, qui se laissait complaisamment mettre un si beau bandeau sur les yeux (2). Le général Tchernaïeff, qui dirigeait les opérations militaires du Turkestan, n'attendit pas que le prince Gortschakoff eût lancé un second manifeste. Sous prétexte d'opérer

(1) Fred. Burnaby, *A Ride to Khiva.*
(2) Col. Venukoff, *Revue militaire de la campagne du Khokand,* ouvrage russe.

une reconnaissance (1) dans la direction de Tashkend, grande ville contenant une population de 78,000 habitants et située à 112 kilomètres de Tchemkend, il fit l'assaut de cette place. Contre son attente, il fut repoussé. On lui fit expier, non pas son démenti flagrant donné aux affirmations pacifiques du gouvernement russe, mais son échec. Il est vrai que l'expiation en elle-même fut des plus douces et pouvait passer tout aussi bien pour un encouragement à de nouvelles tentatives du même genre. Le ministère de la guerre désavoua son idée de prendre Tashkend ; mais il le nomma gouverneur de la région et lui envoya des renforts d'Orenbourg et de la Sibérie occidentale. Trois mois après, Tchernaïeff mandait au ministère que l'émir de Bokhara suscitait des difficultés par son immixtion dans les affaires du khanat de Khokand. En même temps il marchait sur le fort de Niazbek, l'un des plus formidables retranchements du khan, et après l'avoir bombardé pendant plusieurs heures, l'obligeait à capituler.

La prise de Niazbek n'était que le prélude de celle de Tashkend. Le motif de cette nouvelle agression fut que des officiers russes envoyés à Bokhara pour négocier avec l'émir avaient été indûment retenus. Tashkend avec ses 80,000 habitants et son entrepôt du commerce du coton et du riz, est une des villes les plus considérables de l'Asie centrale. Elle était défendue par 30,000 hommes. Tchernaïeff la prit avec 1,951 Cosa-

(1) Général ROMANOWSKY, *Notes sur l'Asie centrale*, ouvrage russe.

ques et douze canons, et, malgré l'énorme différence du nombre, il n'eut que vingt-huit soldats de tués et quatre-vingts de blessés.

Aussitôt la conquête assurée, le gouvernement russe se répandit en nouvelles protestations de paix. Le tsar déclara, par l'organe de son premier ministre, qu'il n'avait *aucun désir de s'adjoindre de nouvelles possessions.* (1) Le général Tchernaïeff confirma cette déclaration en pénétrant avec ses troupes dans la ville fortifiée de Khodjend, la clef de l'Iaxarte.

L'Europe n'avait pas encore pu apprendre ce nouvel exploit du conquérant que les Russes envahissaient la province du Khokand, connue aussi sous le nom de Ferghana. Le fait étant accompli, un oukase impérial en date de juillet 1867 le sanctionnait : au territoire de l'empire on annexait 45,000 kilomètres carrés, formant la moitié la plus riche et la plus fertile de cette région, et on concédait le reste provisoirement à un chef indigène sous la suzeraineté du tsar blanc

Il n'y avait, pour faire un nouveau pas en avant, qu'à chercher une querelle à l'émir de Bokhara. Tchernaïeff fit arrêter tous les Bokhariens sur lesquels il pouvait mettre la main et saisir leurs biens. L'émir répondit à ce mépris du droit des gens par l'arrestation de tous les marchands russes qui se trouvaient à Bokhara. En même temps il envoya une mission à Saint-Pétersbourg pour protester contre ces actes du gouverneur-général du Turkestan russe. Le général Kryji-novsky, gouverneur d'Orenbourg, les arrêta en chemin.

(1) Lettre du prince Gortschakoff, septembre 1865.

Ensuite il s'entendit avec le général Tchernaïeff pour déjouer les intentions de l'émir. Tandis que les envoyés bokhariens étaient retenus par les autorités russes, Tchernaïeff envoyait lui-même une mission russe à Bokhara. Bien qu'elle affectât des dispositions pacifiques et exprimât le désir de nouer des relations amicales entre les deux gouvernements, l'émir se montra si peu confiant et céda si aveuglément à son ressentiment qu'il fit emprisonner les envoyés russes (1). Tchernaïeff n'attendait que cet acte illégal. Il traversa le Syr-Daria à Chinaz avec quatorze compagnies d'infanterie, neuf cents Cosaques, seize canons et douze cents chameaux. Une bataille eut lieu : les Russes furent défaits et obligés de se retirer jusqu'au Syr-Daga. Tchernaïeff demanda des renforts à Saint-Pétersbourg, mais cette fois on ne lui pardonna point son échec. Il fut rappelé en Russie, et remplacé par le général Romanowsky.

Prise de Samarkand et de Bokhara.

En novembre 1867, le général Kaufmann prenait possession du commandement militaire du Turkestan. Il reprit aussitôt l'attitude agressive de ses prédécesseurs, détruisit la ville bokharienne de Oukhoum et en avril 1868 marcha à travers la vallée de Zerafihan sur Samarkand, située à 200 kilomètres à l'est

(1) A. TERENTYEFF, *Rossiya i Anglia v borbaï za reenka* (La Russie et l'Angleterre dans leur rivalité pour les marchés). Saint-Pétersbourg, 1876. Ouvrage russe.

de Bokhara. L'émir s'avança vers l'ennemi avec toute son armée, mais la lutte était inégale et les Russes occupèrent Samarkand.

Cette annexion produisit dans tous les bazars de l'Orient une sensation dont on ne saurait se faire une idée exacte en Europe. La renommée de Samarkand était répandue dans toute l'Asie. Pour la plupart des tribus indigènes, elle était la seconde ville du monde, à peine inférieure à Constantinople ; et maintenant Samarkand était tombée aux mains des Européens, aux mains de ce tsar blanc dont la puissance devait dépasser tout ce que l'imagination orientale pouvait concevoir, puisque cette puissance accomplissait un fait aussi prodigieux !

La prise de Samarkand passa presque inaperçue à Londres et en Europe. L'Angleterre était, à ce moment, trop absorbée par ses questions financières pour prendre le temps de jeter un regard sur l'Asie centrale. Il y avait bien, il est vrai, quelques hommes clairvoyants pour signaler le péril auquel on s'exposait de plus en plus par cette « passivité magistrale ». Il y avait un certain nombre d'écrivains compétents, entre autres le colonel Malleson et M. Marvin, dont les articles publiés dans le *Morning-Post* et dans d'autres feuilles quotidiennes auraient à d'autres époques trouvé quelque écho. Mais les esprits étaient tournés vers d'autres objets. Fait étrange néanmoins, et sur lequel nous aurons à revenir : le gouvernement, malgré son inactivité systématique, ne perdait pas de vue l'attitude de la Russie en Asie. Seulement, au lieu de la chercher là où elle était vraiment dangereuse,

on ne la voyait qu'aux portes de l'Afghanistan, d'où
elle était encore tellement éloignée que le prince
Gortschakoff n'avait pas de peine à faire accepter son
désintéressement des affaires afghanes. Lord Clarendon était alors chef du Foreign Office. Pour amener
une entente durable avec le gouvernement de Saint-
Pétersbourg, il proposa au chancelier de constituer
l'Afghanistan en zone neutre. La Russie ne pouvait
être mieux servie par ceux qu'elle avait le plus à
craindre dans ses projets d'empiétement. Il importait
peu, à ce moment, au prince Gortschakoff de souscrire
à des engagements qu'il pourrait toujours rompre
dans l'avenir. En attendant, il obtenait cet avantage,
que l'Angleterre elle-même s'abstenait de toute mainmise sur une partie de l'Asie centrale, où tôt ou tard la
Russie pourrait, dans ces conditions, agir avec toute
liberté. « L'Afghanistan est complètement en dehors de
la sphère où la Russie peut être appelée à exercer son
influence », disait officiellement l'astucieux ministre
russe, et pour donner plus de poids à ce serment de
diplomate, il ajoutait : « La Russie n'a aucune intention de s'avancer plus au sud ». Il accepta donc tout
ce que l'Angleterre voulut par rapport à l'Afghanistan, et dans l'intervalle il continua d'élaborer son plan
d'attaque de Khiva.

Prise de Khiva.

Depuis Pierre le Grand, l'attention des tsars
s'était fixée sur Khiva. La convoitise russe était
si ardente que dès 1716 elle voulut s'assouvir. Le dés-

astre de Bekowitsch l'arrêta, il est vrai, mais sans faire détacher de la proie ces regards avides qui trahissaient l'intention d'agressions futures. Le tsar Paul fit faire en 1731, puis en 1793, l'exploration du khanat par des agents secrets. En 1801, il venait de charger le comte Orloff de reprendre l'expédition de Bekowitsch, lorsque la mort l'arrêta dans ce projet. Alexandre Ier reprit l'idée de son prédécesseur. En 1829, le capitaine Mourawieff recevait l'ordre d'opérer une reconnaissance à l'est de la Caspienne, d'y choisir un emplacement pour l'érection d'un fort et de se rendre ensuite à Khiva. Il y parvint sain et sauf ; mais, à peine arrivé, il fut jeté en prison par ordre du khan, qui ne le mit en liberté qu'après une détention de sept semaines. La présence de l'officier russe dans le khanat avait éveillé les soupçons contre la Russie. Le pillage des caravanes russes démontra la surexcitation des esprits parmi les populations indigènes. L'échec de Perowski en 1839 les encouragea dans leurs hostilités. La Russie semblait, elle-même, avoir renoncé à ses premières intentions de ce côté. Pendant dix-neuf ans, jusqu'en 1858, elle ne donna aucun signe d'antagonisme contre le khanat. Ce fut seulement après la guerre de Crimée qu'elle se sentit plus en mesure de jouer un jeu plus franc. Au moment où elle s'attaquait à Shamyl, elle envoya le général Ignatieff en mission spéciale à Bokhara et à Khiva. Cette mission n'eut pas de résultats. Le khan de Khiva s'obstina à répudier toutes les offres d'amitié du tsar et ne voulut pas s'engager à réprimer le pillage des caravanes.

La Russie médita dès ce moment l'invasion du khanat. Elle s'y prépara comme elle avait fait dans son entreprise contre le Khokand. Elle établit en 1869 une forte station navale fortifiée à Krasnovodk sur la Caspienne, et l'année suivante en créa une autre à Tchikislar à l'embouchure de l'Atrek. Le khan, averti de ces travaux, s'en inquiéta, mais il ne fit aucune concession aux Russes : il se renferma, en dépit de toutes leurs réclamations, dans son refus de recevoir un envoyé russe. En juillet 1872, le général russe Markozoff fut envoyé avec un corps expéditionnaire dans le khanat. Les Turcomans l'obligèrent à battre honteusement en retraite. La Russie, pour réparer cet échec, organisa une nouvelle expédition plus nombreuse, et en confia le commandement au général Kaufmann, le vainqueur de Samarkand.

Mais, cette fois, l'Angleterre avait les yeux ouverts. Il fallait habilement aller au-devant de ses objections et lui donner de nouvelles assurances diplomatiques. Le comte Schouwaloff, qui était alors *persona grata* à la cour de Saint-Pétersbourg et à la cour de Saint-James, fut envoyé à Londres avec des instructions confidentielles. Il eut une conférence avec lord Granville, et déclara, au nom du tsar, que la Russie ne cessait d'être animée des meilleurs sentiments d'amitié à l'égard de l'Angleterre, et que la situation des Russes dans l'Asie centrale n'était pas de nature à affecter la bonne entente des deux puissances. Il ajouta que l'expédition de Khiva, rendue nécessaire par les événements, n'avait pour objet que de réprimer et de punir des actes de brigandage, de délivrer cinquante sujets russes retenus en captivité, et de faire sentir au khan que la modération du tsar avait des bornes. Il affirmait que *l'empereur n'avait aucune intention de prendre possession de Khiva, que des ordres positifs avaient été donnés dans ce sens, et qu'il ne serait pas même question d'une occupation prolongée de Khiva* (1). Pour prouver le peu d'appréhension que devait inspirer cette expédition au cabinet de Londres, il fit remarquer que la Russie ne mobiliserait à cet effet que quatre bataillons et demi.

Lord Granville répondit à l'ambassadeur du tsar que si l'expédition de Khiva s'accomplissait dans le but et dans les limites indiqués par la Russie, l'Angleterre, désireuse de maintenir la paix entre les deux nations, n'y ferait point obstacle. Le général Kaufmann reçut aussitôt l'ordre de commencer les opérations. Mais, au lieu de quatre bataillons et demi, le corps expédi- tionnaire sous ses ordres comprit cinq colonnes formant ensemble 12,000 hommes détachés des garnisons d'O- renbourg, de Tchikislar, d'Alexandrowsky et de Ka- zala. L'armée russe marcha sans délai sur Khiva. La campagne offrait de si grandes difficultés qu'elle eût avorté sans une trahison semblable à celle du Trachi- nien Ephialtes, qui montra aux Perses le sentier de travers de Monopati par où Hydarnes surprit les Ther- mopyles. La colonne russe de Tchikislar faillit avoir le sort de l'expédition de Markozoff et fut forcée de se replier sur l'Igly ; deux autres colonnes, dont l'une était commandée par le général Kaufmann lui-même,

---

(1) BLUE BOOK, *Central Asia.* Lettre de Lord Granville à Lord Loftus; 8 janv. 1873.

se trouvèrent, après avoir effectué leur jonction, au cœur d'un désert de sable, sans provisions, sans eau et sans transports. Les Russes ne durent leur salut qu'à un mendiant kirghiz, qui leur découvrit l'existence, dans le voisinage, de plusieurs puits contenant de l'eau en abondance. Les deux dernières colonnes, conduites par le général Verëvkin, atteignirent Khiva et prirent la ville d'assaut. Le khan devint vassal du tsar, et tout le territoire du khanat sur la rive droite de l'Amou-Daria fut annexé à l'empire de Russie.

Il est certain que ce *fait d'armes* constituait une violation des engagements pris à Londres par le comte Schouwaloff. Mais telle était ou la longanimité ou l'incurie de lord Granville qu'il ne trouva pas la moindre critique à opposer à cette preuve manifeste de ce que l'on pouvait tout au moins, dans le langage le plus courtois, qualifier de *versatilité* de la diplomatie russe (1). Le cabinet anglais fut, il est vrai, interpellé sur ce point au Parlement; mais le secrétaire d'Etat du Foreign Office se refusa à examiner de près jusqu'à quel point l'annexion de Khiva était strictement d'accord avec les assurances données précédemment par le gouvernement russe. Il se borna simplement à écrire au chancelier russe « qu'il était désirable d'arriver à une entente nette et franche entre les deux cabinets au sujet des positions respectives de la Russie et de l'Angleterre dans l'Asie centrale ». Et le prince Gorts-

______

(1) « Lorsqu'un souverain ambitieux a franchi les bornes de l'équité, il est permis de dire que son gouvernement n'a plus que des principes versatiles. » JACOBI.

chakoff se hâta de répondre à cette ouverture confiden-
tielle, avec une déférence ironique, *qu'il partageait les
vues de lord Granville !* En attendant, le fait accompli, ratifié par la tolérance ou la faiblesse anglaise,
assurait à la Russie la possession du milieu de la
courbe qui menaçait la frontière de l'Inde. A gauche,
la Russie avait maintenant pour ligne d'opération le
cours de l'Amou-Daria et pour base Samarkand ; à
droite, sa base était la Caspienne, d'où l'on pouvait
ramper le long de la frontière septentrionale de la
Perse et atteindre les Turcomans du désert. Entre les
deux bras et comme point de jonction, était Khiva,
d'où l'on n'avait plus qu'à jalonner la route de Merv
et de Sarakhs.

Pour tout observateur attentif, il était désormais
manifeste que la Russie tendait vers les portes de l'Inde,
c'est-à-dire vers Caboul et Hérat. Tous ses mouvements, depuis la guerre de Crimée et auparavant,
n'avaient été dirigés que vers ce double objectif. D'un
côté elle était partie d'Orenbourg et avait successivement englobé les tribus des Kirghiz, les khanats
de Khokand, de Bokhara et de Khiva. Ici, elle faisait
halte pour le moment, et n'allait plus s'occuper, de
l'autre côté, que de l'approche de Hérat, en activant le
mouvement parti de la Caspienne. Elle savait
d'avance que cette dernière route devait la conduire,
plus aisément que l'autre, au cœur de l'Afghanistan,
mais elle avait dû aplanir la première, et en assurer
la sécurité pour ne pas être inquiétée par les populations de la steppe dans sa nouvelle marche, qui allait
être, cette fois, plus rapide et plus décisive. A Lon-

dres, une erreur qui n'a pas encore cessé d'exister favorisait cette stratégie russe. On avait bien les yeux sur les corps d'armée concentrés à Samarkand et à Tashkend, on les surveillait avec soin ; mais l'on se disait qu'après tout la frontière afghane du nord était à l'abri, et que la capitale de l'émir afghan avait pour barrière en quelque sorte infranchissable la chaîne de l'Hindou-Koh, haute de 15,000 à 20,000 pieds. On oubliait et l'on perdait de vue que de la Caspienne à Hérat il n'y avait aucun obstacle de ce genre, et que de Krasnovodsk à Quetta, un général russe pouvait, sans le moindre mal, arriver en calèche à quatre chevaux jusqu'à l'entrée de l'Inde (1).

Les hommes d'Etat les plus considérables de l'Angleterre encourageaient, d'ailleurs, par leur quiétude cette confiance aussi imprudente qu'aveugle : aucun d'eux ne pouvait admettre la possibilité, à bref délai, de nouveaux coups d'audace et de force. Cependant un conseiller d'Etat russe avait écrit, dès 1876, ces paroles bien significatives : « Il y a plus de deux mille ans, un Alexandre traversait l'Asie en vainqueur ; aujourd'hui un autre Alexandre oblige l'Asie à lui ouvrir ses portes ; sur le palais de Timour, au lieu de l'étendard du Prophète, flotte la bannière russe de Saint-Georges. Tandis que du haut des mosquées la voix du muezzin annonce aux musulmans l'heure de la prière, les tambours russes battent aux champs, et sur les remparts les sentinelles échangent le mot d'ordre : *Slou ouschai!* (Garde à vous !) Qui donc empêchera la Russie d'ac-

____

(1) Ch. Marvin, *The Russians at the Gates of Herrat.*

complir sa mission dans l'Asie centrale qui lui appartient comme l'héritage appartient à l'héritier? Serait-ce l'Angleterre? Les hommes d'Etat anglais assistent aujourd'hui à la marche en avant des Russes avec une entière impassibilité. Ils sont convaincus que les deux nations chargées par la loi providentielle de civiliser l'Asie, doivent y achever pacifiquement leur œuvre l'une à côté de l'autre; ou bien, ils reconnaissent enfin que l'Angleterre est incapable de lutter avec succès contre la Russie (1). »

Paroles arrogantes; mais quelle autorité, quel écho pouvaient avoir de tels avertissements dans un pays où le *leader* de l'opinion disait en souriant: « Je n'ai, quant à moi, aucune crainte au sujet des extensions territoriales de la Russie en Asie, aucune crainte d'aucune espèce. Je suis d'avis que ces craintes ne sont que des craintes de vieille femme (2) »?

(1) H. V. Lankenau, *Das heutige Russland.*
(2) Gladstone, Discours prononcé le 29 novembre 1879.

CHAPITRE II.

LE COUP DE MAIN DE MERV.

Les Tourkmènes.

A l'est de la mer Caspienne et au nord de la Perse et de l'Afghanistan s'étend une steppe immense de 14,500 kilomètres carrés, bornée au nord-est par les possessions de Khiva et de Boukharie. Ce territoire, renfermant une population d'environ un million d'habitants connus sous le nom de *Tourkmènes*, s'appelle la *Tourkménie*, et dans sa partie la plus voisine de la Caspienne, le *Pays trans-caspien*. Comme les Kirghiz, les Tourkmènes se divisent en races ou peuplades (*Khalki*); celles-ci en hordes (*taiffé*), et les hordes en clans ou branches (*tiré*) (1). Parmi ces races, les plus importantes sont les *Tékés*, les *Yomouds*, les *Sarikhs*. Les Tékés se subdivisent en deux grandes branches. L'une, ordinairement désignée sous l'appellation de Tourkmènes de l'Akhal-Téké, occupe l'oasis du Téké; l'autre est établie dans l'oasis de Merv. Tous les Tourkmènes parlent la même langue ; tous sont mahométans sunnites et ont les mêmes coutumes. Au milieu d'eux vivent quelques Persans, des Afghans descendus des

(1) VAMBÉRY, *Voyages d'un faux derviche dans l'Asie centrale.*

anciens prisonniers de guerre, et des Russes occupant les postes fortifiés. Chacune des races, ainsi
groupées dans la steppe, gravite, suivant ses affinités,
qui vers Khiva, vers Bokhara, qui vers la Perse, qui
vers la Russie. Enfants du désert, constamment en
lutte avec les populations des territoires limitrophes,
ils avaient mené, jusqu'en 1872, une vie de brigandage,
justifiant, à leur manière, leurs crimes et leurs rapines
par leurs haines de l'étranger et leurs vendettas de
tribus. Pasteurs comme les Khirgiz, ils s'occupaient
moins de l'élevage de leurs troupeaux que de mettre
à sac les localités voisines de leur région. Fidèles à
leur maxime qu'aucun *giaour* européen ou *chiite*
persan ne pouvait entrer sur leurs terres « autrement
qu'au bout d'une corde », ils dépouillaient les marchands qui s'aventuraient dans la steppe. Presque
tous, ne pouvant, à cause de leurs *raids*, échanger
facilement leurs bestiaux contre les produits de la
terre, se livraient au trafic des esclaves. Malgré leur
communauté de croyance et d'origine, toutes venant
de la presqu'île de Manghyschlak, les diverses peuplades tourkmènes étaient en proie à des dissensions
intestines. Les Yomouds étaient les ennemis mortels des Tékés, et les Tourkmènes de Merv se trouvaient en hostilité constante avec Khiva, Bokhara,
le Turkestan afghan et la Perse, ainsi qu'avec la plupart des tribus de la steppe.

C'étaient avec ces populations farouches et pillardes que la Russie se trouvait face à face depuis la
prise de Khiva. Sa politique à leur égard fut, dès le
début, exactement la même que celle dont elle n'avait

cessé jusqu'alors de faire usage dans l'Asie centrale :
« appliquer les principes du *divide et impera*, en
profitant des antagonismes des tribus et en prenant
pour règle d'affaiblir l'une par l'autre » (1). L'approche des Russes avait, il est vrai, amené un apaisement presque complet dans la steppe. Mais deux
partis y étaient en présence. Les moins belliqueux
des Tourkmènes cherchaient à nouer des relations
amicales avec les conquérants de Khiva, et persua-
dés de l'inanité d'une lutte avec les Cosaques du
tsar blanc, se déclaraient partisans d'un protectorat
de la Russie. Le parti de la guerre, au contraire,
loin de se prêter à ces négociations, continuait ses
incursions, ses rapines et ses actes de brigandage.

En juillet 1873, le général Kaufmann inaugura la
campagne tourkmène par une de ces intrigues fami-
lières aux armes russes dans l'Asie centrale. Sous
prétexte de punir les Yomouds, coupables de nouveaux raids, il leur imposa une amende en espèces
de 300,000 roubles (2). Il savait d'avance que les
Yomouds, n'ayant pour toute ressource que leurs
troupeaux et leurs bestiaux, ne possédaient point
d'argent comptant, et qu'il leur était impossible de
s'en procurer, même en vendant tout leur avoir, y
compris leur blé et les bijoux ou les ornements de
leurs femmes et de leurs filles : dans le désert, il n'y
avait pas d'acheteurs. Bien qu'il eût cette certitude,
il n'accorda que dix jours de grâce pour le paie-

(1) KOSTENKO, *Turkestan* ; GÉNÉRAL PETROUSEVITCH. *Les Turcomans*, ouvrage russe.

(2) COLONEL VENUKOFF, *Revue militaire russe.*

ment de la somme exigée. Du reste, il n'attendit pas même l'expiration du délai. Le major-général Golovatcheff, placé sous ses ordres, s'avança de Khiva sur Hazarat, territoire occupé par les Yomouds, et l'investit avec huit compagnies, huit *sotnias*, et dix canons, dont deux mitrailleuses. Il y eut une bataille acharnée, et, pendant un certain temps, la victoire sembla incliner en faveur des Tourkmènes. Les opérations se prolongèrent pendant six jours dans ces conditions d'indécision. A la fin, les Russes mirent les Yomouds en déroute, les tuèrent ou blessèrent par milliers, leur enlevèrent 9,000 têtes de bétail, mirent le feu à leurs habitations et à leurs magasins d'approvisionnement, et les traitèrent avec un raffinement de cruauté dont l'histoire offre peu d'exemples (1).

Expéditions de Lomakine et de Lazareff.

Pendant les cinq années qui suivirent, la Russie, ne pouvant, sous peine de rencontrer des protestations à Londres, agir ouvertement par les armes, continua de miner la steppe par l'intrigue. Mettant, suivant sa coutume, les peuplades belliqueuses aux prises avec les tribus pacifiques, elle apparut à celles-ci comme une alliée naturelle, prête à les protéger contre leurs voisins. N'avait-elle pas fait avec les Kirghiz la décisive expérience de cette manœuvre ? Un des khans les plus influents de l'Akhal-

(1) Fred. Burnaby, *A Ride to Khiva*, et Schuyler, *Turkestan.*

Téké, Sofi-Khan, lui servait d'ailleurs d'agent officieux. « Tous les ordres que vous nous donnez, écrivait ce chef du parti russophile à l'un des généraux russes, sont toujours acceptés avec déférence, et nous nous empressons de les exécuter sans retard. » Nous verrons bientôt que ces intelligences russes dans la steppe n'étaient pas les seules, et devaient prendre à bref délai un caractère plus significatif.

Sans doute, les Tékés, dans leurs protestations de soumission aux injonctions russes, n'étaient pas de mauvaise foi ; et ils ne faisaient pas la promesse de ne plus inquiéter les caravanes et les *tchabares* (courriers russes) avec l'arrière-pensée de violer ce serment à la première occasion. Mais la Russie, elle, n'était pas à bout de prétextes pour donner une tout autre interprétation à ces auspices pacifiques. Le général russe Lomakine faisait, dès 1876, valoir ces prétextes, en se plaignant des négociations que les Tékés essayaient de nouer avec les Tourkmènes de Merv. En même temps, il exploitait l'animosité de ces derniers contre les Akhal-Tékés pour donner plus d'aliment aux dissensions intestines. Le feu couva si bien sous la cendre que la proclamation de Nour-Verdi-Khan, le chef le plus actif du parti russophile, fut le point de départ de troubles sanglants. Ces désordres donnèrent naissance à la création d'un nouveau parti, qui devint aussitôt très influent et avait pour but de placer les Tékés sous le protectorat de la Perse. Le chef de ce mouvement était Abdoul-Hassan. Celui-ci, accompagné de quarante khans de *tiré* tourkmènes, se rendit à Téhéran, où il reçut d'abord un accueil bienveillant ; mais ses menées ayant éveillé des soupçons, il fut arrêté par ordre du shah et mené à Meschked, pour y être jugé avec les quarante prétendus chefs tourkmènes, qui n'étaient, au vrai, que de simples pâtres.

Les Tourkmènes, frustrés dans leurs espérances d'entente avec la Perse, se retournèrent de nouveau du côté des Russes. Mais le parti russophile perdit presque aussitôt tous ses adhérents, et parmi eux Nour-Verdi, lorsqu'on apprit à Géok-Tépé, centre de l'oasis, que le général Lomakine avait, sans motifs plausibles, pris possession du fort Téké de Kizil-Arvat, à proximité de la frontière sud de la steppe de Kara-Koum. Cet acte d'hostilité provoqua, dès le lendemain, des représailles. Des patrouilles cosaques, envoyées en reconnaissance à quelques verstes du camp russe, furent assaillies par des bandes de Tourkmènes. Des mollahs se répandirent dans les tribus, prêchant l'extermination du petit corps russe. Nour-Verdi-Khan se mettait, cette fois, à la tête des russophobes. Suivi de tous les guerriers de sa peuplade, il tomba sur Lomakine. Nour-Verdi était, de l'aveu même des Russes (1), un des hommes de guerre les plus remarquables de notre siècle : il avait infligé des défaites écrasantes aux Khivans en 1855 et aux Perses en 1861. Lomakine ne put opposer à un ennemi aussi redoutable qu'une résistance inefficace, et, après plusieurs combats

(1) Gén. Annenkoff, *Akhal-Tekinski Oazis i pooti v Indi-you* (L'oasis d'Akhal-Téké et les routes de l'Inde).

incertains, il dut évacuer Kizil-Arvat en désordre, abandonnant ses canons, et se retirer à Krasnovodsk, où il fut assiégé pendant sept semaines.

Les Russes devaient essayer de prendre une prompte revanche de cet échec. En 1878, Lomakine partait de Tchikishlar avec des forces plus nombreuses, et arrivait sans obstacle à Khojam Kala, situé à quelques lieues au sud de Kizil-Arvat. Il y rencontra Nour-Verdi, qui le battit une seconde fois. Les Russes éprouvèrent des pertes considérables dans ce combat et dans celui qui eut lieu, peu après, à Dengli-Tépé. Lomakine fut contraint de se replier sur Tchikishlar.

L'insuccès du général Lomakine était d'autant plus grave qu'il coïncidait avec la rupture du traité de Gandamak et la reprise des hostilités entre les Anglais et les Afghans. L'Angleterre manifestait l'intention de ne plus s'en tenir à la « frontière scientifique » et de s'établir définitivement dans l'Afghanistan. Il fallait donc sans délai frapper un grand coup, en finir avec les Tourkmènes et « noyer leur résistance dans le sang ».

Le général Lazareff, qui venait de se distinguer dans la campagne d'Arménie, parut être l'homme capable de relever le prestige russe si sérieusement atteint. Chargé d'une nouvelle expédition en 1879, il concentra rapidement à Tchikishlar des forces plus importantes que celles qui avaient été mises en ligne auparavant, et s'adjoignit Lomakine.

L'armée russe partit le 18 juin. Lorsqu'elle arriva devant Tchak-î-Atrat, à mi-chemin de Kizil-Arvat,

Lazareff tomba malade et mourut. Lomakine prit le commandement en chef, et exécutant la plan convenu, il s'avança vers Kizil-Arvat, et de là vers Bami, jusqu'à 10 kilomètres environ de Dengli-Tepé, petite redoute occupée par les Tourkmènes. La bataille eut lieu en cet endroit. Elle dura toute la journée. Des deux côtés les pertes furent considérables. Sur 3,024 hommes, les Russes avaient à compter 177 tués et 288 blessés. Le nombre des Tourkmènes mis hors de combat ne pouvait s'évaluer ; mais il était tel que les Akhal-Tékés ne songèrent pas à rester sur leurs positions, quoiqu'ils eussent le dessus. Les soldats russes étaient épuisés ; les cartouches et les munitions manquaient. La journée était si indubitablement un échec pour le général Lomakine qu'il dut immédiatement se retirer sur ses postes de soutien et sa base d'opération. A Saint-Pétersbourg, on ne se trompa point sur la signification de ce mouvement de recul. Pour la seconde fois le général Lomakine laissait humilier le drapeau du tsar et l'orgueil national de la Russie.

« Les Russes avaient jusqu'alors été éblouis par la facilité et la continuité de leurs succès. Ils avaient été habitués à ne rencontrer devant eux que des bandes indisciplinées, des hordes, innombrables peut-être, mais absolument dénuées de cohésion, un ramassis confus d'hommes, de femmes, d'enfants, de chameaux, de bestiaux ; ils n'avaient eu à se mesurer qu'avec des guerriers dont la bravoure individuelle était indéniable, mais qui, mal armés, combattaient chacun pour leur compte, et, mal commandés, donnaient un libre cours à leurs passions vagabondes et à leurs instincts pillards ; ils n'avaient eu affaire qu'à des cavaliers, admirablement montés, mais ne cherchant qu'à ruiner des villages ou à surprendre des caravanes, et s'enfuyant dès qu'on faisait mine de les charger. Ils ne s'attendaient pas à rencontrer dans les Tourkmènes Tékés des adversaires ayant une notion, innée peut-être, mais réelle des véritables principes de l'art de la guerre. Ces adversaires, mieux armés que les autres peuplades, se sentant hors d'état de résister en rase campagne à des troupes régulières, avaient, en inquiétant sans cesse la marche du corps expéditionnaire, réussi à l'attirer peu à peu jusqu'à la position dont la défense avait été préparée à l'avance et organisée avec une rare intelligence, et là ils avaient porté un coup funeste à l'influence russe dans l'Asie centrale (1). »

L'échec de Dengli-Tépé, plus fréquemment désigné dans la suite sous le nom de première bataille de Géok-Tépé, par une erreur qui reste encore accréditée, constituait pour la Russie plus qu'un de ces revers dont une grande nation souffre passagèrement. Les Tourkmènes, qui s'étaient un instant rapprochés des Russes, surtout ceux qui leur étaient déjà soumis, ne pouvaient tarder à se tourner contre eux. Sur l'esprit des populations orientales les coups de la fortune exercent une impression décisive. Mobiles dans leurs attachements, autant qu'elles sont nomades dans leur existence, elles n'ont de

(1) Capitaine Weil, *La Tourkménie et les Tourkmènes.*

respect que pour le droit de la force, et ne se rallient aux puissances qui triomphent, que pour se détacher aussi promptement de celles qui faiblissent. Nous avons vu que les victoires du général Kaufmann dans le khanat de Khiva avaient eu pour effet de faire accueillir les Russes, dans l'oasis d'Akhal-Téké, comme des protecteurs. Les Yomouds avaient fait leur soumission avec un empressement qui pouvait passer pour de l'enthousiasme, et l'on avait vu le moment où Nour-Verdi allait se jeter dans les bras de l'étranger, au mépris de toutes les traditions de la steppe. C'est que l'on croyait alors, dans toutes les peuplades tourkmènes, Tékés, Yomouds, Goklanes, Erssares, Tchodores, Solores, Sarikhs, avoir devant soi une de ces races européennes marquées d'un sceau de supériorité évidente et désignées par la fatalité pour commander aux autres. L'ébranlement produit dans tout l'Orient par la chute de Samarkand avait été ressenti jusqu'au cœur de la steppe, et Sofi-Khan n'avait pas hésité à déclarer au général Lomakine lui-même, cinq ans avant Dengli-Tépé, que « la sécurité n'était possible pour la Tourkménie que grâce à l'intervention et au protectorat des Russes ». Aujourd'hui, ce même général Lomakine, ces mêmes Cosaques devant lesquels on s'était incliné en tremblant, étaient dépouillés de leur pouvoir de fascination ; on les avait vus fuir, on avait assisté à leur désarroi, à leur effarement, à leur déroute, et l'on commençait à caresser l'espoir de les refouler au delà du lac d'Aral, au delà de la mer Caspienne, dans leurs montagnes de l'Oural et du Caucase.

La Russie, de son côté, ne pouvait se défendre d'un mouvement de crainte. La mise en discussion et en doute de son invincibilité, jusqu'alors universellement reconnue et redoutée en Asie, devait nécessairement stimuler l'audace et les agressions de ces *alamantschki* (pillards), dont les déprédations avaient, depuis un temps immémorial, répandu la terreur dans le Khorassan et dans tout le Pays transcaspien. Aussi pour tous les généraux russes qui envisageaient la situation froidement, était-il indiscutable que si l'on ne parvenait pas à prendre immédiatement une revanche décisive, si Géok-Tépé ne tombait pas sans délai aux mains des Russes, c'en était fait de Krasnovodsk, de Tchikishlar, de l'empire du tsar dans l'Asie centrale (1).

Géok-Tépé.

Un homme se rencontra, qui réunissait toutes les conditions pour rétablir la fortune en péril de la Russie, et, par un coup d'éclat, rendit aux armes impériales, dont la gloire venait d'être obscurcie, toute leur splendeur : ce fut Skobeleff. Il avait la fougue irrésistible qui passionne les soldats ; le regard intrépide mais sûr, qui, en affrontant l'obstacle, le mesure ; la trempe de génie des grands capitaines qui savent, dans le même instant, voir et vaincre. Chef du parti de la guerre en Russie, il s'était fait, par ses

______

(1) Gén. Annenkoff, ouvr. cité.

exploits, une réputation dont le bruit avait retenti dans toute l'Europe, et il possédait toute la confiance du tsar. Aucun général russe n'avait comme lui cette impétuosité d'élan, cette témérité de bravoure, ce rayonnement du succès, ce fanatisme de l'ambition patriotique, ce passé déjà légendaire, qui transforment la personnalité d'un homme en Orient et le rendent égal à Roustem, le héros épique de l'Iran.

Skobeleff arrivait sur le théâtre de la lutte à un moment fatidique. Tous les regards étaient fixés sur lui dans la steppe, où la nouvelle de sa nomination au commandement en chef de l'expédition russe était parvenue avec la rapidité d'une traînée de poudre. On attendait avec impatience l'heure où il allait en venir aux mains avec Nour-Verdi-Khan, cet autre Roustem qui avait su inspirer aux Tourkmènes un fanatisme plus grand encore que celui des Cosaques pour le vainqueur de Plewna. Aussi, quelle ne fut point l'impression d'effroi produite sur les imaginations orientales, ployées, par la croyance religieuse, sous l'empire du fatalisme, lorsque, au commencement du printemps de 1880, Nour-Verdi-Khan mourut. Les Russes avaient l'avantage, même avant de combattre. Plus expérimentés maintenant dans les guerres du désert qu'en 1879, ils allaient pénétrer dans la steppe avec des troupes plus nombreuses, conduites par le meilleur des généraux dont la Russie pût s'enorgueillir. Les Tourkmènes, au contraire, n'avaient plus pour les commander ce chef irrésistible qui les avait guidés de victoires en victoires et qui avait défait trois nations !

Cependant les deux khans qui avaient succédé à Nour-Verdi en se partageant son autorité, ne cédèrent point à ces alarmes. L'un d'eux, Tekmé, naguère soumis aux Russes, avait appris, dans le camp du général Lomakine, à construire des ouvrages en terre. Mettant à profit cette expérience, il organisa la défense de l'oasis en concentrant à Géok-Tépé, situé au nord de Dengli-Tépé, 40,000 Tékés qu'il abrita derrière un solide rempart. Tandis que les Tourkmènes achevaient ces préparatifs, Skobeleff dressait son plan d'attaque; et la précision de ses vues prouva dans la suite combien il était instruit des complications de la tâche pour laquelle on lui avait donné carte blanche. Il commença par changer sa base, et la transporta de Tchikishlar à Krasnovodsk ou, pour parler plus exactement, à Michaelovsk, petit port situé au fond de la baie de Krasnovodsk. Il se rapprochait ainsi considérablement de l'oasis d'Akhal-Téké, et se trouvait seulement en contact avec les Tourkmènes-Tékés, tandis qu'à Tchikishlar, qui est presque à l'extrême sud de la Caspienne, à l'embouchure de l'Atrek, la proximité des Goklanes était de nature à créer de nouvelles difficultés. Afin de tromper l'ennemi informé par des espions, il se porta d'abord vers Bami, à 290 kilomètres de la Caspienne et à 130 kilomètres de Géok-Tépé. Il fortifia cette position et la couvrit par des retranchements. Puis, comme Wellington à Torres-Vedras, il établit à l'intérieur de ces lignes un dépôt de munitions et de vivres, amené du Volga, du Caucase et de la Perse. En même temps il faisait venir de Bender cent milles de rails qui y avaient été emmagasinés en prévision d'un échec du Congrès de Berlin. Ces rails furent transportés par la Caspienne jusqu'à Michaelovsk et posés dans la direction de Géok-Tépé. A vrai dire, ils ne furent guère utiles dans cette expédition ; mais ils formèrent le point de départ de ce chemin de fer des Indes, qui deviendra bientôt le plus puissant facteur de la grande invasion.

En janvier 1881, toutes ses dispositions achevées, Skobeleff se mit en marche vers Géok-Tépé. La redoute des Tékés n'était pas facile à emporter. L'artillerie russe fut impuissante contre ce formidable boulevard. Il fallut faire un siège en règle. Les travaux durèrent près d'un mois, et coûtèrent aux Russes de grandes pertes ; mais Skobeleff tendait pas à pas vers son but. Couvert par le feu incessant de ses soixante-neuf canons, il parvint à conduire une mine jusque sous les remparts de Géok-Tépé. Il n'y avait plus qu'à ordonner l'attaque. Le général en chef la confia à celui qui avait été jusqu'alors son bras droit et que l'on appelle maintenant en Russie « le Skobeleff de l'avenir ».

Officier d'une valeur éprouvée, écrivain militaire d'une grande supériorité de talent, le général Kouropatkine s'était formé à l'école même de Skobeleff (1).

---

(1) Le général Kouropatkine a fait, lorsqu'il était lieutenant-colonel dans l'armée russe, un voyage en Algérie. Il a laissé d'excellents souvenirs parmi les officiers de l'armée française d'Afrique. Il est l'auteur du remarquable travail sur la Tourkménie et les Tourkmènes, publié dans le *Voïenny Sbornik*, et traduit en français par M. le capitaine Weil.

Il avait fait, sous ses ordres, les campagnes de Khiva et du Khokand ; il s'était trouvé à côté de lui à Plewna. Lorsque Skobeleff fut chargé du commandement en chef de la nouvelle expédition en Tourkménie, il s'était hâté d'appeler Kouropatkine avec un contingent de troupes du Turkestan ; et la marche du jeune général à travers les déserts de sable de l'Asie centrale avait excité l'admiration universelle. D'une bravoure égale à celle de Skobeleff, mais d'un courage que l'on aurait pu appeler plus froid, Kouropatkine était un auxiliaire indispensable pour un général en chef dont la bouillante audace réclamait parfois le correctif du calme et de la circonspection. Doués l'un et l'autre des plus hautes qualités, ils pouvaient, par la différence de leur tempérament respectif, équilibrer les défauts de ces mêmes qualités et accomplir ensemble les plus grandes choses. Le général Kouropatkine dirigeait les travaux techniques du siège, attentif à tout, ne pardonnant aucune faute. Le général Skobeleff inspirait aux soldats une *furia* endiablée qu'il jugeait essentielle en présence de l'ennemi. Assis à l'entrée de la mine, il pressait les sapeurs par la parole et le geste, les embrassant avec effusion, leur versant de l'eau-de-vie à plein verre s'ils achevaient avant l'heure la besogne commencée, les insultant brutalement devant toute l'armée lorsqu'ils étaient en retard.

Enfin le jour de l'assaut arriva. On poussa une tonne de poudre dans la mine, et on fit sauter un pan du rempart. Par la brèche les Russes se ruèrent dans

la place. Il y eut alors un massacre horrible : les soldats russes, farouches et ivres, avaient l'ordre de ne
point faire de quartier. Les Tourkmènes, incapables
de résister, se précipitèrent en flots torrentueux à
travers le désert dans la direction de Merv. L'artillerie les faucha dans leur fuite. A l'intérieur de la
redoute, personne ne fut épargné ; on viola les femmes
avant de les tuer ; on égorgea les enfants ; plusieurs
furent coupés en morceaux ou plantés au bout
des baïonnettes. Le carnage dura jusqu'à la nuit. Le
lendemain, la steppe était jonchée de cadavres
amoncelés. La tuerie continua, et elle ne prit fin
qu'après trois jours d'assouvissement d'une férocité
indescriptible. Skobeleff estima plus tard la perte des
Tourkmènes à 20,000 (1). Les Russes poursuivirent
les fuyards jusqu'à Askabad, capitale des Akhal-
Tékés, à 43 kilomètres de Géok-Tépé. Pendant
ce temps le général Kouropatkine poussait une reconnaissance jusqu'à moitié chemin de Merv. Les
Tourkmènes de cette oasis ne durent, à ce moment,
leur salut qu'à l'épuisement de l'armée russe. Skobeleff n'avait plus à compter que sur 2,000 hommes
accablés de fatigue et sans munitions. Il ajourna l'a-
chèvement de sa conquête et se retira sur la Caspienne ; mais la terreur avait accompli son œuvre. Les
Russes avaient tenu parole : la résistance était noyée
dans le sang. La barrière tourkmène était renversée.
S'ouvrir le chemin jusqu'à la frontière afghane n'était
plus qu'une question de temps.

(1) Ch. MARVIN, *The Russians at the Gates of Herat.*

La prise de Géok-Tépé et d'Askabad eut, à
Saint-Pétersbourg, au point de vue politique, les
mêmes résultats que celle de Khiva. Un oukase
impérial, en date du mois de mai de la même année,
déclara le territoire du Pays transcaspien annexé
à la Russie. A vrai dire, cette annexion ne con-
cernait que l'oasis des Akhal-Tékés. L'indépendance
de la steppe s'affirmait encore par les Sarikhs, établis,
au nombre de 65,000, dans la vallée du Mourg-Ab,
entre Merv et Hérat, par les Turcomans de la vallée
de Tejend, habitant la région située à 48 kilomètres
de Sarakhs, par les Tékés de Merv dont les pâturages s'étendaient dans la vaste oasis de ce nom,
et par quelques autres peuplades, moins importantes. Mais l'absorption de toutes ces tribus et des milliers de lieues carrées qu'elles occupaient était préméditée dès ce moment Il était manifeste, d'ailleurs,
qu'elle pouvait s'achever en peu de temps et peut-
être sans coup férir.

La trame d'Alikhanoff.

Un des plus heureux conquérants des temps modernes, Frédéric II, a émis, cette maxime qu'il n'a cessé
de pratiquer : « les ruses servent mieux à la guerre que
la force ». A Saint-Pétersbourg autant, sinon plus,
qu'à Berlin, la tactique du vainqueur de Rosbach
a fait école. Depuis un siècle et demi, le gouvernement des tsars n'a eu, en somme, qu'une politique :
associer l'intrigue à la violence ; et lorsque celle ci a

cessé d'être utile ou possible, revenir aussitôt à celle-
là, sans jamais interrompre l'œuvre d'invasion,
léguée de règne en règne. Peut-être serait-il plus exact
de dire qu'à toute époque la ruse et la force ont agi
de concert dans ce programme, suivi avec une ténacité invincible, mais que, selon les événements, le
machiavélisme s'est plus ou moins accentué. L'aigle
rampe avant de fondre sur sa proie ; après s'être
abattu sur elle, il rampe encore. Cette double attitude, simultanée ou successive, se retrouve dans tout
le cours de l'histoire récente des Russes en Asie. Elle
caractérise leurs opérations dans les khanats et dans la
steppe tourkmène , leurs rapports avec la Chine
dans l'affaire de Khouldja, leurs manœuvres à la cour
de Téhéran, leurs menées dans l'Afghanistan.

On se rappelle dans quelles conditions l'influence
russe prit pied en Perse et le concours, ouvert ou occulte, qu'elle fournit aux visées des souverains persans sur Hérat. De 1876 à 1880, les bons offices des
ministres du shah à l'égard du gouvernement de Saint-
Pétersbourg se bornèrent à une espèce de passivité,
dictée évidemment par l'incapacité et l'aveuglement
des conseillers de Nasr-Eddin, mais due aussi en partie aux efforts poursuivis par les Anglais pour décider le gouvernement de Téhéran à secouer le joug
moral du tsar. Le désastreux traité de Tourkmantchai,
subi par la Perse en 1820, ne lui avait pas seulement
enlevé une partie du riche littoral de la mer Caspienne,
transformée depuis lors en un véritable lac russe.
Il avait annihilé aussi sa puissance navale et para-
lysé sa puissance militaire. D'autre part, la corrup-

tion administrative, la banqueroute financière, et, comme conséquence naturelle, le dépérissement du commerce avaient progressivement poussé cet empire à la ruine. Tombée au niveau le plus bas que puisse atteindre sans dissolution une nation jadis puissante, la Perse conservait néanmoins une situation fort importante par rapport aux Indes et à la question de l'Asie centrale, au double point de vue politique et stratégique. Seulement, elle était exposée d'une manière permanente à être envahie par les Russes, les Turcs ou les Afghans, elle se trouvait constamment en butte aux incursions des Turcomans, contre lesquels ses expéditions avaient échoué; et, n'ayant point à attendre de l'Angleterre autre chose que des subsides ou de vaines promesses, elle ne pouvait, sous peine d'être absorbée comme les khanats de Khiva et de Boukharie, sortir de sa neutralité. Bien plus, la prudence et la circonspection lui commandaient la plus stricte réserve dans le conflit des Russes avec les Tourkmènes (1).

Cette situation de la Perse explique sa tolérance envers les généraux russes après la victoire de Géok-Tépé. Elle laissa, en effet, impunément fouler son territoire par les colonnes russes, et alla même jusqu'à livrer à Skobeleff ceux des fuyards tourkmènes qui avaient cherché un refuge chez elle en franchissant ses limites. Elle restait une masse inerte, se modelant au gré de son puissant voisin, et il était hors de doute que

(1) Col. Baker, *Clouds in the East, Travels and adventures on the Perso-Turcoman frontiers.*

la Russie n'avait plus à s'inquiéter d'elle dans les mouvements qu'on allait faire en deçà ou au delà d'Askabad : la Perse ferait mine de ne pas s'en apercevoir, et le service rendu serait quelque jour reconnu par une compensation territoriale, accentuant la dépendance du shah et facilitant l'établissement ultérieur de la suzeraineté du tsar.

Grâce à cette complicité du gouvernement de Téhéran, les projets russes sur les peuplades encore libres de la Tourkménie se trouvaient singulièrement facilités. La tribu voisine du Tejend, composée en grande partie de Sarikhs, alla d'elle-même au-devant de ces intentions. Terrifiée par l'écrasement des Akhal-Tékés, elle vint faire sa soumission le lendemain de la victoire russe. Nous avons vu que le Tejend n'est en réalité que le prolongement du Hari-Roud, après la jonction de ce dernier avec le Keshef-Roud, à Poul-î-Khatoun. L'annexion des Sarikhs rapprochait ainsi les postes russes de Sarakhs, qui n'était plus qu'à 48 kilomètres de distance, et pouvait fournir éventuellement l'avantage d'une route fluviale, sinon navigable jusqu'à Hérat, au moins fort utile pour les approvisionnements d'eau d'une armée en marche. Nous verrons plus loin quel autre bénéfice la Russie devait tirer de cette enclave de l'oasis de Tejend.

Les choses en étaient là depuis trois ans, et personne ne prêtait plus la moindre attention en Europe aux positions des Russes dans l'Asie centrale, lorsqu'un matin de janvier 1884, tandis que tous les yeux étaient tournés vers l'Egypte et le Soudan, un télégramme de quatre lignes apporta la nouvelle

stupéfiante que le général Komaroff avait pris la forteresse de Merv, et que le major Alikhanoff était
nommé gouverneur de cette place.

Voici ce qui s'était passé :

On sait déjà que les Tourkmènes-Tékés formaient
deux groupes, et que celui de l'oasis de Merv était
demeuré indépendant après la sujétion de l'oasis
de l'Akhal-Téké. Or, Merv était, à tous égards, une
position stratégique beaucoup plus invincible pour
les Russes que Géok-Tépé. Province persane, il y a
un peu plus de cent ans, l'oasis de Merv avait en 1784
été prise, après trois années de luttes acharnées,
par l'émir de Bokhara, qui en avait transporté
les habitants dans son khanat. Dix ans plus tard,
une tribu tourkmène de Sarikhs s'était établie à
Merv, et elle en avait été chassée en 1834 par les
Tékés. Séparé des possessions de Khiva, de Bokhara, de l'Afghanistan et de la Perse par des déserts
de plusieurs centaines de verstes d'étendue, Merv constituait le point central des steppes de la Tourkménie.

L'oasis figure un quadrilatère presque régulier
mesurant une superficie de 2,576 kilomètres carrés.
Les eaux du Mourg-ab, retenues par l'immense
digue de Kaushid-Khan, la séparent en deux parties à peu près égales : l'une allant du nord à l'est,
l'autre du sud à l'ouest, et se répandent dans deux
canaux, l'Otamish et le Tokhtamish, qui se déversent
dans des centaines d'artères. Grâce à ces conditions
exceptionnelles d'irrigation, l'oasis est parsemée
d'immenses jardins et de champs cultivés où croissent en abondance le blé, le sorgho, le sésame, le

riz, le coton et l'orge. La population totale de l'oasis dépassait en 1880 le chiffre de 200,000 âmes. Presque exclusivement agricole ou pastorale, elle s'adonnait peu à l'industrie. Elle était subdivisée en quatre branches ou tribus, ayant à leur tête des khans qui étaient constamment en lutte. Merv était défendue par une forteresse autrefois en ruines, mais successivement réparée après la chute de Khiva et après la prise de Géok-Tépé. Cette forteresse avait la forme d'un triangle isocèle. Les murs mesuraient environ 8 kilomètres de circuit. Le rempart avait 80 pieds d'élévation, avec un parapet de 35 pieds de haut. Des deux côtés, à l'intérieur et à l'extérieur, le mur était protégé par une large excavation peu profonde. L'enceinte de cette citadelle renfermait l'aoul d'Anna Mourad-Chepek comprenant 300 kibitkas (tentes). Trente canons de divers calibres et deux mortiers constituaient toute l'artillerie, en grande partie hors d'usage.

Le général Skobeleff n'avait que des renseignements incertains sur les conditions militaires de Merv. Avant de tenter un coup de main sur l'oasis, il lui importait de savoir si la résistance à laquelle il pouvait se heurter devait ressembler à celle de Géok-Tépé. Secrètement il espérait s'en rendre maître par un stratagème. Il y avait, à ce moment, dans l'armée russe d'Askabad un de ces hommes qui, en des mains habiles, deviennent des instruments puissants. Il était originaire du Daghestan (province du Caucase) et s'appelait Ali-khan. Comme la plupart des Asiatiques sujets du tsar, il avait russifié son nom, en y ajou-

tant une terminaison slave : Ali-Khan s'était changé
en Alikhanoff. Il était entré tout jeune dans l'armée
russe, avait servi sous Skobeleff dans l'expédition
de Khiva et était arrivé rapidement au grade de capitaine ; puis il avait été désigné comme aide de camp
du grand-duc Michel, vice-roi du Caucase. Une querelle avec un de ses supérieurs qu'il provoqua en
duel, l'avait fait traduire devant un conseil de guerre ;
il avait été cassé, privé de ses décorations et envoyé comme simple soldat dans une compagnie de
discipline. Il demanda et obtint l'autorisation d'entrer
dans le corps expéditionnaire du général Lazareff.
Il se distingua dans cette campagne, et s'éleva
bientôt au plus haut grade que pouvait avoir un
officier sans brevet. Après l'échec de Lomakine
à Dengli-Tépé, il avait été rejeté dans Tchikishlar
avec la colonne russe en déroute. Il avait ensuite
assisté à la prise de Géok-Tépé et s'était fait remarqué du général en chef. Skobeleff devina d'un regard
le parti qu'il pouvait tirer de cet officier encore
jeune, brave, habile, instruit, maniant avec talent la
plume et le crayon, et parlant couramment la langue des Tourkmènes. Bientôt il put se persuader
qu'il avait affaire à un homme admirablement doué
pour un coup de main.

Alikhanoff fut choisi pour pénétrer dans Merv,
et y lever le plan de la forteresse et de l'oasis. Déjà
les Russes avaient un agent secret dans la place : Fazil-
Beg, khivan devenu sujet russe, venait fréquemment
de Merv à Askabad, et lorsqu'il retournait dans l'oasis,
il engageait tous les Tékés qu'il rencontrait à visiter

le nouveau bazar érigé par les Russes dans Askabad. Le bazar n'est pas seulement un marché ; c'est un centre de rapprochement. Les Russes ne l'ignoraient point, et en y attirant les marchands et les acheteurs de Merv, ils trouvaient l'occasion de se montrer bienveillants envers eux et de capter leur confiance. Du reste, cette influence commençait à s'exercer d'elle-même. Un des deux khans qui avaient commandé la défense de Géok-Tépé, était revenu de Saint-Pétersbourg, où il avait été envoyé après sa reddition, et il parlait avec enthousiasme de la magnificence de cette capitale du tsar blanc.

Pour faciliter l'entreprise d'Alikhanoff, on organisa une caravane, sous le commandement d'un marchand arménien, appelé Kosikh, et très connu à Merv par beaucoup de Tékés qui avaient fait des affaires avec lui à Askabad. Alikhanoff devait servir d'interprète. On lui adjoignit un jeune officier de Cosaques, M. Sokoloff, et tous deux jouèrent le rôle de commis du marchand. La caravane quitta Askabad au commencement de février 1882. Elle se composait de quelques chameaux et était escortée par une demi-douzaine de cavaliers turcomans bien armés. La distance d'Askabad à Merv est de 373 kilomètres. On la parcourt en six jours de marche. Fazil-Beg prit les devants afin d'assurer la sauvegarde de la caravane à son arrivée à Merv. Chemin faisant, Alikhanoff levait avec le plus grand soin le plan du pays, en explorant tous les endroits jusqu'alors inconnus. On entra dans Merv à la nuit et l'on campa au milieu des Tékés, sans qu'aucun d'eux se

doutât de la ruse. Mais le lendemain les choses avaient
changé de face; les soupçons étaient éveillés; les
Tékés se montraient irrités et ils auraient fait un
mauvais parti à la caravane sans l'intervention des
chefs de l'oasis. Ceux-ci ne pouvant contenir l'émotion générale et craignant une expulsion immédiate
et brutale des intrus, les firent comparaître devant
une assemblée des khans et des anciens.

Alikhanoff s'acquitta de son rôle avec un merveilleux sang-froid. Dans un petit discours débité sans
sourciller, il expliqua que son maître était un riche
marchand russe, jouissant d'une grande faveur auprès
des autorités et chargé par eux à ce titre de donner
le *salaam* (bonjour) au peuple de Merv. « Désireux
d'établir des relations de commerce avec les habitants
de l'oasis, il était venu lui-même voir sur les lieux
ce qu'il pouvait leur vendre ou acheter. Il n'avait
pas d'autre dessein. » Un vieillard, peu satisfait
de ces paroles, fit observer que le commerce était
assurément une bonne chose, mais que les chefs ne
pouvaient protéger la caravane contre les voies de
fait de certains individus malintentionnés. Il valait
mieux, suivant lui, pour les voyageurs, retourner à
Askabad et y attendre les délégués de l'oasis. Avec
eux on pourrait convenir librement de l'entente des
deux peuples.

Alikhanoff ne se laissa pas déconcerter. « Nous
sommes des marchands, dit-il, rien que des marchands; nous n'avons pas qualité pour discuter
sur l'alliance ou non des Russes et des Merviens.
Les deux peuples vivent en paix aujourd'hui. Les

marchands merviens sont accueillis sans obstacle dansle bazar d'Askabad. Si vous défendez l'accès de l'oasis aux marchands russes, tout en y laissant venir librement ceux de Bokhara, de Khiva, de la Perse et d'Afghanistan, vous vous ferez fermer à vous-mêmes Askabad et les marchés russes. A ce jeu vous perdrez plus que nous ; car enfin votre marché de Merv n'a pour nous qu'une importance secondaire, et nous n'aurons aucune peine à porter nos marchandises ailleurs. » On lui répondit qu'à Merv la caravane pouvait être attaquée par des *kaltamans* (voleurs). « Nous ne les craignons pas, répliqua-t-il froidement, nous avons des armes et une escorte. » Bref, après un nouvel échange d'objections, le conseil décida que la caravane séjournerait quelque temps à Merv, assisterait à deux ou trois marchés, et retournerait ensuite à Askabad avec les délégués de l'oasis.

Les Russes passèrent quinze jours à Merv. Pendant tout ce temps, Alikhanoff se conciliait le plus de relations possible, intriguant partout, poursuivant sans cesse son but véritable. Déguisé en Turcoman, il explora l'oasis en tous sens. Levé dès l'aube, il prenait, à l'insu de tout le monde, le plan de la citadelle. Le jour il avait de longues entrevues avec Makdoum-Kouli, l'un des khans qui avait commandé à Géok-Tépé, et qui était, à ce moment même, l'âme de la défense de Merv. Il lui parlait de la grandeur de l'empire russe, de la puissance du tsar blanc, des avantages que pouvait assurer aux Merviens une alliance avec ce souverain, dont la splendeur allait se manifester prochaine-

ment avec un éclat nouveau, à l'occasion du couronnement. Il décida Makdoum-Kouli à assister aux fêtes
de Moscou et réussit par ce départ du khan à priver
momentanément l'oasis de son principal défenseur.
Lorsque le chef Téké revint à Merv, il était vaincu
par l'éblouissement. Vêtu d'un superbe uniforme
russe, chargé de présents, il rentrait dans l'oasis
émerveillé de la gloire du tsar, de la magnificence
de sa cour, de ses largesses, et ses descriptions
étaient si pompeuses et si séduisantes, que plus d'un
parmi les chefs manifesta le désir de voir et de servir un maître aussi généreux (1).

La première partie de la mission secrète d'Alikhanoff
pouvait s'arrêter là. Il reprit le chemin d'Askabad.
Désormais la Russie était en possession de tous les
renseignements nécessaires pour bien ourdir sa
trame. Elle savait par le détail les points forts et les
points vulnérables de l'oasis ; elle y avait des intelligences , presque des alliés, et le parti de la
guerre parmi les Merviens décroissait graduellement en nombre. Il ne restait plus qu'à préparer
le coup de main ou, si on le jugeait préférable, à en
attendre l'occasion. Comme toujours, ce furent les
tribus elles-mêmes qui l'offrirent. Il est à remarquer que jusqu'alors les Tourkmènes de Merv ne
présentaient aucun danger pour les caravanes russes ;
non seulement celles-ci pouvaient traverser maintenant le désert d'Askabad à Khiva sans avoir à craindre

____

(1) Cⁿ. Marvin, *The Russians at the Gates of Herat* ; *The
Russians at Merv and Herat.*

d'être inquiétées par les pillards, mais il devenait de plus en plus notoire que les chasseurs d'hommes de la steppe asiatique, trouvant sans doute que le commerce des esclaves n'allait plus, revenaient presque tous à la vie paisible des populations pastorales et industrielles.

Il y avait, il est vrai, de temps à autre, quelque incursion des Tékés sur le territoire persan de l'oasis d'Atak, voisin de la frontière russe; mais l'indolence du gouvernement persan ne s'en émouvait point. L'oasis d'Atak appartenait intégralement aux possessions du shah, et c'était à lui qu'en appelaient les tribus victimes des déprédations des Merviens. Si la Perse restait sourde à ces réclamatiós, cette indifférence ne pouvait être interprétée comme un abandon de ses droits. Les autorités russes d'Askabad virent tout de suite le parti qu'elles pouvaient tirer de cette situation. Elles n'oubliaient pas que la prise de Géok-Tépé et d'Askabad même était due en définitive à des querelles entre tribus, et plus que jamais elles avaient hâte de mettre en pratique le système séculaire des tsars : *Divide et impera.*

L'aigle rampa une fois de plus avant de déployer ses ailes. A partir du printemps de 1883, on mobilisa, de tous les points des possessions asiatiques de la Russie, des corps de troupes, collectivement nombreux, mais séparément trop faibles pour éveiller les soupçons des indigènes ou ceux de l'Angleterre. Des détachements partirent de Samarkand et d'autres garnisons du Turkestan et se concentrèrent à Khiva. Le général Komaroff, alors gouverneur d'Askabad, construisit un fort sur le Tejend et y établit des régiments et des sotnias de Cosaques. Sous prétexte d'opérer des reconnaissances dans les environs, les troupes russes se rapprochaient de Merv; sauf à se retirer anssitôt pour ne pas froisser les susceptibilités locales.

Dès que l'on fut sûr du terrain et des forces, on rompit en visière avec la Perse. Le général Komaroff signifia aux autorités persanes que tous les griefs contre les Merviens devaient être dorénavant soumis aux autorités d'Askabad. C'était de la part des Russes s'immiscer directement dans les affaires de Merv et se ménager le moyen de faire excuser à Londres une attaque ouverte contre cette oasis.

Au commencement de 1884, l'imbroglio égyptien et l'incendie allumé dans le Soudan par le Mahdi prirent des proportions si inquiétantes pour le cabinet de Downing-Street qu'il faillit succomber à la tâche. A aucune époque l'Angleterre n'avait été simultanément lancée dans des embarras plus complexes et plus périlleux. Baker-Pacha venait de partir pour débloquer Sinkat ; Gordon se mettait en route pour Khartoum. Toute l'Europe voyait déjà clairement quelle devait être la fin de cette campagne si peu stratégiquement menée contre les milliers de fanatiques groupés autour du faux prophète. Un mur de feu se dressait devant les Anglais, et pour le percer, ce n'était pas assez d'employer toutes leurs forces.

Les combinaisons occultes de la Russie étaient arrivées à maturité. Les troupes appelées du Turkestan et du Pays transcaspien étaient prêtes. Le coup pouvait être porté ; il n'y avait plus qu'à en donner le signal. De prétexte en avait-on bien besoin, et que pouvait l'Angleterre contre la Russie à ce moment même ? D'ailleurs le premier prétexte venu pouvait suffire. On le trouva dès que l'on voulut. Quelques cavaliers Tékés enlevèrent des bestiaux sur le territoire d'Atak. La Perse, toujours servile, en déféra au général Komaroff. L'affaire n'était pas instruite à Askabad, que déjà la population d'Atak l'avait réglée elle-même en se payant de représailles. Mais le prétexte restait debout, et on ne se fit faute de l'exploiter.

Alikhanoff partit pour Merv, muni d'instructions du général Komaroff. Il était accompagné de quelques cavaliers et de Makdoum-Kouli-Khan. Arrivé dans l'oasis, il convoqua le peuple et lui donna lecture d'un ultimatum du général, russe. Cet ultimatum était court et catégorique. Il exigeait la soumission immédiate de l'oasis. Pour bien faire comprendre aux habitants de Merv la signification impérative de cette sommation, Alikhanoff appuya sa déclaration d'un geste d'autorité. Du doigt il montra à l'horizon le fort de Tejend, et il annonça que les forces concentrées sur ce point n'étaient que l'avant-garde de la grande armée russe en marche sur l'oasis.

La trahison de Makdoum-Khouli-Khan, la défection de beaucoup d'autres chefs, la faiblesse du parti de la guerre ne laissaient aux anciens de Merv point d'alternative. Ils apposèrent leur signature sur le parchemin tout prêt qu'Alikhanoff avait sur lui et élurent une députation qui se rendit à Askabad. Elle se composait des quatre khans ou chefs et de

vingt-quatre notables. Tous prêtèrent entre les mains
du général Komaroff serment de fidélité au tsar blanc
(6 février 1884). La cérémonie achevée, le général
russe fit un petit discours, parla de la protection que
le tsar accorderait aux intérêts des populations soumises, et afin de leur en donner une première preuve, il
annonça qu'il avait télégraphié au shah pour obtenir la
restitution des chameaux enlevés par les tribus de
l'Atak en signe de représailles, et que le shah venait de
lui adresser un message acquiesçant à cette demande.
On comprend facilement l'impression produite par
ces paroles sur l'esprit des Merviens. « Il était manifeste que le général russe n'avait qu'à écrire au
shah pour lui dicter sa volonté. »

Le dénouement de cette comédie était indiqué d'a-
vance. Le général Komaroff résolut de se rendre en
personne à Merv. Il alla chercher sa garde d'honneur au fort de Tejend, et la garnison tout
entière de cette place l'accompagna. La garde d'honneur était une armée. La députation mervienne pré-
cédait les Russes. Lorsqu'elle arriva dans l'oasis, il
y eut une émeute. Le parti de la guerre, dirigé par
Khadjar-Khan, menaça de massacrer quiconque rati-
fierait l'engagement pris par les anciens. Mais la
résistance ne pouvait être qu'illusoire. Merv était
cerné de trois côtés par les Russes; du quatrième par
les Sarikhs, ennemis mortels des Tékés. Pour toute
défense l'oasis avait son rempart de terre, où la popu
lation entière pouvait au besoin s'abriter. On n'eut
pas le temps de s'y rassembler avant l'arrivée des
Russes. Il était trop tard. Alikhanoff venait de péné-

trer dans l'oasis avec une sotnia de Cosaques et campait à 19 kilomètres de la forteresse. A la nuit noire, Khadjar-Khan avec quelques milliers de cavaliers attaqua le camp russe. Il fut repoussé avec de fortes pertes. Le lendemain les Russes occupèrent la citadelle sans coup férir. Khdajar-Khan s'était enfui sur le territoire afghan.

Le coup de main de Merv était accompli. Komaroff reçut l'ordre de l'Aigle Blanc, Makdoum-Kouli fut nommé chef de l'oasis de Tejend ; Alikhanoff, élevé au rang de major et remis en possession de toutes ses décorations, devint gouverneur de Merv. Quant aux Merviens, pour les occuper, on les força à démolir sans délai leur citadelle et à en bâtir une autre, sous les yeux des officiers russes, et d'après les principes de l'art militaire européen.

CHAPITRE III.

LE PLAN DE SKOBELEFF.

Visées de la Russie sur l'Inde.

Pour certains écrivains militaires de la Russie (1), la marche en avant des armées du tsar dans l'Asie centrale n'est pas une œuvre de conquête préméditée et conduite avec cette constance opiniâtre qui, suivant le mot de Louis XIV, ne consiste pas à faire toujours les mêmes choses, mais celles qui tendent à la même fin. « Nous obéissons, disent-ils, à une loi inéluctable, et en dépit de la tendance du gouvernement à s'opposer à tout nouveau mouvement dans la direction de l'Orient, nous sommes entraînés. Ce n'est pas le chef de l'empire, c'est l'opinion qui nous mène, et par la force inscrutable du destin, c'est elle qui nous pousse toujours plus loin. Il en résulte que chaque année. chaque mois même, nous nous rapprochons de l'Inde anglaise, et que le moment arrivera où ce rapprochement sera définitivement accompli, soit par le succès des armes, soit par les voies pacifiques du progrès. » Les mêmes écrivains ajoutent: « La Russie ne désire

____

(1) GÉN. ANNENKOFF, *Akhal Tekinski Oazis i pooti v Indiyou.*

pas un conflit avec l'Angleterre. Non seulement elle croit possible de l'éviter, mais elle le juge préjudiciable aux intérêts des deux puissances européennes ».

Ce langage conciliant se retrouve dans toute la correspondance diplomatique du prince Gorstchakoff avec les secrétaires d'Etat du Foreign Office de Londres. Il est résumé dans la phrase vingt fois répétée par le chancelier russe : « En reculant nos limites, nous ne faisons que des rectifications nécessaires ». Il concorde peu toutefois avec les faits, et il est démenti en termes explicites par des publicistes russes, dont l'autorité en matière politique est aussi grande que celle des généraux, mais dont le jugement est moins enchaîné par les attaches officielles ou officieuses. « La Russie, déclarent ces publicistes, doit avoir les mains libres et elle les a. Qu'elle veuille avancer ou reculer, établir des garnisons, des agents, des résidents, opérer des annexions, effectuer des protectorats, elle fait comme elle l'entend et ne prend conseil que de ses intérêts. Elle en a assez de donner des assurances à l'Angleterre, chaque fois que celle-ci s'émeut de ses empiètements. On n'arrête pas la marée montante, même par un oukase impérial. Les événements sont plus forts que l'autocratie des empereurs (1). »

Quelque catégoriques ou quelque violentes que soient ces dernières paroles, lorsqu'on les oppose

______

(1) Mad. Olga de Novikoff, articles publiés dans le *Pall Mall Gazette.*

à celles que nous avons citées plus haut, il est facile de reconnaître qu'au fond les unes et les autres ont un sens identique. Si elles diffèrent par le ton, c'est qu'elles n'ont pas été écrites à la même date et qu'elles n'ont pas été inspirées par les mêmes circonstances. Il ne faut, en effet, pas perdre de vue que les armées russes, chaque fois qu'elles ont reculé la borne de l'empire asiatique du tsar, ont en même temps déplacé le pivot de la question de l'Asie centrale. Les conclusions formulées la veille de la guerre de Crimée n'avaient plus de raison d'être le lendemain de l'expropriation *manu militari* des khanats du Turkestan. Ce qui était logique, au point de vue du raisonnement, avant la prise de Géok-Tépé et avant le coup de main de Merv, cessait de l'être après l'accomplissement de ces faits. Quand les conditions du problème changent, il est impossible que la solution reste la même.

Or, l'occupation de Merv a modifié la situation réciproque de la Russie et de l'Angleterre sur le grand plateau de l'Asie centrale de telle façon que le masque des choses tombe aujourd'hui de lui-même. M. de Giers, qui a succédé au prince Gortschakoff, ne convaincrait plus, même les naïfs et les crédules, par ces phrases de son prédécesseur : « La Russie n'a aucune intention d'aller plus loin au sud ; l'Afghanistan est en dehors de la sphère d'influence russe. Qui dit extension de territoire dit extension de faiblesse ». Désormais personne au monde n'escompterait cette foi, donnée avec d'autant plus d'empressement qu'on se préparait, à chaque reprise, à la violer. On peut donc, une fois pour toutes, envisager la vérité de face, maintenant qu'elle a dépouillé tous ses voiles, et examiner le plan que va suivre la Russie dans sa politique de demain. Ce plan est connu, il porte le nom de son auteur, et il n'est pas, que nous sachions, abandonné.

Il remonte à 1876. Ce fut le général Skobeleff, alors gouverneur du Ferghana, partie du Turkestan la plus voisine de l'Inde, qui l'envoya au général Kaufmann. Nous le résumons brièvement :

« Tous les hommes compétents qui se sont occupés de la position de l'Angleterre dans l'Inde s'accordent à reconnaître qu'elle a un caractère absolu d'instabilité ; les Anglais ne se maintiennent que par la force des armes. Les troupes européennes sont à peine suffisantes à assurer l'État ; quant aux troupes indigènes, elles n'inspirent pas la moindre confiance. Tous les hommes qui ont envisagé la possibilité d'une invasion de l'Inde par la Russie, déclarent qu'il serait seulement nécessaire de pénétrer sur un seul point du territoire indien, pour provoquer un soulèvement général ; une seule défaite des Anglais sur la frontière de leurs possessions pourrait amener une révolution jusque dans la métropole. Dans ces vingt dernières années, une série de circonstances a resserré les liens qui unissent l'Angleterre à ses possessions des Indes. En un mot, *la chute du pouvoir britannique dans l'Inde serait le commencement de la chute de l'Angleterre.* Dans le cas d'un insuccès complet de notre part, c'est-à-dire dans le cas où nous n'arriverions pas à susciter une révolte aux Indes, et où nous ne serions pas en mesure d'envahir le territoire, nous forcerions cependant l'armée indienne à ne pas quitter l'Hindoustan et nous empêcherions l'Angleterre de renforcer ses troupes d'Europe ; bien plus, nous pourrions l'obliger à envoyer aux Indes une partie des soldats de la métropole. En un mot, nous pourrions paralyser considérablement les forces de l'Angleterre en Europe et l'empêcher de porter

7*

le théâtre des hostilités du golfe Persique à Tabris, et de là à Tiflis, objectif de tous les généraux anglais depuis la guerre de Crimée.

« Aussitôt la déclaration de guerre, il faudrait envoyer une ambassade à Caboul et concentrer immédiatement un corps d'armée à Samarkand. Le but de la mission diplomatique serait de tenter une alliance avec l'émir afghan, et de se mettre en rapport avec l'élément séditieux de l'Inde. Afin de rendre les négociations plus efficaces, il serait indispensable, après avoir formé un détachement, de marcher immédiatement sur Caboul par Bamian. Si, malgré tout, l'émir voulait rester l'allié de l'Angleterre, il faudrait allumer la guerre civile dans le pays ; en sous-main on pourrait engager la Perse à faire valoir ses droits sur Hérat.

« La campagne devrait se diviser en deux phases : la première comprendrait une marche rapide sur Caboul, menée conjointement avec les négociations diploma-tiques ; la seconde, après l'occupation de Caboul, serait une période d'attente, pendant laquelle nous devrions entrer en relation avec les mécontents de l'Inde et les gagner à notre parti. La principale cause de l'insuccès de la révolte de 1857 tient à ce que les insurgés manquaient de chef et d'organisation. Enfin *notre principal devoir serait d'organiser des régiments de cavalerie asiatique enrégimentés sous la bannière du sang et de la rapine, et de les lancer sur l'Inde comme notre avant-garde, pour rappeler les temps de Tamerlan.*

« Quant aux opérations subséquentes, elles sont faciles à prévoir : ou nous réussirons, et alors le drapeau russe flottera sur les murs de Bénarès ; dans le cas contraire, nous ferons une retraite honorable sur Hérat, où nous trouverons des troupes fraîches envoyées du Caucase »(1).

Ce plan reçut un commencement d'exécution, combiné avec la déclaration de la guerre turco-

----

(1) Ce résumé se trouve dans un des ouvrages de M. Charles Marvin, *The Region of the eternal fire* ; nous en empruntons la traduction française à une brochure récente : *Les Russes et les Anglais dans l'Afghanistan*, par F. Hue.

russe en 1876. Sans le Congrès de Berlin, il aurait, de l'avis des généraux russes, été couronné de succès. Quoi qu'il en soit, le général Kaufmann concentra ses colonnes dans le Turkestan, tandis que les colonels Stolietoff et Grodekoff se rendaient avec des instructions secrètes, le premier à Caboul, le second à Hérat. En même temps un ancien diplomate, M. Pashino, qui avait précédemment fait un voyage dans l'Inde, était chargé d'y recueillir secrètement des renseignements sur la situation militaire du pays et sur les dispositions des populations indigènes. Au vrai, l'entreprise n'échoua point. Elle fut simplement ajournée par suite de la signature du traité de Berlin en 1878. Kaufmann s'avança jusqu'à Djam sur la frontière de Boukharie ; Stolietoff pénétra dans Caboul et y fomenta l'insurrection afghane ; Grodekoff poussa jusqu'à Hérat ; et M. Pashino n'eut pas le temps d'exécuter ses ordres : il fut surpris et arrêté à Peshawar, puis, en dépit de ses dénégations, renvoyé en Russie.

Skobeleff est mort ; mais son plan reste, et si quelques lignes de détail en ont été modifiées par les événements, tout porte à croire que les généraux russes l'ont encore sous les yeux. Depuis 1876, en effet, l'idée de la possibilité d'une invasion de l'Inde par un corps expéditionnaire russe a pris non seulement dans la presse de Saint-Pétersbourg et de Moscou, mais surtout dans le monde politique et militaire en Russie, un caractère de préoccupation dominante. La grande difficulté qu'elle offrait, au moment où Skobeleff la conçut, résidait dans l'imperfection des moyens de transport. Aujourd'hui cet obstacle a sinon disparu, tout au moins pris un aspect complètement différent de ce qu'il était en 1878. Lorsque Skobeleff organisa l'attaque de Géok-Tépé, il fallut près d'un mois pour faire venir les troupes et les munitions de Tiflis à la Caspienne. D'autre part, on ne disposait que d'une flotte très restreinte. Enfin Skobeleff estimait ou paraissait croire que d'Askabad à Hérat la route était presque impraticable pour une armée. Les choses ont changé de face maintenant. Depuis la mort de Skobeleff, le trajet se fait de Tiflis à Bakou par la voie ferrée en un jour; la flotte de la Caspienne s'est accrue de cinquante bâtiments en fer qui peuvent transporter une armée immense à Krasnovodsk; enfin il est démontré que le chemin de Hérat est en réalité une des voies les plus commodes de l'oasis.

La Route ferrée de l'Inde.

Il faut rendre cette justice à la Russie qu'elle sait mettre en valeur ses conquêtes.

Or, dans toute entreprise coloniale, fondée sur le succès des armes, la période la plus importante ne commence qu'à partir de l'annexion du pays conquis. C'est pour avoir négligé d'exploiter ses colonies indiennes et américaines, au siècle dernier, que la France les a perdues; et il est certain que ce même sort l'attend dans l'Indo-Chine si elle ne s'applique pas, dès le lendemain de la signature de la paix avec le gouvernement de Pékin, à sillonner l'Annam et le

Tonquin d'un réseau de communications desservant les divers centres de ce territoire et les reliant entre eux. L'exemple fourni par la Russie dans l'Asie centrale est ici d'un grand prix. On ne saurait assez le méditer ni l'étudier de trop près.

Il était évident pour le gouvernement de Saint-Pétersbourg, dès qu'il eut une vue claire de son objectif à l'est de la Caspienne, que tous ses desseins dans cette direction devaient se trouver retardés ou peut-être empéchés par les entraves opposées à la circulation, et surtout par les inévitables lenteurs des transports. Ces faits reçurent une nouvelle confirmation à la suite de la défaite du général Lomakine à Dengli-Tépé ; on comprit, dès ce moment, que la revanche n'était pas possible si l'on ne pouvait, dans un temps restreint, expédier, à travers le désert situé entre la Caspienne et Kizil-Arvat, des vivres et des munitions en quantité suffisante pour assurer le mouvement des troupes et la sécurité de leurs opérations.

Plusieurs projets furent alors présentés. Les principaux furent ceux des généraux Petrusevitch, Tchernaïeff et Annenkoff. Le premier avait pour objet d'établir un service de traction et de fourgons, complété par la construction d'un tramway. Le second consistait à relier la Caspienne à Kongrad, embouchure de l'Amou dans la mer d'Aral, en utilisant le cours du fleuve par la création d'une ligne de steamers destinés à entretenir des communications directes entre les oasis et la mer Caspienne. De l'Amou-Daria un chemin de fer partirait ensuite vers Tashkend, en ayant pour stations intermédiaires Bokhara, Samarkand, Khiva et Khodjend. Un embranchement se dirigerait sur Kokhan. Cette ligne pourrait se raccorder dans l'avenir à celle de Moscou, par un prolongement jusqu'à Orsk et Orenbourg, suivant un projet fourni par M. de Lesseps.

Comme il arrive en beaucoup de cas, ces plans seraient demeurés dans les cartons, d'où la bureaucratie hostile à toute innovation aurait eu soin de ne pas les faire sortir, si un homme d'action n'avait démontré l'avantage immense que l'on pouvait tirer de la réalisation de cette idée. Ce fut la petite ligne provisoire construite par Skobeleff avec les 100 milles de rails sans emploi à Bender, qui fit ouvrir les yeux aux stratégistes russes. Il ne restait plus désormais qu'à vaincre les prétentions de la bureaucratie, si puissante à Saint-Pétersbourg. Le général Annenkoff, jaloux de mériter le renom de Lesseps russe, attaqua la difficulté de front. Il publia une brochure où il exposa son plan, différent de celui de Tchernaïeff, mais en somme plus pratique. La brochure passa dans beaucoup de mains, souleva beaucoup de critiques, et eut un succès de ridicule. Mais le gouvernement russe laissa dire l'opinion et se mit à l'œuvre. La ligne ferrée fut bientôt complétée de Batoum à Bakou. Pendant ce temps, Annenkoff chargeait des ingénieurs de lever le plan du pays situé entre Kizil-Arvat et Askabad. On acquit ainsi la conviction que l'extension du chemin de fer transcaspien était possible jusqu'à Askabad même. Les ingénieurs poussèrent leurs travaux plus loin jusqu'à Sarakhs, puis jusqu'à une très faible distance de Hérat et, sans un incident sur lequel nous reviendrons, ils les auraient peut-être impunément continués jusqu'à la frontière anglo-indienne.

Jusqu'à la prise de Merv, l'Angleterre ne s'était pas préoccupée de cette marche en avant de la Russie sous une nouvelle forme ; elle avait même suspendu son projet de chemin de fer de l'Inde sur Candahar. Dès qu'elle prit l'éveil, elle donna l'ordre de reprendre ce chemin de fer et de mettre en œuvre la plus grande activité possible pour le faire arriver jusqu'au plateau de Pishin, au delà de Quetta. La Russie répondit à cette mesure par l'extension de sa propre ligne de Kizil-Arvat jusqu'à Askabad. Aujourd'hui les ouvriers sont prêts et peut-être, à ce moment même, ont-ils commencé de prolonger la voie ferrée russe jusqu'à Sarakhs, en attendant que demain ils la conduisent jusqu'à Hérat. D'ailleurs ces deux derniers prolongements peuvent s'exécuter sans difficultés et sans imposer au budget russe des charges trop considérables. D'après les estimations de M. Marvin, le total des frais ne s'élèverait pas à plus de 1,652,000 livres sterling (41,300,000 francs). D'Askabad à Sarakhs la distance est de 280 verstes (298 1/2 kilomètres). De Sarakhs à Hérat il y a 305 verstes (326 kilomètres).

Évidemment les Russes ne proclament pas ouvertement les avantages que doit leur donner, au point de vue militaire et politique, la poursuite de ces projets ; mais, pour quiconque étudie avec désintéressement les faits accomplis et prévoit de même ceux qui sont dès maintenant inscrits au programme russe, il reste hors de doute que la route ferrée de l'Inde est tracée et que le raccordement du tronçon russe avec le tronçon anglais n'est plus qu'une question d'entente. Il n'existe, en effet, aucun obstacle naturel à la jonction du railway indien avec le railway transcaspien. La dépense totale n'excéderait pas celle qui a déjà été faite par le gouvernement russe pour relier la mer Noire à la Caspienne, soit un milliard de francs.

Si la diplomatie n'avait pas d'autre rôle dans le monde que celui de favoriser le développement général de l'humanité, ce futur chemin de fer indo-européen pourrait, à bref délai, être achevé, et il est inutile d'insister sur les services incalculables qu'il rendrait à l'industrie, au commerce, aux relations internationales, à la civilisation. Malheureusement la diplomatie reste encore aujourd'hui pour chaque nation l'interprète d'un égoïsme plus ou moins réprimé, et le conflit anglo-russe, qui renaîtra inévitablement demain 's'il s'apaise en ce moment, atteste combien peu les peuples songent à faire divorce avec la doctrine de l'intérêt individuel, qui n'est que le spectre du bonheur social.

Il y a cent cinquante ans, des marchands anglais imaginèrent le plan de relier l'Angleterre à l'Inde par une voie commerciale qui aurait traversé la Russie et la mer Caspienne. Ils parlaient d'envoyer les marchandises à Saint-Pétersbourg ou à quelque autre port de la Baltique. De là ils les auraient dirigées par eau ou par terre vers le cours supérieur du Volga, puis elles auraient descendu le fleuve par radeaux sur un parcours de 3,250 kilomètres et seraient arrivées dans des barques jusqu'à son embouchure. Des navires les auraient ensuite portées à la baie d'Astrabad, et de ce point des caravanes les auraient conduites à travers la Perse et l'Afghanistan jusqu'aux Indes. A Londres, la cour et la ville s'amusèrent beaucoup de ce projet qui ne pouvait, à cette époque, avoir d'autre nom que celui de rêverie. La Baltique était en effet le théâtre de guerres continuelles, le Volga infesté par les pirates, la Caspienne un lac persan dont les riverains ne vivaient que de rapines, tout le pays afghan désolé par les luttes civiles. Dans l'Inde, la suprématie appartenait encore à la France. Le rêve du commencement du dix-huitième siècle serait, avant la fin du dix-neuvième, si on le voulait sincèrement à Saint-Pétersbourg et à Londres, la plus sage des réalités. Depuis un siècle et demi, en effet, l'Angleterre, qui n'occupait alors que quelques points sur la côte occidentale de l'Inde, a établi sa domination, depuis Calcutta jusqu'à Quetta, sur un parcours de 3,200 kilomètres. Elle a conquis tout cet immense territoire ; elle l'a organisé administrativement ; elle y a, dans tous les sens, distribué ces artères sociales représentées par les routes et les chemins de fer. La Russie, de son côté, qui ne touchait jadis qu'au fort d'Astrakhan, s'est avancée vers l'Inde jusqu'à Penjdeh ; elle a franchi un itinéraire de 1,950 kilomètres, désormais tout entier livré au commerce et en grande partie aux locomotives. Il y a cent cinquante ans, la Russie, établie à Astrakhan, et l'Angleterre, établie à Calcutta, étaient séparées par une distance de 6,000 kilomètres. Entre les limites de leurs possessions s'étendaient des pays immenses, sur lesquels ni l'une ni l'autre de ces puissances n'exerçaient aucune autorité, aucune influence. Aujourd'hui il n'y a plus entre elles qu'un espace de 800 à 850 kilomètres.

Qui donc ne croirait pas l'heure arrivée où toutes deux, la Russie et l'Angleterre mues respectivement par un même élan, vont précipiter leur marche, l'une vers l'autre, dans une intention pacifique? Et pourtant, ô folie criminelle! au lieu d'être impatientes de se tendre la main, si elles cherchent à s'étreindre, c'est pour s'étouffer!

Progrès maritimes de la Russie.

« Le voile mystérieux qui couvrait jusqu'ici la possibilité d'une conquête de l'Inde par la Russie commence à disparaître devant nos yeux. » Ces paroles sont du général Tchernaïeff; elles datent du lendemain de la prise de Tashkend. A cette époque, elles pouvaient passer pour le simple aveu d'un désir personnel; aujourd'hui elles expriment la pensée intime de la majorité des Russes. C'est qu'en Russie, l'opinion, à mesure qu'elle pousse devant elle les armées dans l'Asie centrale, s'est convaincue des changements effectués depuis l'occupation de Tashkend dans l'organisation de cette conquête de l'Inde. Au temps où parlait le général Tchernaïeff, il n'y avait, en effet, ni voies ferrées dans la Russie d'Asie, ni puissance navale dans la Caspienne, et les portes de l'Inde étaient si éloignées des postes militaires russes que les généraux les plus clairvoyants ne les apercevaient encore que dans un mirage. Aujourd'hui, au contraire, ces portes sont si proches que, sans les barrières diplomatiques, on les atteindrait en quelques étapes ; les voies ferrées sont poussées si loin qu'elles toucheront bientôt à l'Afghanistan, et les progrès maritimes vont croissant si rapidement qu'à peine les statistiques de la flotte russe publiées, il faut les refaire.

C'est surtout dans la Caspienne que ce développement s'est accentué depuis trois ou quatre ans, et il est dû en grande partie à l'extension de l'industrie du pétrole. L'exploitation des gisements de Bakou, dont le rendement est supérieur à celui de toute la production américaine, est venue seconder, dans des conditions qui tiennent du merveilleux, la construction des vapeurs armés et non armés. Grâce à l'abondance et à la modicité de prix du combustible de nouveau genre, la flottille de la Caspienne a subi une transformation complète (1). Sans doute cette flottille

(1) Le système qui utilise, comme moyen de chauffage des générateurs, le pétrole au lieu de charbon, réduit considérablement les frais de transport et de main-d'œuvre des steamers. Ce système est fondé sur l'emploi d'un appareil formé de deux tubes d'environ 2 1\2 centimètres de diamètre, se réunissant dans une petite boîte oblongue. Le pétrole tombe goutte à goutte dans l'un des tubes et lorsqu'il en sort, il est converti en gerbe par un jet de vapeur qui jaillit de l'autre tube. La gerbe, allumée, figure un large faisceau de flamme qui est projeté dans le bouilleur. En abaissant la flamme au degré voulu, la vapeur peut toujours être maintenue à la pression nécessaire pour le départ immédiat du steamer. (Voir à ce sujet l'intéressant ouvrage *Aux pays du pétrole*, de M. Fernand Hue, publié par la librairie H. Lecène et H. Oudin.)

ne peut être comparée aux forces navales que l'Angleterre mettrait en ligne dans une guerre anglo-russe, mais elle réalise pour la Russie un moyen puissant d'entrer en lutte avec sa rivale. Ce n'est pas, en effet, par mer que les Russes songeront jamais à envahir l'Inde. Ils savent que le côté vulnérable de l'Angleterre est la faiblesse numérique de son armée, et le jour où ils se mesureront avec elle, ce sera par la voie de terre qu'ils iront à sa rencontre. Or, pour mettre ce plan à exécution, ils devaient perfectionner leur matériel de transport. Ce résultat est maintenant acquis, et les navires-cuves, les steamers chauffés au pétrole viendront, le cas échéant, en aide à l'invasion qui se prépare, dans des conditions autrement efficaces que ne le feraient des canonnières.

La Caspienne peut en moins de vingt-quatre heures être franchie de Bakou à Krasnovodsk et amener les troupes russes au pied de la station du chemin de fer, déjà prolongé jusqu'à Askabad et amorcé sur Sarakhs et Hérat. Le trajet de Bakou à la baie d'Astrabad, en destination de Meshed et Hérat, pourrait s'effectuer en trente-six heures. Or, chaque steamer russe du nouveau système peut transporter 500 hommes et le double, quand le temps est beau. Le nombre de ces steamers était déjà tel, l'année dernière, que la flotte, aidée des navires particuliers qui peuvent être réquisitionnés, au besoin, était en état de débarquer dans l'Asie centrale 10,000 hommes par jour !

Les pionniers russes; les explorations de M. Lessar.

En même temps que le général Skobeleff ourdissait à Askabad la trame occulte si habilement achevée par Alikhanoff, un autre projet s'élaborait dans la même ville, mais plus ouvertement, sous la direction du général Annenkoff, chef du département des transports militaires. On se rappelle que la section du chemin de fer de la Caspienne à Kizil-Arvat fut construite en dépit des objections bureaucratiques. Presque aussitôt après le général Annenkoff chargeait un jeune ingénieur sous ses ordres, M. Lessar, de préparer les plans pour l'extension de cette ligne jusqu'à Askabad. Ce travail fini, M. Lessar reçut pour instructions de poursuivre ses levés topographiques et de rechercher dans quelles conditions il était possible de prolonger la voie ferrée jusqu'à Sarakhs, située à la jonction des routes de Hérat et de Meshed. Jusqu'alors toutes les explorations avaient fait croire que ce tracé devait présenter de grandes difficultés. M. Lessar démontra, au contraire, que d'Askabad à Sarakhs, le terrain était, à peu de chose près, de niveau. Il ne restait plus qu'à savoir exactement si de Sarakhs à Hérat les accidents et la configuration du sol étaient, comme le prétendaient généralement les géographes, de nature à empêcher tout établissement d'un chemin de fer entre ces deux villes. Cette nouvelle mission fut également confiée à M. Lessar.

De Sarakhs à Hérat la distance est de 320 kilomètres environ. Les deux localités sont situées sur le Hari-Roud, qui forme la limite entre le territoire de la Perse et celui de l'Afghanistan. Théoriquement une ligne idéale tracée de Sarakhs à Hérat devait, dans ces conditions, passer sur les possessions du shah ou sur celles de l'émir. Mais, en fait, à Téhéran comme à Caboul, on avait depuis longtemps abdiqué tout droit de propriété sur cette région désolée par les incursions des Merviens et des Sarikhs, et par suite inhabitable. D'autre part, les Sarikhs Turcomans réclamaient, à tort ou à raison, le pays entre Sarakhs et Hérat sur la rive afghane du Hari. Quant à l'autre rive, elle avait, jusqu'à la prise de Géok-Tépé, été considérée par la Perse comme une de ces oasis turbulentes où il était plus dangereux qu'utile de chercher à modifier l'état des choses. Une fois les Akhal-Tékés soumis par les Russes, il y avait eu à Merv un changement d'attitude. Les raids sur le territoire de Sarakhs avaient subitement cessé, soit que l'on ne voulût pas fournir à la Russie l'occasion tant convoitée d'une immixtion dans les affaires de l'oasis, soit que l'on eût pour but de s'assurer le concours éventuel des Perses contre une invasion russe. Nous savons déjà comment se régla cette situation, grâce au coup de main d'Alikhanoff ; mais avant comme après, la Perse affirma son autorité sur la rive persane du Hari-Roud et empêcha ainsi les Russes de marcher de ce côté sur Sarakhs, à moins de violer let erritoire persan.

Cette difficulté ne pouvait arrêter les Russes dans leur idée bien fixe d'étendre leur chemin de fer au delà d'Askabad. Ils auraient pu, à la vérité, sans trop affecter les intérêts persans, prolonger la ligne par Atak, mais il auraient, dans ce cas, été obligés de séparer de la Perse Sarakhs, qui constituait pour le gouvernement dus hah un point stratégique important. Aussi préférèrent-ils tourner cette place en la faisant effleurer par leur tracé à quelques kilomètres au nord sur le territoire revendiqué par les Turcomans, de manière à longer ensuite la rive occidentale ou afghane du Hari. De cette façon ils écartaient toute objection de la Perse et ils n'avaient plus qu'à s'attendre à celles de l'Angleterre, qui pouvait arguer d'une violation du territoire afghan. Il restait à savoir si l'on devait s'arrêter devant la possibilité de ce litige, où les prétentions afghanes seraient peut-être frappées de péremption et dans tous les cas bien difficiles à légitimer, puisque de temps immémorial les Turcomans avaient exercé sur cette rive occidentale du Hari une possession, fondée en droit ou non, qui valait titre.

Cependant, avant de prendre une résolution décisive et de la manifester par un nouvel empiètement, la Russie voulait s'éclairer sur la question géographique. La rive afghane du Hari-Roud était au vrai une espèce de *terra incognita*. Tous les géographes et les cartographes, faute de données exactes, avaient du Paropamisus une idée telle que cette hauteur constituait, aux yeux de chacun, une barrière infranchissable servant de sauvegarde à l'Angleterre contre toute invasion russe de ce côté. Cette conviction était si forte et si universellement partagée qu'elle servit de principal argument Londres pour faire voter l'évacuation de Candahar par les troupes britanniques.

Quelle ne fut point la stupéfaction générale lorsqu'on lut dans le journal russe *le Golos* le compte rendu de l'exploration de M. Lessar. Le jeune ingénieur biffait d'un trait de plume la barrière opposée à la marche en avant des Russes. Au lieu d'une montagne haute comme les Alpes, il n'y avait en réalité que des collines dont l'élévation égalait à peine le double de celle du Panthéon de Paris. Au lieu d'une gorge affreuse, encaissée dans des parois rocheuses s'élevant jusqu'aux nues et ne laissant de place que pour un abîme béant, il n'y avait, en somme, qu'un passage commode, facile à niveler par le premier ingénieur venu et où il suffisait de mettre à l'œuvre quelques terrassiers pour le rendre en peu de jours aussi carrossable que la meilleure chaussée d'Europe. En outre, M. Lessar établissait que de Sarakhs aux avant-postes afghans, c'est-à-dire à 96 1/2 kilomètres à l'ouest de Hérat, le pays était ouvert et inhabité et pouvait par conséquent être occupé sans coup férir par les Russes, tandis que, entre Askabad et Sarakhs, les Turcomans, assis sur la lisière du territoire persan et conséquemment sujets du shah, méprisaient l'autorité de celui-ci et n'attendaient qu'une occasion pour accepter la suzeraineté de la Russie.

Ainsi se trouvait résolue la troisième et dernière difficulté que rencontrait le plan de Skobeleff, à l'époque où il le soumettait au général Kaufmann. Tous deux, le vainqueur de Khiva et le vainqueur de Geok-Tépé, sont morts ; mais l'idée, conçue par le premier, approuvée par le second, reste, nous ne saurions assez le répéter, entière sous les yeux des généraux russes, qui recevront peut-être demain l'ordre de l'exécuter. Ce n'est pas pour céder à un vain mouvement d'orgueil que le tsar ajoutait en 1882 la licorne aux armes impériales de la Russie et prenait le titre de souverain du Turkestan, en attendant son couronnement à Samarkand. L'empire asiatique des successeurs de Pierre le Grand forme aujourd'hui une base d'opération non moins redoutable que celle de l'Inde. Les forces militaires du Caucase et du Turkestan ont effectué leur jonction. Qui oserait affirmer qu'elles ne sont arrivées à la frontière afghane, devant les portes de l'Inde, que pour y demeurer à jamais immobiles, l'arme au bras ?

Les portes de Hérat.

« Il faut enfoncer un coin dans le Paropamisus et, sous prétexte de l'y maintenir, s'assurer des portes de Hérat. » Le général russe qui écrivit cette phrase significative s'appelait Petrusevitch. Ce fut lui, on se le rappelle, qui conseilla d'établir une ligne de traction entre la Caspienne et Kizil-Arvat. Il mourut devant Géok-Tépé, dans un premier assaut tenté sur cette place. Vers 1878 il explora l'Afghanistan jusqu'au sud de Hérat et à l'entrée du Saïstan. Il publia en 1879 la relation de son voyage et de celui qu'il avait entrepris ultérieurement sur la frontière perso-turcomane, depuis la Caspienne jusqu'à Sarakhs. De tous les écrivains russes il fut le premier à prétendre que non seulement les limites afghanes ne devaient pas s'étendre de l'Amou-Daria jusqu'à Sarakhs, comme l'avaient admis d'un commun accord l'Angleterre et la Russie, mais qu'il fallait reculer la frontière russe jusqu'au delà de Penjdeh, à moins de 160 kilomètres de Hérat. Toute sa théorie reposait sur le droit d'occuper un territoire qui n'appartenait à personne, puisqu'il n'était réclamé ni par la Perse ni par l'Afghanistan. Légitime ou non, cette occupation pouvait s'accomplir sans difficulté. Les plans de M. Lessar ne tardèrent pas à le démontrer péremptoirement.

L'année dernière, au mois de mai, Sir Edward Hamley, le plus grand stratégiste anglais, disait en parlant de Sarakhs : « Il y a là une ligne de démarcation qu'à aucun prix nous ne pouvons laisser franchir par la Russie ». Cinq ans auparavant, un autre stratégiste anglais, le général Mac-Gregor, avait écrit : « Si l'Angleterre n'emploie pas Sarakhs pour la défense, la Russie l'emploiera pour l'attaque » ; et dès le lendemain de la publication de l'ouvrage de Petrusevitch, M. Charles Marvin, en 1881, avait fait paraître ces lignes significatives : « Si l'Angleterre attend que la Russie ait porté ses Cosaques sur le Paropamisus, nous devrons accepter la délimitation des deux empires, telle que la dicteront les Russes, et nous serons obligés de céder les points qui menacent l'Inde ». A toutes ces alarmes, restées sans écho à Downing Street, la Russie répondit par un fait : à la fin de l'automne 1884, elle recula ses limites le long de la frontière persane , depuis Askabad jusqu'à Sarakhs.

Le gouvernement russe avait gardé mémoire de l'avis de Petrusevitch. On commençait d'enfoncer le coin. M. Ch. Marvin avait eu beau répéter : « L'annexion de Merv sera inévitablement accompagnée de l'incorporation des Turcomans Sarikhs et la Russie étendra son autorité jusqu'à Penjdeh, c'est-à-dire à 140 milles de Hérat ». On laissa faire et passer. Une voix, si faible qu'à peine on l'entendit, s'éleva, il est vrai, dans le Parlement britannique pour protester ; mais on lui imposa silence en disant avec ironie qu'il y avait deux Sarakhs, le vieux et le nouveau, et que les Russes n'avaient occupé que le vieux. L'excuse venait de Saint-Pétersbourg. On la répéta complaisamment, sans même jeter les yeux sur une carte.

Or, le nouveau pas en avant de la Russie était énorme, quoique la distance franchie ne fût que de 280 verstes (298 kilomètres). Les événements allaient bientôt le prouver. Aussitôt après la soumission de Merv, les troupes russes concentrées à Khiva avaient été expédiées sur l'oasis. En même temps un régiment de Cosaques était venu du Caucase renforcer la garnison de la place. Au mois de mai, le gouverneur général du Caucase, le prince Dondoukoff-Karsakoff, s'était rendu lui-même à Merv. Pour donner plus d'éclat à sa présence, le général Komaroff avait fait coïncider avec cette visite la soumission des Sarikhs, établis à Youletan, localité dépendant de l'oasis de Merv. Il n'en était pas de même du vieux Sarakhs, dont l'annexion suivit de près.

A vrai dire, on ne s'était pas mépris en affirmant qu'il y avait deux Sarakhs; mais, suivant l'observation faite par M. Marvin, l'un vaut l'autre, et le vieux Sarakhs constitue, au point de vue stratégique, une base d'opération aussi bien que le nouveau. Le fait même que le vieux Sarakhs fut occupé d'abord dans le passé, semblerait même prouver que des deux il est le meilleur. Quoiqu'il en soit, le nouveau Sarakhs n'a été bâti sur la rive occidentale du Hari par les Perses, qui assiégèrent et détruisirent le vieux Sarakhs il y a cinquante ans environ, qu'en vue de se servir du cours d'eau comme d'une barrière naturelle contre les Turcomans. Les Russes s'étaient excusés à Londres en disant qu'après tout ils n'avaient pris possession que d'un monceau de ruines, et personne dans le monde politique ou diplomatique de Londres n'avait remarqué que les ruines se déblaient vite et laissent l'emplacement pour de nouveaux remparts.

Le nouveau Sarakhs, qui est encore aujourd'hui occupé par les Perses, sur la rive occidentale du Hari-Roud, est à 290 mètres du lit de ce cours d'eau. Il est fortifié et défendu par un mur en terre flanqué de tours. La localité est peu peuplée, quoiqu'elle serve de résidence au gouverneur de toute cette partie de la frontière persane. Cette résidence est dans la citadelle même, appelée Arg. Tout autour de la citadelle règne un fossé de dix à douze pieds de profondeur et de vingt pieds de largeur, avec un chemin de ronde au pied des murailles. Le nouveau Sarakhs est défendu par six petits canons qui n'offrent qu'une sauvegarde illusoire, les murs en terre n'ayant aucune solidité.

Si l'on ajoute que cette forteresse appartient à un prince qui est virtuellement le vassal de la Russie, et que cette vassalité venait peu de temps auparavant de donner au tsar un nouveau témoignage de servilisme en lui cédant sans objection l'oasis de l'Atrek, il est facile de comprendre que les Russes, établis au vieux Sarakhs, n'avaient point à s'inquiéter des 600 ou 700 soldats persans, qui tour à tour montent platoniquement la garde sur le rempart du nouveau Sarakhs.

Ce qui restait acquis, c'est que la Russie était, cette fois, en contact avec la frontière afghane et qu'elle avait exercé une mainmise sur toute la région de l'Asie centrale délimitée par le tracé de Skobeleff. Lorsqu'au mois d'octobre 1872 lord Granville chargeait l'ambassadeur britannique lord Augustus Loftus de communiquer au gouvernement de Saint-Pétersbourg le projet de délimitation du territoire afghan, le prince Gortschakoff avait acquiescé à ces frontières. Or, cet instrument diplomatique portait que la limite nord-ouest de l'Afghanistan serait déterminée par une ligne idéale partant de Khoja-Saleh sur l'Amou-Daria et allant aboutir à Sarakhs sur la frontière persane. Cette ligne passait au-dessus de Andekhui, puis à Robat-Abdullah-Khan sur le Mourghab, et de là à Iman-Baksh sur le Tejend, près de la ville de Sarakhs. Jusqu'en 1884, cette frontière avait été respectée par la Russie.

La prise de possession du nouveau Sarakhs pouvait donc légitimement donner lieu à des objections.

Mais les hommes politiques influents en Angleterre
étaient peu disposés à prêter l'oreille aux pessimistes.
Un jeu de mots du duc d'Argyll mit fin à toutes
les oppositions. « C'était, avait dit le père du mar-
quis de Lorne, gendre de la reine, se montrer bien
merveux pour quelques méchantes huttes de terre » ;
et pour la première fois peut-être l'Angleterre
avait, comme il est arrivé si souvent en France,
été désarmée par un calembour.

Cependant il fallait donner une certaine satisfaction à l'opinion surexcitée. Le cabinet de M. Gladstone proposa au cabinet de Saint-Pétersbourg de
régler le différend par une nouvelle délimitation
dont le tracé serait confié à deux commissaires
respectivement nommés par les deux gouvernements. La Russie consentit à cet arrangement, qui
lui permettait de gagner du temps. Au fond, si elle
avait quelque dessein sur l'Inde anglaise, ce n'était
que partie remise. Elle n'ignorait pas que le fait
d'avoir franchi une frontière reconnue par elle
d'un commun accord avec l'Angleterre constituait
un *casus belli,* et elle savait qu'à ce moment elle
n'était pas prête pour la guerre. Son chemin de fer
transcaspien, quelque activement qu'on l'eût poussé,
n'avait pas atteint le terminus voulu. Les autres
préparatifs n'étaient pas achevés. D'ailleurs elle ne
pouvait, sous peine de violer le peu qui existe du
droit international, rompre en visière avant
l'échec des négociations ouvertes par Londres pour
arriver à un compromis. Elle souscrivit donc à cette
invitation pacifique ; mais, tout en donnant sa pro-

messe, elle avait l'arrière-pensée de ne pas la tenir.
On le verra bientôt.

Les deux commissaires désignés furent Sir Peter
Lumsden, représentant l'Angleterre, et le général
Zelenoy, délégué de la Russie. Sir Peter Lumsden
avait trente-sept ans de service actif. Il avait fait la
campagne de l'Inde centrale, sous le général Napier,
et la campagne de Chine. Il avait pris part à de
nombreuses expéditions contre les tribus des frontières indiennes depuis 1852. Il avait été membre de
la commission militaire spéciale de l'Afghanistan
en 1857-1858, et sa longue carrière lui avait acquis
une grande expérience des affaires afghanes et une
haute compétence dans les questions de délimitation
territoriale. La commission anglaise partit en automne 1884. Elle se composait de plusieurs officiers
distingués. L'Angleterre, pour en rehausser l'importance, lui donna le caractère d'une mission en la faisant accompagner d'une escorte choisie parmi le
corps d'état-major de l'Inde et parmi les serdars. Le
rendez-vous des deux commissaires était à Sarakhs.

Le trajet de Quetta à Hérat s'effectua du 22 septembre au 17 novembre sur un parcours de 1,127
kilomètres. Il ne fut signalé par aucune hostilité
de la part des tribus afghanes ; mais il eut pour
résultat une importante découverte: la route considérée jusqu'ici comme à peu près impraticable
n'offrait, au contraire, aucun obstacle sérieux à une
armée en marche. En d'autres termes, si les Russes
arrivaient impunément jusqu'à Hérat par la voie
qu'avait tracée M. Lessar, ils pourraient tout aussi

aisément s'avancer jusqu'au cœur de l'Afghanistan.

Tandis que les officiers anglais fraternisaient avec les Afghans, de nouveaux événements s'accomplissaient, qui firent brusquement changer la face des choses. Sans attendre la réunion des commissaires chargés de délimiter la frontière, les Russes avaient poursuivi leurs empiétements, et le général Komaroff avait occupé Pul-î-Khatun sur le Hari-Roud, tandis que Alikhanoff s'avançait sur le Mourghab.

Pul-î-Khatun est situé au confluent du Hari-Roud et du Keshef-Roud. Localité sans importance stratégique, ne pouvant servir ni de halte, ni de point de départ, cette petite place, qui n'est pas même un village, n'avait jamais appartenu aux Sarikhs ni à aucune autre tribu turcomane ; c'était simplement un terre-plein couvert à l'est par de hautes montagnes. L'occupation de Pul-î-Khatun constituait néanmoins en elle-même un acte d'agression contre l'émir afghan. Les Russes accentuèrent cet acte en se rapprochant encore de 45 kilomètres et en s'établissant à l'entrée de la passe de Zuefaga ou Zulfikar. La raison donnée par le général Komaroff pour justifier ce mouvement fut que les Afghans eux-mêmes avaient rompu la trêve en s'emparant de Penjdeh. M. Marvin prouve que cette justification ne saurait être acceptée. L'occupation de Penjdeh par les Afghans datait de juillet 1884. Or, Sir Peter Lumsden n'avait quitté Londres qu'au mois de septembre suivant. De plus, l'occupation de Penjdeh avait été annoncée par tous les journaux anglais longtemps auparavant et n'était donc plus un secret pour le gouvernement russe (1). Mais il était évident que l'on s'était réservé ce prétext plausible. Ce qui permettait de le croire, c'est que Sir Peter Lumsden attendit vainement le commissaire russe : M. Zelenoy ne partit pas, et à sa place on envoya M. Lessar à Londres.

Les Russes avaient voulu résoudre le litige par les faits et s'assurer le droit du premier occupant. Cette fois la force et la ruse avaient agi de concert. Tandis que le général Komaroff poussait ses Cosaques jusqu'aux approches de Penjdeh, des intrigues étaient conduites par Alikhanoff dans cette même localité en vue de déterminer la population à se déclarer pour la Russie. Ces menées avaient commencé au reste dès le lendemain de la soumission des Sarihs de Youletan. Penjdeh est à 95 kilomètres de Youletan. Entre ces deux places il y a le désert. La région fertile se trouve au delà de Penjdeh, vers Hérat. Si Youletan peut être considéré, au point de vue géographique, comme une partie intégrante de l'oasis de Merv, Penjdeh appartient dans ces mêmes conditions au territoire de Hérat. Il en résultait que Penjdeh ne pouvait à aucun titre être revendiqué par les Russes comme une dépendance de Youletan. Sans doute Penjdeh est, comme Youletan, occupé par des Sarikhs. Mais les deux tribus, quoique de même nom et de même race, ont, à toute époque, gravité vers des centres différents. Celle de Youletan n'a cessé d'être en excellents termes avec

______

(1) CH. MARVIN, *The Russians at the gates of Herat.*

les Tékés de Merv, tandis que celle de Penjdeh a constamment payé des redevances à l'émir afghan, et s'est montrée, en toute occasion, l'ennemie acharnée des Merviens.

Quoi qu'il en soit, Alikhanoff échoua dans ses manœuvres à Penjdeh et le gouverneur de Khiva, dès qu'il en fut averti, se rendit lui-même dans cette localité avec un détachement de troupes. Grâce au concours empressé des habitants, il construisit rapidement un fortin à Ak-Tépé pour mettre Penjdeh à l'abri d'un coup de main semblable à celui de Merv. Les Russes, déçus dans leurs combinaisons, affectèrent l'indifférence ; ils acquiescèrent en apparence à l'occupation de Penjdeh par les Afghans, et s'abstinrent provisoirement de tout mouvement dans la direction des portes de Hérat.

Au commencement de novembre 1884, Lumsden, qui se trouvait alors à Meshed, fut informé de l'arrivée des Cosaques à Pul-i-Khatun. Aussitôt il se rendit à Sarakhs, eut une entrevue avec le général Komaroff, et obtint de ce dernier qu'en attendant le règlement du litige territorial par les commissaires des deux puissances européennes, les Russes resteraient sur leurs positions, mais ne pousseraient pas plus loin. Or, M. Marvin affirme qu'à peine Lumsden parti, Alikhanoff avec quelques centaines de cavaliers essaya de se saisir de Penjdeh. Les Afghans, il est vrai, firent avorter ce plan. Le gouverneur de Penjdeh, Yalountoush-Khan, informa le gouverneur de Bala-Mourghab des desseins des Russes. Les Afghans purent ainsi arriver à Penjdeh avant Alikhanoff, et leur attitude énergique l'empêcha de donner suite à son projet. Il n'en est pas moins vrai que les Russes avaient successivement occupé les avenues de Hérat, et qu'ils restaient établis à Pul-î-Khatun, à Zulfikar et à Ak-Robat.

Le gouvernement britannique, informé de ce faits, adressa de sérieuses représentations au gouvernement de Saint-Pétersbourg. Toutefois, il fut convenu de part et d'autre, le 15 mars 1885, qu'en attendant le règlement définitif du litige territorial par les deux commissaires, les Russes garderaient provisoirement les positions dont ils venaient de se saisir. A Londres, dans tous les partis et surtout dans la classe populaire, on accueillit cette condescendance du cabinet Gladstone comme une nouvelle preuve des tendances russomanes du premier ministre de la reine. Le *Times*, dans un article d'une violence extrême, déclara que, si l'on persévérait dans cette politique indigne d'une grande nation, il n'y avait plus qu'à « se coucher à plat ventre sous les pieds du tsar ». Et l'organe des marchands de la Cité ajouta que « aux temps de Pitt, de Canning, de Palmerston ou de Beaconsfield, on aurait fait une réponse autrement énergique aux agissements du général Komaroff ».

L'excitation des Afghans était grande. Un incident détermina l'explosion. Le 25 mars 1885, un détachement russe, envoyé en reconnaissance, trouva près du Pont de la Koushk un retranchement afghan établi sur une hauteur commandant le camp du général Komaroff. Le 29, celui-ci somma le chef des troupes

afghanes d'évacuer la rive gauche de laKoushk et
la rive droite du Mourghab ou de reculer jusqu'à
l'embouchure de la Koushk. Les Afghans refusèrent.
Le 30, les Russes marchèrent en avant. Il y eut un
engagement ; les Afghans furent repoussés. Telle
fut la version donnée de l'affaire de Penjdeh par
le *Journal de Saint-Petersbourg*, organe officieux
du gouvernement russe. D'après cette version, les
Russes auraient épuisé tous les moyens de conciliation avec les troupes de l'émir et se seraient trouvés
obligés à la dernière heure de repousser par la force
une attaque préméditée des Afghans. Une dépêche de
Sir Peter Lumsden mit, au contraire, les torts à la
charge du général Komaroff, en lui reprochant d'a-
voir ouvert le feu. Quel que fût l'agresseur, le conflit
avait éclaté : l'Angleterre allait devoir intervenir
directement.

LIVRE III

L'INTRIGUE ANGLAISE

CHAPITRE I.

LES ANGLAIS DANS L'INDE.

John Bull et John Company.

L'HISTOIRE des Indes anglaises est connue de nos lecteurs. Tout le monde sait par quelle succession d'intrigues et de conquêtes la Grande-Bretagne soumit à sa domination cet immense territoire formant, après la Chine, le plus vaste empire du globe, et mesurant dans son ensemble environ trois millions de kilomètres carrés, c'est-à-dire une superficie égale à celles qu'occupent, réunies, la France, la Belgique, la Hollande, l'Allemagne, la Suisse, l'Italie, l'Espagne, le Portugal, l'Autriche-Hongrie, la Serbie et la Roumanie (1). Tout le aussi monde se rappelle la lutte acharnée engagée au XVIIIᵉ siècle par les trois grandes compagnies, hollandaise, française et anglaise,

---

(1) DE VALBEZEN, *l'Inde anglaise.*

fondées en vue d'exploiter la péninsule hindoustanique, dont les rivages avaient été explorés pour la
première fois à la fin du XVe siècle par les Portu-
gais, qui y établirent des comptoirs de commerce.
La France et l'Angleterre s'y trouvèrent bientôt seules en présence, et il est certain que si
l'énergie de Dupleix n'avait pas été paralysée par la
faiblesse de Louis XV, si l'incurie qui nous fit perdre le Canada et la Louisiane n'avait pas, à cette époque, grâce à la corruption de la cour de Versailles,
triomphé de tout le courage français, ces mêmes
possessions, aujourd'hui aux mains des Anglais, n'auraient pas échappé aux nôtres. Profitant de nos fautes, Clive et Coote achevèrent, en moins de trois ans,
une entreprise tellement hardie qu'elle étonna, par
l'immensité de ses résultats, ceux-là|mêmes au profit de
qui elle s'accomplit. Mais la victoire obtenue par les
armes serait demeurée stérile si l'administration
n'avait mis en œuvre ce sol fécond

Sans doute ce succès, plus durable que celui de la
conquête brutale, ne fut réalisé qu'au prix de longs
efforts. Pendant un siècle, de 1757 à 1857, il fallut
tenir tête aux antagonismes qui, à trois reprises, se
manifestèrent par les insurrections les plus formidables dont l'histoire ait gardé le souvenir. D'autre
part, il fallut, pendant cent ans, subir les inconvé-
nients d'un privilège qui avait été, en définitive, l'o-
rigine de l'expansion de l'Angleterre, mais qui, en
donnant toute autorité à une compagnie de marchands, mettait obstacle à l'action politique du gouvernement même. Lorsque en 1857 la grande « muti-

nerie » indienne fit voir d'une manière indéniable les vices et les dangers de cette institution désignée sous le nom de « John Company », l'opinion publique se rallia par un élan unanime à l'expropriation de l'Inde : le bill de lord Palmerston fut voté à une majorité considérable, et une nouvelle ère s'inaugura.

Nous n'avons pas à rechercher si cette ère constitua pour l'Inde elle-même un bienfait. Les avis, surtout en Angleterre, sont si diversement partagés sur ce point que, pour étudier ce problème avec tous les détails qu'il comporte, il faudrait écrire un ouvrage spécial. Un fait domine, néanmoins, de l'aveu des économistes anglais, tout le système pratiqué par l'Angleterre aux Indes : sous quelque forme qu'ils y aient introduit la civilisation, ils n'ont fait qu'ensemencer une terre fertile dont ils se sont arrogé toute la récolte. L'exploitation de la péninsule hindoustanique s'est poursuivie dans toutes les directions au sens le plus inique de ce terme. L'industrie agricole est écrasée sous les impôts fonciers, et les tenanciers épuisent leurs ressources pour satisfaire aux exigences croissantes de la taxe personnelle. L'industrie manufacturière du pays succombe sous la protection accordée à l'importation des produits de la métropole. Tous les bienfaits de l'organisation administrative semblent devoir être réservés aux fonctionnaires, aux résidents, aux nationaux anglais, et la population indigène est sacrifiée à l'égoïsme de ceux qui la tiennent sous leur joug.

Ce système, que certains auteurs ont qualifié de
honteux, et que les plus conciliants ne peuvent s'empêcher de blâmer, a pour conséquence directe la
désaffection, et, à l'état latent, la défection du pays
même. Cette attitude est d'autant plus explicable que,
contrairement à bien des opinions reçues, l'Inde
anglai se n'est pas un empire homogène : il n'y
a peut-être pas de contrée au monde où la diversité
des races et des mœurs soit plus complexe, et où
l'on trouve dans des conditions plus marquantes tous
les degrés de l'échelle sociale, depuis l'Européen
civilisé et l'Hindou rivalisant avec lui d'éducation
et d'intelligence, jusqu'aux classes grossières, livrées
à la superstition abjecte, dépourvues de toute notion de progrès humain et parfois presque sauvages.

A ces distinctions de la vie matérielle et morale
viennent se joindre celles des croyances religieuses;
et sur ce terrain l'antagonisme est profond. Lord Beaconsfield trompait sciemment son auditoire lorsqu'il
affirmait que l'Angleterre est surtout une puissance
musulmane. Il y a, en réalité, dans l'empire britannique moins de mahométans que de chrétiens. Dans
l'Inde même, les sectateurs du Prophète ne représentent qu'un chiffre de 40 millions, sur un ensemble
de 240 millions. Plus nombreux dans la présidence
du Bengale que partout ailleurs, ils n'y forment que
la moitié à peine de la population. Ils n'ont, au
point de vue numérique, la supériorité que dans une
seule province, le Pendjab, où leur prépondérance
est due au voisinage de l'Afghanistan et aux con-

quêtes antérieures de cette rive de l'Indus par les Perses ou les Afghans.

Lorsqu'un empire de 240,000,000 d'hommes se trouve aux mains de 250,000 Européens ou, pour parler plus exactement, de 60,000 Anglais, il est de ceux dont le sol tremble. Toutefois il fallut la terrible insurrection de 1857, qui faillit coûter à l'Angleterre ce plus beau joyau de sa couronne, pour ouvrir les yeux à John Bull.

Jusqu'alors on avait eu une confiance aveugle en John Company. A la vérité, chaque fois qu'à l'expiration d'une nouvelle période de vingt ans, on avait au cours de ce siècle, parlé de renouveler les pouvoirs de John Company, le Parlement les avait, ébréchés ; mais on reconnut enfin l'urgence d'une mesure plus radicale. John Bull racheta le fonds et gouverna lui-même.

Le gouvernement direct.

Sous la compagnie des Indes, le gouvernement se composait d'une cour de propriétaires, d'une cour de directeurs et d'un bureau de contrôle. Depuis l'établissement du gouvernement direct, l'autorité suprême appartient à la métropole, qui l'exerce par un ministre secrétaire d'Etat, assisté d'un comité consultatif de quinze membres. Cette même autorité est déléguée à un vice-roi, résidant à Simla ou à Calcutta, et à trois gouverneurs administrant, sous les ordres du vice-roi, les présidences du Bengale, de Madras

et de Bombay. Le vice-roi a les pouvoirs les plus
étendus ; mais il relève du gouvernement de la
métropole dont il doit exécuter les instructions dans
les vingt-quatre heures, sous peine de haute trahison.
Il est ainsi l'émanation directe de la couronne, et
comme tel il a une cour fastueuse, où tout est réuni
pour exercer sur l'esprit des indigènes une impression profonde et leur donner la plus haute idée de
la puissance anglaise.

Jusqu'en 1877, époque où la reine prit le titre
d'impératrice de l'Angleterre, le gouvernement des
Indes s'attacha d'une manière exclusive à rehausser
ce prestige. Depuis lord Canning, qui fut le premier
vice-roi en 1858, jusqu'à lord Lytton, qui prit possession du pouvoir suprême à Calcutta en 1876
et le garda jusqu'en 1880, tous les représentants de
la Couronne pratiquèrent ce système ; en même
temps tous prirent pour règle de faire servir les
richesses de la colonie à leur éclat personnel. Le
faste déployé par lord Lytton dépassa celui d'Antoine
en Egypte et de Verrès en Sicile. Poète avant d'être
homme politique, il avait décrit, avant de les connaître de près et de les utiliser au service de sa
propre gloire, ces splendeurs orientales devant lesquelles pâlissent les mesquines opulences de l'Occi-
dent. Nul plus que lui n'était fait pour faire revivre
à sa cour l'éblouissante magnificence des Haroun
al Raschid. Nul ne réunissait plus de qualités pour
transformer en réalités les mirages merveilleux du
luxe enfantés par les rêves les plus fantastiques. On
voit à Hampton-court, aux environs de Londres, dans

la célèbre galerie de tableaux qui ornent cet ancien palais de Wolsey et de Cromwell, le triomphe de César peint par Mantegna, cortège immense de personnages entourant le vainqueur romain de tout ce que l'imagination peut concevoir de plus pompeux. Un Mantegna eût été incapable de traduire par le pinceau les assises solennelles ou *les durbars* tenues par lord Lytton.

Cette fascination, qui prenait à cette époque une si large part dans les préoccupations des administrateurs de l'Inde, était-elle, au vrai, de nature à consolider la puissance britannique dans la péninsule ? Il y a lieu d'en douter si l'on examine de près la condition sociale de l'empire anglo-indien. Il est vrai que, par suite du mélange des races, restées ennemies, en dépit de leur union factice sous le joug anglais, il n'y a pas de sentiment national dans les Indes, et, dans cet état de choses, un soulèvement général de la population native est impossible ; mais les procédés employés par les Anglais dans leurs relations avec elle froissent d'une manière presque constante les susceptibilités et les croyances ou les préjugés, si vivaces dans ce pays. Raide, infatué de sa puissance, s'abstenant par calcul et par instinct de toute affinité avec l'âme de la nation, interdisant l'accès de sa société même aux indigènes instruits et opulents, l'Anglais est campé aux Indes. Les deux éléments ne sont point en contact ; dès lors ils ne s'assimilent pas. Que demain, par un de ces revirements politiques auxquels l'Angleterre est exposée comme tous les autres peuples et peut-être aujourd'hui plus que jamais, l'Inde vienne à passer en d'autres mains ; le souvenir d'un siècle de domination britannique y sera vite effacé. Les rajahs, qui ont accepté la suprématie anglaise par ambition ou pour conserver leur influence, sacrifieront ces sympathies intéressées à d'autres maîtres, pour peu que ceux-ci leur continuent les mêmes avantages. Le peuple n'aura aucun regret pour ceux dont il n'aura connu que le joug ; il applaudira le départ de fonctionnaires militaires ou civils, ayant presque tous l'allure de proconsuls. Quant aux bas-fonds où croupit la classe pauvre, à peine différente de celle des antiques parias, la lumière et la chaleur bienfaisantes y ont si peu pénétré, en dépit de la multiplication des écoles, que pas un de ces misérables n'aura de reconnaissance pour ceux qui se seront efforcés aussi sérieusement à le tirer de son abjection.

Les Hindous ne se rappelleront de tout ce régime britannique que les effroyables famines qui ont ravagé leurs provinces, malgré les millions inscrits au budget pour combattre le fléau. Ils n'auront pas oublié que ces famines, causées en général par les conditions climatologiques du pays, auraient pu graduellement disparaître, ou tout au moins perdre de leurs rigueurs si les routes et les chemins de fer n'avaient pas été construits au point de vue stratégique, et si le *zemindar* n'avait pas été autorisé à exercer légalement ses exactions (1). Enfin, ils

(1) La plupart des insurrections partielles de l'Inde, sans en excepter les brigandages fréquemment renouvelés des *dacoïts*, peuvent être attribuées au régime agraire. Ce sont les *Zemin-*

auront gardé mémoire de cette controverse acharnée et toute récente de l'*Ilbert Bill* où les passions
ont dépouillé tous les masques, et où l'on a pu voir
combien peu il y a, de la part des conquérants, d'esprit de concorde et d'équité à l'égard du peuple conquis (1).

L'Angleterre, disent quelques optimistes anglo-
philes, est cependant entrée dans une voie meilleure depuis l'avènement du cabinet Gladstone,
c'est-à-dire depuis cinq ans. Il y a, en effet, parmi la
fraction radicale du ministère actuellement au
pouvoir, un penchant à favoriser l'autonomie

dars qui provoquent les soulèvements et les représailles par
leurs vexations, d'autant plus audacieuses qu'elles restent toujours impunies. Le *Zemindar* est l'intermédiaire entre le pro-
priétaire terrien (ou la couronne) et le fermier *(ryot)*. Il
correspond, à peu de chose près, au *multerim* turc. Collecteur
des taxes, il est responsable de leur paiement jusqu'à concurrence d'une certaine somme; mais il répartit les impositions
à son gré, et tient par conséquent à sa merci le *ryot* qu'il
pressure, et qui n'a point de recours contre un fonction-
naire, chargé en même temps de la justice et de la police. Le
Tenancy bill introduit, grâce à lord Ripon et à l'administration de M. Gladstone, n'a modifié cette situation que d'une
manière inefficace. La difficulté reste la même sur le sol indien
que sur le sol irlandais, et le *tenancy bill* pas plus que le
land act n'a résolu le problème.

(1) L'*Ilbert Bill* est un projet de loi tendant à amender la
législation sur la procédure criminelle dans l'Inde, et à donner
aux naturels indiens le droit de juger les résidents et nationaux
européens non seulement dans les villes de la présidence de
Bengale, mais dans tout le pays. Ce bill rencontra une si vive
opposition au Parlement que, suivant M. Mac Carthy (*England
under Gladstone*), le débat provoqua à Londres une émotion
plus grande que celle qu'on avait ressentie à l'occasion de l'insurrection de 1857.

indienne ; mais il y aurait, croyons-nous, une grave méprise à prendre pour une tendance générale de l'opinion britannique, un sentiment assez sommairement exprimé par M. John Bright, qui ne fait plus partie du pouvoir, et par un ou deux de ses anciens collègues. Si l'Angleterre commence à user de moins de rigueur envers l'Inde, c'est qu'elle sent celle-ci lui échapper : la revendication du *self-government* local n'est que le prélude d'exigences plus grandes, dont le dernier terme est l'affranchissement.

Que l'Angleterre, à considérer l'ensemble de son œuvre dans l'Inde, ait en définitive rendu à ce pays et à sa population des services donnant droit à la reconnaissance, tout esprit impartial l'accorde et le met hors de doute ; mais il n'en est pas moins vrai que les Hindous, qui sont, après tout, les premiers intéressés, ne sont guère disposés à partager cet avis : et plusieurs écrivains anglais ont fréquemment signalé ces dispositions. Sans doute le cri : « L'Inde aux Hindous ! » n'a été poussé jusqu'ici ni à Calcutta, ni à Bombay, ni à Madras, ni même à Peshawar, comme l'est celui de : « L'Irlande aux Irlandais ! » dans les comtés de Munster, Leinster et Connaught, et même dans celui d'Ulster. Sans doute, aussi la suprématie anglaise, dominant complètement dans l'Hindoustan, s'est affermie, en ce sens que ses possessions immédiates, c'est-à-dire celles qui lui appartiennent en propre, se sont accrues de certaines des possessions médiates gouvernées par des princes natifs, sous le contrôle de commissaires anglais. Mais, tout en ne contestant point que cette suprématie, comparée à celle qui prévalait jadis et surtout à l'ancien régime des Hindous, est fondée sur des principes plus équitables, plus bienfaisants et plus tolérants, on ne peut se dissimuler que les indigènes voient en elle un despotisme, aspirent à revenir à leurs institutions d'autrefois, et en espèrent le retour avec d'autant plus de ténacité qu'il est entré récemment dans le plan des Anglais de leur laisser occuper un grand nombre de fonctions publiques.

Il y a là une fermentation de haines, un feu couvant sous la cendre dont les intrigues du dehors font leur profit. Pour un Pashino que l'on arrête et reconduit à la frontière, il en est vingt autres qui sèment sur un terrain aussi favorable le vent de l'opposition et préparent à l'Angleterre la récolte de la tempête. De nombreux symptômes accusent ce travail intérieur et sourd du pays. Tantôt c'est un maharadjah, comme celui de Cachemire, qui témoigne ouvertement dans un durbar son aversion pour les Anglais, et les éloigne par tous les moyens de ses États, quoiqu'il continue à payer le tribut au vice-roi et lui prête même appui dans les campagnes contre les Afridis afghans. Tantôt c'est, à l'entrée des gorges de l'Himalaya, une tribu de montagnards qui assassine un zemindar, et, bravant toutes les mesures de protection prises par les autorités britanniques, se met en rébellion ouverte. Tantôt ce sont les terribles bandes pillardes de Dacoïts qui ravagent les propriétés anglaises et incendient les habitations des villages. Tantôt c'est, sur la frontière birmane, à l'extrême orient de l'empire anglo-indien, dans la province de Pégou, aux bords de l'Iraouaddy, une conspiration fomentée par les agents du roi Theebau et à laquelle les Birmans anglais prêtent leur concours.

L'Angleterre est donc entourée, dans toute l'Inde, d'inimitiés avouées ou secrètes. Sa véritable force n'y réside que dans les dissensions des indigènes. Grâce à ces haines de race ou de religion, elle a pu, en divisant pour régner, échapper à une conflagration générale. Chaque fois qu'elle a eu à traverser une crise, elle l'a conjurée en opposant à la partie rebelle de la population ou de l'armée native l'autre partie qui lui a prêté son appui, mais sans sympathie pour elle. Or, il est à craindre que ce concours, si peu sûr, ne lui fasse défaut le jour où une agréssion venant du dehors mettrait en péril sa suprématie en révélant sa faiblesse. Sans l'armée native, elle serait impuissante contre une invasion étrangère. Qui peut lui garantir que cette même armée native ne se retournerait pas contre elle, le lendemain d'un échec subi par les troupes britanniques ? Tout, au contraire, porte à croire que sa domination, une fois ébranlée, prendrait fin à bref délai. Et c'est parce qu'elle le comprend elle-même qu'à toute époque elle a fait de la question afghane une question de vie ou de mort pour son empire indien.

CHAPITRE II.

« Jingoïsm » et « Masterly Inactivity »

Dans la première partie de cet ouvrage, nous avons étudié l'histoire des relations politiques de l'Angleterre avec l'Afghanistan, et nous avons vu qu'à toutes les périodes, sous Dost-Mohammed et Shah Shoudja, sous Shere Ali, sous Yacoub et sous Abdourrhaman, l'intrigue anglaise n'a cessé de poursuivre son œuvre machiavélique, œuvre le plus souvent maladroite, quelquefois criminelle, aboutissant presque toujours à l'humiliation précédée ou suivie du désastre. Or, lorsque l'on envisage cette œuvre dans son ensemble, on se demande comment des hommes d'Etat, comme Peel, Palmerston, Beaconsfield, Gladstone, des hommes politiques comme Auckland, Ellenborough, Lawrence, Mayo, Northbrook, Lytton, Ripon, tous également dévoués aux intérêts britanniques, ont été successivement ou simultanément frappés de ce funeste aveuglement qui perd les empires ou précipite leur ruine. Il est certain, en effet, que, depuis près d'un demi-siècle, tous les ministres qui ont tenu à Downing-Street les rênes du pouvoir, tous les gouverneurs généraux ou les vice-rois qui ont de Simla ou de Calcutta dirigé l'administration de l'Inde se sont, inconsciemment ou non, concertés pour créer, d'époque en époque, des complications dont la Russie, adversaire commun des Afghans et des Anglais dans l'Asie centrale, a chaque fois retiré les plus grands avantages. Il serait difficile· de trouver, dans les annales d'aucun autre peuple, des exemples d'une ligne de conduite aussi manifestement opposée au but que la prudence et la sagesse conseillaient d'atteindre, et nous croyons pouvoir affirmer qu'aucune autre puissance en Europe, quelque graves qu'aient put être ses erreurs, n'a donné, dans des conditions aussi fatales, la preuve d'une incapacité aussi inconcevable et aussi inexcusable.

Au point de vue des intérêts britanniques, l'Afghanistan, semblable à une place forte couvrant l'Inde, devait, en tout temps, par la logique des choses, être fermé à toute autre ingérence que celle de l'Angleterre. Mais on ne pouvait s'assurer cette situation qu'en cimentant avec les émirs une alliance indissoluble, fondée sur la bonne foi et la confiance réciproques. Ce double sentiment était dicté aux Afghans par la garantie qu'il offrait à leur indépendance. En admettant que l'instinct de ces populations, qui gravitent, comme toutes celles de l'Orient, dans l'orbite du voisin le plus fort, les eût peut-être poussées ailleurs que du côté de l'Inde anglaise, elles devaient trouver elles-mêmes, dans le concours actif de celle-ci, une sécurité que ne leur donnerait jamais la Russie. L'absorption préméditée longuement, puis définitivement accomplie, des khanats du Turkestan, et surtout celle des tribus turcomanes limitrophes du territoire afghan, constituaient pour les émirs une menace croissante à mesure que les tsars étendaient leurs conquêtes. Les intelligences russes à Téhéran et la servile vassalité de fait des souverains de la Perse à l'égard du gouvernement de Saint-Pétersbourg devaient nécessairement augmenter ces appréhensions d'un peuple jaloux de sa liberté et accoutumé à la défendre avec tant d'héroïque bravoure que le plus grand des historiens anglais l'a qualifié d'invincible (1).

Or, dès l'entrée en rapports des autorités de l'Inde avec l'émir, ce dernier, non seulement désire cette alliance anglo-afghane, si indispensable aux deux États, mais il accueille loyalement l'envoyé anglais, Sir Alexandre Burnes, et lui donne des gages évidents d'une amitié au-dessus de toute suspicion. En dépit des assurances de son représentant, l'Angleterre, incapable peut-être de croire à une sincérité qu'elle ne pratique pas elle-même, répudie l'entente avec Dost-Mohammed et le jette en quelque sorte, malgré lui, dans les bras de la Russie. Il y a plus : pour faire partager cette politique malhabile et funeste par l'opinion publique, on la trompe, on falsifie les dépêches de Burnes, et on ne les soumet au Parlement qu'après les avoir tronquées. On dénature les renseignements, les avis adressés au gouvernement de Londres par le représentant de la nation; on fait croire à celle-ci que l'hostilité contre Dost-Mohammed est réclamée par Burnes lui-même, et

(1) Macaulay, *Warren Hastings.*

l'on signe d'avance l'arrêt de mort du seul homme
clairvoyant et probe en cette circonstance. « Il est
pénible, dit un historien anglais, d'avoir à rapporter
de tels faits ; mais il est indispensable de les rapporter. On chercherait en vain à expliquer comment
des hommes d'Etat firent, à ce moment, litière de
tous les principes d'honneur et succombèrent sous
l'influence démoralisante qui fait croire à la
légitimité de pareils actes. Une atmosphère orientale
semblait s'être répandue autour des leaders du pays.
Dans l'Afghanistan, ils signaient des traités odieux et
perfides. En Angleterre, ils mutilaient occultement des
dépêches (1). » Un autre historien anglais, non moins
digne d'autorité, confirme ce jugement sévère : « Quiconque, dit-il, voudra apprécier avec équité la personnalité et la carrière d'Alexandre Burnes, devra se
souvenir que le caractère et la conduite de cet homme
honnête ont été représentés sous un jour absolument
faux par des papiers d'Etat, qui devraient être les documents authentiques, de l'histoire, et qui ne furent en
réalité qu'une compilation faite à dessein de pièces
altérées, une œuvre de faussaire mise en circulation
sous le sceau du gouvernement, pour en imposer à
la génération d'alors, en livrant à la postérité un
tissu de mensonges ! » (2)

La postérité, mieux instruite, a flétri ces procédés
d'une flagrante immoralité politique ; mais l'histoire
ne saurait avoir assez de mépris et d'indignation pour

(1) J. MAC CARTHY, *History of our own times.*
(2) Sir J. W. KAYE, *History of the Afghan war.*

une administration qui, en se jetant dans ces voies tortueuses de l'intrigue, devait, en fin de compte, s'acculer elle-même dans une impasse et revenir à un point de départ qu'il eût été plus circonspect et plus pratiquement sage de garder dès l'abord. Quelle que fût, en effet, la défiance, légitime ou inconsidérée, du cabinet anglais vis-à-vis de Dost-Mohammed, rien ne pouvait excuser l'idée si obstinément et si légèrement mise à exécution d'imposer aux Afghans un prince détesté comme l'était Shah Shoudja, et pour asseoir sur le trône ce fantôme inutile à l'Angleterre elle-même, de renverser le souverain populaire qui se serait montré, avant sa chute, aussi sincèrement attaché aux Anglais qu'il le fut après son retour au pouvoir.

La France, dans une heure d'égarement, commit une faute semblable lorsqu'elle prétendit, par la force des armes, obliger le peuple mexicain à reconnaître comme empereur un archiduc d'Autriche qui n'avait aucun titre, aucun droit à la couronne, dans un pays libre de régler ses destinées et de choisir la forme et le chef de son gouvernement. Mais Napoléon III protégeait, après tout, dans Maximilien un homme digne et loyal, capable de régner avec fermeté et d'assurer le bonheur d'un peuple. D'ailleurs, Maximilien, inconnu des Mexicains, n'était pas méprisé par eux. Le seul tort qu'il eût à leurs yeux, c'était celui d'avoir consenti à être l'instrument d'une usurpation contre laquelle protestaient toutes les tendances mexicaines et d'avoir prêté son nom et son concours à une machination dont la trame fut dévoilée plus tard et dont il fut la triste victime expiatoire. La France avait, au reste, pour justifier son expédition au Mexique des griefs, sinon fondés, au moins apparents. L'Angleterre, en tirant Shah Shoudja de l'oubli et en lui mettant dans la main un sceptre qu'il était impuissant à porter, n'avait aucune raison d'Etat à invoquer. Les deux tentatives criminelles eurent le même dénouement. Le drame de Queretaro fut aussi sanglant que celui de Caboul; mais les Mexicains respectèrent les restes mortels de Maximilien, tandis que les Afghans jetèrent à la voirie ceux de Shah Shoudja.

On connaît dans le détail affreux de ses péripéties la tragédie dont le premier acte fut l'assassinat de Burnes et de Macnaghten, et le dernier, le massacre de l'armée anglaise dans les passes du Khyber. Quelque pitié qu'inspire le sort des milliers d'hommes tombés dans ces sinistres circonstances, toute la responsabilité de ces événements lugubres retombe sur la politique coupable poursuivie alors à Londres, et aussi inepte et criminelle que celle du cabinet anglais actuel dans les affaires du Soudan. Politique fatale, fausse et égoïste, se renouvelant dans les mêmes conditions à près d'un demi-siècle de distance, laissant, faute de prudence, écraser l'armée de Hicks comme celle d'Elphinstone, et égorger Gordon à Khartoum comme Stoddart à Bokhara!

Dans l'Afghanistan, cette politique anglaise a été double : ou bien agressive, aventureuse, ou bien placide, indécise, presque indifférente. D'un côté, on est allé de l'avant sans aucune prévision ni précaution stratégiques; on s'est engagé dans des guerres coûteuses, difficiles, avant d'avoir choisi une base sûre d'opérations, avec une armée transportée brusquement d'un climat torride sous un climat glacial ; on a envahi sans mesures d'intendance un pays où le soldat ne pouvait trouver ni vivres ni fourrages suffisants ; on a établi les cantonnements dans des localités sans défense ; on a, en un mot, accumulé toutes les fautes militaires qui naissent de l'incurie et de l'incapacité. D'un autre côté, on a, comme à dessein, renoncé à tous les avantages acquis par le succès souvent inespéré ; et quand la fortune, au lendemain de revers sans issue, avait des retours de faveur inattendus, presque inconcevables, on est revenu à une passivité, dédaigneuse de tous les avertissements. C'est ainsi que tour à tour le *jingoïsm* et la *masterly inactivity* ont perdu, par une ligne de conduite voulue, les bénéfices d'une position dont le maintien était dicté par l'attitude même de la Russie, d'époque en époque plus manifestement hostile.

La politique de M. Gladstone.

Il fallait, en effet, on ne sait quelle néfaste confiance dans les promesses diplomatiques du prince Gortschakoff pour déterminer lord Clarendon à signer sa proposition de constituer l'Afghanistan en zone neutre, c'est-à-dire en un terrain librement ouvert à toutes les intrigues ; mais quiconque se souvient du passé s'explique aisément ce brusque changement de front de la politique anglaise.

Jusqu'en 1865 les affaires extérieures de la Grande-Bretagne avaient été dirigées par lord Palmerston. Maître absolu de l'opinion publique, il l'avait poussée, avec une fougue de tempérament peu commune chez un homme d'Etat anglais, dans la voie de l'activité remuante et tracassière. Ayant pour maxime que « l'homme est un animal batailleur et querelleur », il avait, dès 1837, vu clair dans le jeu de la Russie ; et lorsque le bruit avait couru, dans les bazars de l'Inde et de l'Asie centrale, que l'armée persane marchait vers la vallée du Hari-Roud, il avait vite découvert, sous l'uniforme des prétendus déserteurs entrés au service du shah, les soldats et les officiers russes. Aussi, chaque fois qu'il avait été au pouvoir, soit comme secrétaire d'Etat du Foreign Office, soit comme premier ministre, ses regards étaient demeurés fixés sur Saint-Pétersbourg. En vain le gouvernement du tsar lui donnait des assurances d'entente et d'amitié : le vieux Pam avait ses idées arrêtées sur la sincérité de la Russie. Il ne voyait en elle que l'ennemie dont il importait de surveiller tous les mouvements, et avec laquelle il fallait en toute circonstance parler ferme. Peu d'hommes en Angleterre ont eu, à ce degré, le sens de la politique étrangère, et il est peut-être le seul qui ait, dans ce siècle, partagé avec M. de Bismarck cette qualité si rare de connaître l'Europe.

Lorsque Palmerston mourut, M. Gladstone devint le leader de la majorité libérale dans la Chambre des Communes. La carrière parlementaire de M. Gladstone datait de la fin du règne de Guillaume IV.

Il siégeait depuis cinq ans au Parlement, lorsque la reine Victoria monta sur le trône. Dès l'âge de vingt et un ans il avait révélé ses qualités de *debater*; mais l'attention n'avait été fixée sur lui que le jour où il s'était pour la première fois mesuré avec Disraëli et avait engagé avec celui-ci ce duel qui dura vingt-quatre ans.

Or, jamais deux hommes appelés par les événements à se succéder dans la conduite du parti libéral ne se montrèrent aussi opposés dans leurs vues et leurs tendances que lord Palmerston et M. Gladstone.

Palmerston avait tout sacrifié à la politique extérieure. Toujours prêt à se jeter dans des complications avec les puissances continentales ou à faire naître des démêlés avec elles, brouillon par nature et par système, menant volontiers les intrigues révolutionnaires au dehors, tout en restant presque réactionnaire au dedans, il s'était, par son esprit entier, impatient de tout conseil, aliéné les souverains étrangers qu'il mettait, quand il le pouvait, secrètement aux prises avec leurs sujets. En Angleterre, son influence, qui était considérable, ne reposait que sur la satisfaction donnée à l'infatuation nationale. On cédait à son impulsion moins par conviction que par entraînement. Il faisait vibrer l'égoïsme britannique en parlant sans cesse de la grande conspiration de l'Europe contre l'Angleterre. A tout ce qui était en dehors de ce cercle d'idées, il était presque indifférent. Le traité de commerce avec la France et la campagne du libre-échange lui semblaient ridicules. La France ne l'occupait que parce qu'il la jugeait capable d'envahir quelque jour l'Angleterre. La réforme électorale, la question brûlante des cultes, les griefs de l'Irlande n'avaient aucune place dans ses projets. Il y avait en lui deux hommes complètement distincts : aussi longtemps qu'il restait sur le terrain de la politique étrangère, il demeurait l'un des plus grands ministres qu'ait eus l'Angleterre ; dès qu'il mettait le pied dans le domaine de la politique intérieure, il tombait au rang des plus médiocres, accusant son ignorance de l'administration par une impéritie parfois naïve.

M. Gladstone, en recueillant l'héritage politique de lord Palmerston, apportait dans l'intelligence et le maniement des affaires publiques des qualités tout à fait différentes. Plus libéral, quoiqu'il ne fût au vrai qu'un transfuge du camp conservateur, plus honnête au sens parlementaire du mot, il avait un esprit plus droit, plus élevé, plus nourri d'études, il voyait plus clairement que Palmerston les véritables intérêts de l'Angleterre, et il en prenait un plus gand souci. Orateur incomparable sous le rapport de la facilité d'élocution, de la promptitude de conception et de réplique, il possédait le talent de la discussion à ce degré de supériorité et de perfection qui semble aussi merveilleux que les dons presque surnaturels de l'*improvisatore* italien (1). D'une large envergure d'entendement, il pouvait embrasser à la fois toute l'étendue du domaine administra-

____

(1) MACAULAY. *Gladstone.*

tif, et il avait l'énergie réfléchie qui sait mettre en mouvement tous les rouages de ce mécanisme compliqué. D'une activité infatigable, il avait, dès sa jeunesse, pris place au premier rang parmi les hommes d'élite de l'Angleterre. Essayiste, critique littéraire, commentateur d'Homère, dilettante, artiste, musicien, théologien, économiste politique, financier, il avait cette force, cette ampleur de facultés qui rend propre à tout et qui laisse à chaque chose qu'elle touche la marque de sa personnalité. Ses adversaires eux-mêmes étaient obligés de convenir que dans tout ce qu'il entreprenait il n'était mû que par un seul désir : celui de faire bien. Le seul reproche qu'on lui adressait alors et qu'il a mérité dans toute sa carrière, c'était d'être trop impulsif. Lui-même s'est dépeint tout entier dans cette phrase qu'il prononça devant une réunion d'écoliers. « Quand on court, il faut courir aussi « vite que possible ; quand on saute, il faut sauter aussi loin que l'on peut ». Cependant sa fougue n'avait rien de la témérité. Son ardeur restée juvénile toute sa vie n'altéra jamais le sérieux de son caractère ; la gravité en était, à vrai dire, ce que l'on pourrait appeler le trait intime, la passion de l'activité, le trait extérieur. Son autorité n'avait pas eu besoin de s'imposer au parti dans le pays et dans la Chambre des Communes ; elle s'était affirmée naturellement, et chacun l'avait acceptée, parce qu'il eût été impossible de lui résister.

M. Gladstone possédait, dans des conditions de supériorité qui avaient fait défaut même à Pitt, à Fox, à Chatham, à Burke, à Canning et à Palmerston, les deux grandes forces qui assurent la suprématie dans un Parlement: il était orateur et administrateur. Alors comme aujourd'hui, personne ne l'avait égalé dans l'art si difficile de la dialectique politique. Personne n'a, en effet, comme lui le pouvoir presque merveilleux d'engager un débat sans préparation, de trouver ses arguments pour ainsi dire sous la main, de les grouper à mesure que se déroule son discours, et de tenir un auditoire sous le charme et le joug. Sa voix, quoique forte, n'a pas, il est vrai, cette étendue, cette pureté de timbre qui caractérisent l'éloquence de Bright ; mais, tout en étant plus généralement retenue dans les cordes médianes, elle est nette, pleine, elle a du nerf, de l'éclat, elle attaque les sons avec fermeté et les accentue avec une méthode si parfaitement maîtresse des ressources et des secrets de la diction que, suivant l'expression d'un critique anglais, « elle note les majuscules et les italiques ». Toujours prêt à la lutte, et ne connaissant, même maintenant, ni la fatigue intellectuelle, ni la lassitude physique, il n'est pas rare de le voir, à plusieurs reprises, dans une même séance prendre la parole, et chaque fois d'un seul bond s'élever à la hauteur de la discussion. Nul ne sait mieux dominer un débat, ou le tourner à son avantage, suivant les exigences du moment. Tantôt son argumentation se rue sur l'adversaire, pareille à une charge combinée d'infanterie et de cavalerie ; tantôt son indignation éclate en mouvements tumultueux, semblable à un torrent où les périodes aheurtées de parenthèses, d'interrogations, s'entre-choquent, s'enchevêtrent, mais trouvent toujours une issue dans une conclusion claire, saisissante, précise, irrésistible. C'est un fleuve roulant, franchissant ses rives, bondissant, inondant, s'avançant encore, se précipitant, sans qu'aucun obstacle puisse l'endiguer. Les mots succèdent aux mots, les phrases aux phrases; mais jamais la vigueur de l'orateur ne se dément; son exubérance voulue est inépuisable, et en même temps, pour rester telle, jamais elle n'a besoin de faire appel aux artifices de la rhétorique. Ce n'est point, comme eût dit Harley, une « circumgyration de paroles incohérentes »; c'est la pensée, réfléchie aussitôt qu'elle est conçue, jaillissant du cerveau toute revêtue de l'expression et s'épanchant à grands flots.

« Il ne serait pas étonnant, écrivait Macaulay dès 1839, que M. Gladstone devînt un jour l'un des hommes les plus impopulaires de l'Angleterre. » Quarante-cinq ans se sont écoulés depuis cette prédiction, et, jusqu'à l'heure où nous sommes, elle ne s'est pas réalisée. La sympathie publique, fondée sur la fascination qu'exerce le génie, reste acquise à celui qu'on appelle maintenant « le grand vieillard ». En dépit des erreurs commises, des griefs légitimement accumulés, il sera difficile de renverser du pouvoir l'homme qui y a été porté presque en triomphe il y a cinq ans. Quelles que soient, en effet, les colères ardentes bouillonnant dans les âmes depuis la déroute du Soudan, et quoique ces colères soient arrivées au paroxysme depuis la naissance du conflit anglorusse, personne, pas même dans le rang des conservateurs, ne met en doute la droiture des intentions du premier ministre actuel de l'Angleterre.

Cependant il y a un reproche auquel M. Gladstone ne peut échapper. « Certes, disait encore Macaulay, on ne peut dire qu'il y ait, dans cette intelligence d'une si grande ampleur, défaut de lumière; ce
qui y manque, c'est plutôt ce que Bacon appelait « la
lumière sèche ». Tout ce que M. Gladstone con-
çoit est réfracté par la différence de densité des
mediums à travers lesquels passent ses conceptions ;
sa vue est dans la condition de celle du pilote qui
aperçoit, il est vrai, les écueils, les brisants, mais,
trompé par la brume transparente, calcule mal leurs
dimensions et leurs positions. » Il est incontestable
que cette erreur d'optique a porté M. Gladstone, à
chaque période de sa carrière ministérielle, vers un
but distinct de celui qu'en prenant le pouvoir il s'é-
tait d'abord proposé et avait promis d'atteindre.

« Un malade, a dit un des plus illustres philoso-
phes anglais, est en grand danger lorsqu'un méde-
cin l'approche avec un système en tête. » Il en est
de même d'un pays lorsque l'homme d'Etat qui
doit le conduire aborde sa tâche avec une méthode
préétablie, qui n'est point basée sur l'opportunité, et
se trouve arrêtée dans l'esprit avant toute expérience
des circonstances. Or, M. Gladstone , en prenant
possession pour la première fois en 1869 de la direction des affaires publiques en Angleterre, avait, sur
la politique extérieure des idées qu'il entendait faire
prévaloir malgré les hommes et les événements. Il
était décidé à mettre en pratique à l'égard des puissances continentales cette passivité magistrale, cette

masterly inactivity, comme on la nomma bientôt, qui était en contradiction flagrante avec les quatorze ans de politique agressive que l'on venait de passer sous Palmerston.

Sans doute il y avait dans les vues de M. Gladstone un motif grave pour changer ainsi brusquement d'attitude vis-à-vis de l'Europe. Resserrer subitement sur l'Angleterre la ceinture d'argent tracée autour d'elle par l'Océan, et la tenir en quelque sorte volontairement captive dans ses limites insulaires, substituer aux bruyantes et romantiques aventures la circonspection calme et froide, c'était là un programme nouveau, inattendu, qui devait soulever des tempêtes partout où la gloire ne se comprend pas, lorsque son éclat ne rayonne pas au dehors et au loin. M. Gladstone avait sur l'expansion de l'Angleterre des opinions différentes de celles qui avaient cours alors. Il était, si l'on peut ainsi parler, le promoteur de l'école intensive, en opposition avec la doctrine extensive. Il estimait qu'il importait de se consacrer exclusivement, ou dans la plus large mesure possible, aux réformes intérieures, et croyant cette cause bien autrement avantageuse pour le pays que les brouilles internationales il était résolu à concentrer toute son attention et ses efforts sur la mise en valeur d'intérêts qu'il regardait comme plus immédiats.

Telle fut la raison déterminante de ce que les tories ont qualifié de mouvement de recul en présence des envahissements successifs de la Russie dans l'Asie centrale. M. Gladstone, et avec lui tous les hommes politiques dont il prenait conseil, étaient convaincus que les Russes n'avaient aucune visée sur l'Inde. Tandis que Fox et Pitt, ces deux grands rivaux parlementaires, avaient chacun introduit un bill en vue de sauvegarder la barrière anglo-indienne, M. Gladstone, victime une fois de plus de son illusion d'optique, voyait les armées du tsar si éloignées de la frontière afghane qu'il traitait, en 1869, comme il le fit plus tard en 1879, les peurs du spectre russe de peurs de vieille femme. C'était, sous une forme plus saisissante, la pensée exprimée par John Bright au Congrès de la Paix à Edimbourg, en 1853 : « S'imaginer que la Russie arrivera jamais aux Indes, c'est se soucier d'une éventualité qui est fort loin de nous (*a very remote contingency*) ». Or, M. Gladstone, en formant son ministère en 1869, s'était empressé d'offrir le poste de secrétaire d'Etat pour l'administration des Indes à M. Bright. Celui-ci l'avait décliné, à la vérité, pour des motifs de santé ; mais il était resté dans le Conseil avec le portefeuille du commerce, et son influence continuait ainsi à peser dans la balance. L'*India Office* fut confié au duc d'Argyll, le département des affaires étrangères à lord Clarendon, et les colonies à lord Granville.

Le duc d'Argyll avait débuté dans la carrière parlementaire par un coup de pistolet ; il n'avait pas plus de dix-neuf ans lorsqu'il écrivit son « Avis aux Pairs » qui eut un succès de retentissement, et lui valut presque aussitôt un siège à Westminster. Bien qu'il portât un des plus grands noms de l'aristocratie britannique, il avait pris parti pour la cause libérale avec cette fougue de tempérament qui jadis coûta la vie à son aïeul sous Jacques II. Le duc d'Argyll était avant tout un homme de combat ; à la Chambre des Lords, il avait rompu, dès son entrée, avec le formalisme traditionnel des délibérations, attaquant ses adversaires avec une violence outrée, sans prendre en considération ni la déférence due à l'âge ni le respect de la hiérarchie nobiliaire. Aimant à se jeter tête baissée dans les mêlées, il possédait cette indépendance de langage et d'attitude qui caractérise aujourd'hui la personnalité du jeune lord Randolph Churchill. Comme ce dernier, il avait, dès sa première jeunesse, réussi à faire du bruit dans le monde politique ; mais il n'était pas vraiment populaire. M. Gladstone, en l'associant à son cabinet, avait eu surtout en vue de mettre à la tête du département des Indes un homme actif, entendu aux questions de l'Asie centrale, et principalement à celle de l'Afghanistan. Le duc d'Argyll partageait, au reste, les sentiments de M. Gladstone sur la Russie. Ils avaient déjà, l'un et l'autre, cette tendance à favoriser un rapprochement entre les gouvernements de Londres et de Saint-Pétersbourg, qui s'est manifestée, depuis, avec une signification si nette par la publication de leurs ouvrages (1).

Lord Granville entrait avec les mêmes idées dans la combinaison ministérielle ; il devait, dans l'avenir,

(1) Duc d'Argyll, *The Afghan question from 1841 to 1878*, et *the Eastern question* (1876). — Gladstone, *Bulgarian horrors and the question of the East* (1876).

contribuer plus que personne à en seconder la réalisation. La souplesse de son intelligence, la variété de ses études, et surtout sa haute admiration pour M. Gladstone faisaient de lui un auxiliaire dévoué, sur lequel on pouvait compter surtout aux heures de difficultés et de périls. Un historien l'a comparé au vicomte de Létorières, ce héros d'Eugène Sue, cachant sous des apparences de délicatesse féminine une force herculéenne. Quoi qu'il en soit, il révélait déjà, en 1869, ces qualités qui ont trouvé l'occasion de s'affirmer dans ces derniers temps, dans des circonstances plus marquantes.

M. John Bright était alors plus encore qu'aujourd'hui le promoteur des grandes réformes radicales dans le domaine de la politique intérieure, mais en même temps l'adversaire systématique de toute entreprise offensive à l'étranger et l'apôtre de la paix universelle.

Lord Clarendon devait son poste de secrétaire d'Etat du Foreign Office dans la combinaison de 1869, à la part importante qu'il avait prise dans les événements de la guerre de Crimée. C'était lui qui avait signé l'ultimatum du 27 février 1854; mais l'attitude obligée qu'il avait prise en cette circonstance ne pouvait être interprétée comme une preuve d'hostilité quand même contre la Russie. On avait vu, au contraire, dans la rédaction de ce document constituant une déclaration de guerre, le regret d'avoir à signifier cette rupture, et le désir de l'éviter jusqu'à la dernière heure en invitant le gouvernement

du tsar à « renfermer le litige dans des limites pure-
ment diplomatiques ».

Il est certain qu'en 1869, lorsque les animosités
ou plutôt les intérêts mercantiles qui avaient déterminé, quatorze ans auparavant, la lutte sanglante
entre la Russie et l'Angleterre, avaient fait place
à d'autres considérations plus pacifiques, lord Clarendon, revenu à ses préférences de conciliation et
interprétant d'ailleurs le programme du cabinet de
M. Gladstone, restait d'accord avec lui-même et
obéissait à la logique en proposant au prince Gortschakoff de renouveler, à propos de l'Afghanistan,
une politique sanctionnée par les résultats obtenus
en Europe même. La neutralité de la Belgique et
de la Hollande n'avait-elle pas donné la preuve de
l'efficacité de cette conception des Etats « tampons »,
et ne pouvait-on espérer de la Russie, dans l'Asie
centrale, aux portes de l'Inde, le même respect de la
foi jurée qui, depuis plus d'un demi-siècle, était si
loyalement gardée par la France et les puissances
allemandes, dans l'Europe occidentale, aux portes
de l'Angleterre ?

Il est vrai que la politique extérieure de la Russie
était traditionnellement tout autre que celle de la
France et de l'Allemagne depuis les traités de 1815 ;
mais quel reproche pouvait-on faire, en définitive,
aux hommes d'Etat anglais de vouloir ignorer à dessein ce prétendu testament de Pierre le Grand, évidemment apocryphe et émané sans nul doute du
parti de la guerre à Saint-Pétersbourg ?

Ce furent ces raisons, dictées par un examen de

la situation telle que la faisaient les assurances du prince Gortschakoff, qui inspirèrent à lord Clarendon et à M. Gladstone, ainsi qu'à leurs collègues, la pensée de régler par un compromis les difficultés présentes ou futures pouvant naître des visées de la Russie sur le Turkestan.

Lord Mayo avait succédé comme vice-roi de l'Inde à lord Lawrence. Shere-Ali venait, peu auparavant, de triompher de l'opposition avouée que lui faisait Abdourrhaman, et, après avoir contraint ce dernier à chercher un refuge sur le territoire russe, il avait établi d'une manière permanente son autorité suprême sur l'Afghanistan. Pour la consolider et surtout pour la garantir contre les menées russes, dont Abdourrhaman pouvait, à toute heure, devenir l'instrument, Shere-Ali avait tout d'abord insisté sur la nécessité d'une alliance anglo-afghane, et dans ce but il avait demandé une entrevue à lord Lawrence. Cette démarche avait été accueillie très favorablement à Calcutta ; mais l'accomplissement en avait été retardé par la dernière tentative d'Abdourrhaman sur Caboul et ensuite par le départ de lord Lawrence.

Dès son arrivée dans l'Inde, lord Mayo reprit les négociations de son prédécesseur avec Shere-Ali. La rencontre du vice-roi et de l'émir eut lieu à Ambala, au printemps de 1869. Lord Mayo possédait, à un rare degré de supériorité, les qualités qui impressionnent les Orientaux. Aux mérites d'une intelligence élevée et à une grande fermeté de décision il joignait le charme et le raffinement de l'élégance dans les relations officielles ou privées, les grâces, les manières séduisantes, la distinction de langage qui captivent la confiance surtout parmi les Asiatiques. Une connaissance pratique des hommes, fondée sur une longue expérience, s'ajoutait à l'ensemble de cette éducation diplomatique.

Shere-Ali était disposé, pour s'entourer d'une entière assurance contre les projets russes, à souscrire à toutes les concessions que l'Angleterre aurait exigées de lui. Il était prêt à reconnaître la suzeraineté de la Grande-Bretagne, pourvu que le suzerain lui accordât la protection et l'appui que le vassal est en droit d'attendre. Ce qu'il demandait était au reste si facile à lui accorder que lord Mayo n'aurait pu s'y refuser, pour peu que la *masterly inactivity* n'eût pas lié les mains au vice-roi. L'émir voulait faire reconnaître par l'Angleterre les droits au trône du prince Abdoullah-Djan, son fils favori, qu'il avait choisi pour héritier. Il réclamait en outre une alliance offensive et défensive avec le gouvernement de l'Inde, en vue de sauvegarder l'indépendance de l'Afghanistan.

Le vice-roi ne put répondre à ces avances formelles d'amitié et à ces propositions d'un protectorat de l'Angleterre sur l'Afghanistan que par des assurances courtoises, mais vagues. Il promit de prendre en considération les appels éventuels de l'émir à l'assistance anglaise ; il ne s'engagea point en termes positifs à repousser, de concert avec Shere-Ali, toute agression russe ; mais il fit pressentir que, de temps à autre, suivant les circonstances, le gouverne-

ment de l'Inde viendrait en aide au gouvernement
afghan. Shere-Ali, déçu dans ses espérances, renouvela ses instances pressantes. Il déclara qu'il ferait
tout pour prouver sa gratitude, si l'Angleterre voulait, par une reconnaissance officielle, sanctionner
la légitimité de sa dynastie. Lord Mayo, agissant
en vertu de ses instructions, ne put à tant de désirs
d'entente et d'union opposer qu'un *non possumus*.
Shere-Ali, tout en professant des sentiments d'admiration et d'affection personnelle pour lord Mayo,
comprit dès ce moment que *les Anglais n'avaient
souci que d'eux-mêmes* (1) !

Les années s'écoulèrent, et l'Angleterre s'en-
dormit dans sa magistrale passivité. Pendant
ce temps, les Russes reculaient progressivement la
borne de leurs possessions asiatiques. En juin
1873, une nouvelle parvint à Caboul, qui remplit
l'émir de terreur : Khiva venait d'avoir le sort
de Samarkand. Les avant-postes se rapprochaient de
la frontière afghane. Le prince Gortschakoff avait
une fois de plus « oublié » ses promesses solennelles.
Les assurances données par lord Mayo dans la conférence d'Ambala étaient trop ondoyantes pour maintenir le souverain afghan dans l'immobilité à
laquelle on l'avait condamné quatre ans auparavant. Il se tourna de nouveau, avec anxiété, vers
celui qui pouvait empêcher la violation prochaine
des conventions de 1869. Mais lord Mayo avait péri
sous le poignard d'un Afghan, et lord Northbrook

(1) Colonel MALLESON, *The Russo-Afghan Question.*

avait pris la direction des affaires à Calcutta.

« Le cabinet est d'avis qu'il n'y a pas lieu de partager les alarmes de l'émir et veut s'en tenir à la politique adoptée jusqu'ici à l'égard de l'Afghanistan » : tel fut le message envoyé de Londres à lord Northbrook et transmis par celui-ci à Shere-Ali. Plus clairvoyant que les hommes d'Etat et les diplomates anglais, le souverain afghan voulut épuiser tous les moyens de dessiller les yeux à ceux qui s'aveuglaient aussi obstinément sur la situation. Il chargea Nour Mouhammed Shah, un des hommes éminents de sa cour, de faire une démarche directe auprès de lord Northbrook. Le vice-roi eut, à quinze jours d'intervalle, deux entrevues avec l'envoyé afghan C'était aller au-devant d'un second échec. Lord Northbrook se renferma, comme l'avait fait lord Mayo, dans un langage réservé, ne promit rien. et, en dernière analyse, rappela à l'émir les assurances données à l'Angleterre par le prince Gortschakoff. « Puisque la Russie n'avait aucun dessein de s'étendre au delà de la sphère où elle était appelée à exercer son influence, toute décision de la part de l'Angleterre au sujet de la question afghane pouvait sans inconvénient être ajournée jusqu'au moment opportun. Cependant, au cas d'une agression du dehors, si l'influence anglaise était réclamée et si les négociations n'aboutissaient point à un arrangement satisfaisant, *il était probable* que le gouvernement anglais fournirait à l'émir une assistance matérielle en vue de repousser l'envahisseur, pourvu que l'émir consentît à suivre l'avis du gouvernement britannique et s'abstînt lui-même de toute démonstration agressive. »

L'émir n'avait plus qu'une détermination à prendre : sans rompre ouvertement avec le vice-roi, il cessa tous rapports avec lui, et resta sur l'expectative. L'Angleterre, insoucieuse de ce que l'on pensait et faisait à Caboul, se plongea dans sa torpeur ; M. Gladstone se félicita du succès obtenu par le *Hands Off*; et la Russie poursuivit impunément sa taupinière.

La frontière scientifique.

La chute du grand ministère en 1874 était de nature à faire espérer un changement de front dans la politique extérieure de la Grande-Bretagne. La *great administration* de M. Gladstone avait duré cinq ans ; elle avait incontestablement accompli de grandes choses, mais il semblait ou que son énergie se fût épuisée dans son travail titanique de réorganisation administrative, ou que la nation fût lasse elle-même d'un gouvernement qui avait fait œuvre de bûcheron en portant la cognée dans ce que M. Gladstone avait appelé lui-même les trois branches du mancenilier : la question des cultes, la question agraire et la question de l'instruction publique. On rendait justice à ce chef du cabinet libéral et à ses collègues en reconnaissant qu'ils avaient travaillé à la tâche comme des ouvriers consciencieux ; mais on disait aussi, avec les conservateurs, que le prestige de l'Angleterre s'en était amoindri au dehors, et que dans l'affaire de la neutralisation de la mer Noire en 1871, ce prestige avait été, sinon mis en péril, au moins sérieusement affecté. On rappelait, d'autre part, la piteuse déconvenue de lord Clarendon et de lord Granville dans la querelle de *l'Alabama* ; et la susceptibilité si chatouilleuse du peuple anglais ne pardonnait point à M. Gladstone l'obligation imposée par le médiateur allemand à l'orgueil britannique de « mettre les pouces (*to knuckle down*) devant les Américains ».

La marée avait commencé à baisser depuis 1871. Le grand ministère avait vu sa popularité s'en aller pour ainsi dire pièce à pièce sans qu'il en eût conscience. M. Gladstone était trop sincèrement, trop sérieusement absorbé dans ses projets. Il avait déclaré, en arrivant au pouvoir, qu'il avait charge de réformes, et il avait, dans une large mesure, tenu parole à ses constituants. Mais il s'était mis dans le cas d'un homme qui, marchant aussi vite et aussi loin que possible en vue d'arriver au but, fatigue ceux qui lui emboîtent le pas. Dans ces conditions, la réaction était inévitable. Ce fut, à la vérité, M. Gladstone lui-même qui précipita sa chute en se décidant inopinément à dissoudre la Chambre des Communes. Il espérait peut-être, suivant une expression consacrée, se retremper dans de nouvelles élections ; mais le scrutin lui fut fatal, et il fut forcé de se retirer.

L'homme d'Etat désigné d'avance par les tories victorieux pour succéder à M. Gladstone était M. Disraëli, qui devait devenir bientôt lord Beaconsfield. Le grand leader du parti conservateur n'était plus un homme nouveau. Il avait depuis longtemps donné la mesure de ses intentions et de ses ambitions. Non seulement il s'était, dès le début de sa carrière politique, annoncé lui-même comme un autre Palmerston, donnant ainsi à entendre clairement que toute son activité tendait vers les affaires extérieures, mais sa rentrée au pouvoir en 1871 avait pour tout le monde une signification à laquelle il aurait été impossible de se tromper. Au commencement du siècle dernier, sous le règne de la reine Anne, les deux grands partis, whigs et tories, accusaient leurs tendances opposées, les premiers par leur esprit belliqueux et leur impatience d'entrer en lutte avec la France, les seconds par leur attachement à la paix. Avec M. Disraëli et M. Gladstone ces rôles avaient été intervertis. Les tories ne rêvaient plus, cette fois, que prouesses de paladins ; les whigs ou les libéraux, au contraire, affectaient des allures pacifiques, voisines de la pusillanimité. Cette transformation des deux camps, qui pouvait se comparer à un chassé-croisé, était due à des causes qu'il serait hors de propos d'étudier ici. Quoi qu'il en soit, elle n'était mise en doute par personne, et soit que la discipline parlementaire exerçât dans la Chambre des Communes un empire tyrannique, soit que, dans chacun des partis, chaque membre comprît la nécessité de suivre sans réplique la direction indiquée par le *leader* pour faire de lui un puissant levier de force et d'influence, telle était l'autorité incontestée de M. Disraëli qu'il pouvait, une fois maître du gouvernement, dire avec plus de certitude que Louis XIV: L'Etat c'est moi!

Or, M. Disraëli, comme lord Palmerston, était si complètement étranger aux questions intérieures qu'il eût été incapable de se soutenir au pouvoir s'il ne s'était pas tout entier porté vers les questions extérieures. Celles-ci avaient d'autant plus de place dans son activité que celles-là n'en avaient, à dire vrai, aucune. Un ministère Gladstone avait toujours eu pour l'Angleterre libérale et pour l'Europe un programme connu d'avance, celui du travail assidu, méthodique, pratique, creusant pas à pas le sillon du progrès avec la ténacité du laboureur enfonçant le soc de la charrue dans le sol, qu'il fouille, épierre et herse avec patience ; mais un ministère Disraëli avait pour les tories anglais, dès avant son avènement, une ligne de conduite tout aussi nettement tracée. M. Disraëli, se souvenant de son origne orientale, se berçait volontiers de l'illusion qu'au lieu de diriger les affaires de la Grande-Bretagne il tenait dans ses mains les rênes de quelque grand empire d'Orient ; il aimait à nommer l'Angleterre une puissance musulmane asiatique, et il n'était pas éloigné de modeler son administration sur celle des rajahs de l'Inde, en donnant à toute l'organisation intérieure du gouvernement un appareil fastueux. Jusqu'à ce moment, il est vrai, M. Disraëli n'avait point été à la tête d'un cabinet. Aussi n'avait-il pas eu l'occasion de réaliser son rêve. Mais l'heure était enfin arrivée. Il avait maintenant derrière lui une majorité obéissante, presque servile, et si nombreuse qu'elle pouvait défier toutes les attaques de l'opposition libérale. Il avait la confiance absolue de la reine. Jamais son ambition n'avait été secondée par un concours plus puissant de circonstances et de sympathies. Aussi M. Disraëli ne parlait-il, cette fois, que de l'inauguration d'une ère nouvelle, semblable par l'éclat à celle d'Elisabeth. L'Angleterre allait reprendre sa haute position dans le concert européen. Les cabinets et les chancelleries du continent allaient avoir à compter avec la politique étrangère de la Grande-Bretagne, et cette politique allait s'affirmer par une ingérence active dans les affaires de l'Orient.

Le premier acte de la nouvelle administration des tories fut la nomination de lord Lytton au poste de vice-roi de l'Inde. Ce choix était d'accord avec les tendances de M. Disraëli ; mais il restait à voir quel résultat il produirait sur le terrain où le fils du grand romancier Bulwer était appelé à recueillir la succession des Lawrence et des Mayo. En envoyant lord Lytton à Simla, le nouveau cabinet tory lui avait donné pour instruction de substituer immédiatement aux promesses vagues faites par la *masterly inactivity* à Shere-Ali, une politique d'alliance anglo-afghane ouverte, décidée, sans aucune équivoque possible pour la Russie. Lord Lytton avait ordre de consentir à toutes les demandes antérieures de l'émir, de reconnaître sa dynastie, de lui donner l'assurance formelle d'une entente défensive et offensive.

Mais M. Disraëli avait compté sans les événements. Non seulement Shere-Ali avait profondément ressenti l'indifférence du gouvernement de M. Gladstone à son égard et la froideur de lord Northbrook, si différente de l'affabilité de lord Mayo, mais le jugement arbitral qui venait d'être rendu par l'Angleterre, ou plutôt par le gouvernement de l'Inde dans le différend entre l'Afghanistan et la Perse, au sujet de certains points en litige du Saïstan, avait achevé d'exaspérer le souverain afghan. En outre, Shere-Ali, ne trouvant aucun appui dans l'Angleterre sur la question de succession au trône qui le préoccupait avant tout, s'était décidé à la régler lui-même en s'emparant habilement de la personne de Yacoub-Khan, le rival de Abdoullah-Djan.

Les offres de lord Lytton arrivèrent trop tard. La Russie avait pris les devants à Caboul. Shere-Ali, lassé d'attendre des envoyés anglais qui ne venaient point, avait accueilli ceux du tsar qui se trouvaient à ses portes. Pour donner à cet accueil une portée encore plus marquante, il avait reçu l'ambassade russe avec une véritable ostentation. Cette attitude constituait, il est vrai, une rupture du traité d'alliance « perpétuelle » signé en 1854 par Dost-Mohammed ; mais l'Angleterre avait-elle bien le droit d'invoquer ce traité lorsqu'elle-même en avait affirmé la caducité par son refus obstiné à prendre en main la défense des intérêts afghans ? Certes, la position de lord Lytton était délicate. Il portait la peine des fautes commises par la grande administration, et il se voyait obligé à une volte-face non seulement imprévue, mais contraire aux vues de son gouvernement Cependant, en dépit de ces difficultés,

il devait aller de l'avant. Il essaya de faire revenir
l'émir à une politique d'entente avec l'Angleterre, et
il échoua dans cette négociation de la dernière
heure. Shere-Ali avait les mains liées par la Russie.
M. Disraëli décida qu'il n'y avait plus qu'un moyen
de défaire le nœud gordien : celui d'Alexandre. Il
déclara la guerre à l'Afghanistan.

Guerre non moins inique que celle qui avait
été faite à Dost-Mohammed. N'était-ce pas, en
définitive, l'Angleterre elle-même qui avait sciemment, avec une obstination voulue, poussé le
souverain afghan dans les bras du tsar ? N'était-ce
pas elle qui avait opposé une indifférence hautaine
et blessante à toutes les prières, à toutes les sup-
plications de Shere-Ali ? Et de quel droit l'Angleterre prétendait elle châtier une défection qu'elle-
même avait tacitement commandée ? Menacé par
les tribus turcomanes limitrophes de son territoire, le fils de Dost-Mohammed s'était souvenu de
l'alliance contractée par son père avec les Anglais, et
il s'était renfermé loyalement dans les bornes strictes
de ce contrat dont il avait réclamé l'exécution. Aussi
longtemps qu'il avait espéré l'appui de ceux qui le
lui devaient au nom de la foi jurée, il était resté lui-
même fidèle à ses serments. Contraint par la force
des choses à demander secours à l'un des deux Etats
européens assez puissants pour sauvegarder les intérêts de sa dynastie et ceux de son peuple, il n'a-
vait tourné les regards vers la Russie que lorsque
l'Angleterre s'était détournée de lui, et c'est pour
avoir accepté d'un coté l'assistance indispensable qu'on

lui déniait de l'autre, qu'il voyait son pays livré au pillage et mis à feu et à sang.

On connaît les détails de cette guerre, et l'on sait quelle en fut l'issue. Au mois de novembre 1878, dans un banquet donné par le lord-maire de Londres, lord Beaconsfield mit pour la première fois en circulation un mot qui est resté depuis lors dans le langage diplomatique. Parlant des causes qui avaient déterminé l'intervention armée de l'Angleterre dans l'Afghanistan, le chef du cabinet tory déclara qu'il avait pour objectif de créer une « frontière scientifique ». L'expression était sonore, peu intelligible, en tout cas très vague. Mais, malgré cela ou peut-être à cause de cela, elle eut du succès ; on l'accepta et on la répéta, sans demander ce qu'elle voulait dire au juste, et sans rechercher si l'orateur lui-même, très coutumier d'ailleurs de termes à effet, savait la portée qu'il voulait y donner. Il est probable que, dans la pensée de lord Beaconsfield, « frontière scientifique » signifiait « frontière stratégique », et c'est ainsi que l'entendaient les officiers supérieurs et les hommes versés dans les questions militaires.

Or, jusqu'à quel point une frontière stratégique pouvait-elle garantir les possessions anglaises de l'Inde ? Et, pour obtenir ce résultat, quel devait être le tracé de cette frontière ? Le lieutenant général Sir Edward Hamley, dont nous avons déjà signalé la haute compétence, étudia ce problème et l'exposa devant une assemblée nombreuse, au mois de décembre 1878. Il constata que la ligne de défense actuelle de l'Inde ne constitue pas une barrière infranchissable, et il démontra la nécessité d'établir sans délai de nouveaux ouvrages stratégiques dans la plaine de Peshawar, de manière à se mettre à l'abri d'une invasion par les passes du Khyber, de Kourum ou de Gomoul ; il ajouta que ces ouvrages pouvaient être achevés rapidement, et que dans ces conditions il n'y aurait point à s'alarmer de ce côté ; seulement il montra sur la carte qu'entre Candahar et l'Inde il y a des plaines d'une fertilité remarquable, où une armée ennemie peut se cantonner en attendant que son général ait choisi le moment opportun et le point le plus commode pour franchir le fleuve indien. Une frontière stratégique ou scientifique ne pouvait donc être utile que si elle occupait l'angle comprenant cette région et les passes du sud donnant accès dans l'Inde. Elle n'avait de valeur que si l'on établissait une forte garnison anglaise à Candahar, afin de commander toutes les routes que pouvait éventuellement menacer l'ennemi, et d'avoir constamment à portée les sources d'approvisionnements et les moyens de transport. « Occuper Candahar, disait Sir Edward Hamley, ne veut pas dire occuper cette ville seulement. N'avoir à opposer à un assiégeant qu'une citadelle dont il peut battre les murs avec tout le matériel formidable de l'artillerie moderne, c'est condamner d'avance cette citadelle à la capitulation, et les défenseurs à la captivité ou à la mort. Il faut en même temps et surtout être maître des positions qui la couvrent à distance, c'est-à-dire de la ligne du Helmund, et fortifier ces positions par des ouvrages en terre, derrière lesquels doivent s'aligner des batteries plus nombreuses que celles dont l'armée d'invasion peut se faire accompagner dans sa marche. Parmi toutes ces positions, la plus importante est Ghrisk, et il serait aisé de la rendre inexpugnable. Derrière cette première ligne, s'échelonnerait une seconde, puis une troisième, décrivant un arc à partir du désert. En résumé, la frontière scientifique n'a de sens et de portée stratégique que si elle implique la prise de possession de Candahar et du Helmund. » Sir Edward Hamley disait en terminant : « Si nous ne prenons pas cette résolution, la Russie la prendra quelque jour avant nous » (1).

Ainsi, pour les autorités militaires, dont l'avis devait prévaloir dans les conseils du gouvernement indien et dans ceux du cabinet de Londres, ou bien la « frontière scientifique » de lord Beaconsfield n'était qu'une conception indécise, et dès lors inefficace, ou bien elle devait avoir pour objet l'extension des limites britanniques jusqu'à Candahar, l'annexion du plateau onduleux de Chatiali derrière Tal et celle de la vallée de Pishin, l'achèvement des fortifications de Candahar et le raccordement de cette place avec Girishk, Farah et Hérat par un chemin de fer, enfin l'établissement du protectorat anglais à Hérat.

Or, quelle que fût l'audace de cette conception, elle était pratique et réalisable le jour où l'on tien-

____

(1) Sir Edward Hamley, *Conférences faites au « Royal united service institution » de Londres*, en décembre 1878.

drait l'émir à sa merci. Pourquoi donc, ce jour arrivé, quand Yacoub vaincu se trouva si complètement livré aux Anglais, qu'il dut signer les yeux fermés le traité de Gandamak en mai 1879, lord Lytton ne sut-il point profiter de sa victoire, comme l'aurait fait tout autre vainqueur ? Il n'y avait qu'à réclamer, à exiger le tracé tel que l'avait décrit Sir Edward Hamley, et l'émir y eût donné son adhésion sans réplique. Lord Lytton ne le fit pas, et il est probable qu'en agissant ainsi il suivit à la lettre les instructions venues de Downing-Street.

Certes, il peut paraître étrange que le cabinet tory, après avoir mené si grand bruit de la frontière scientifique, et après avoir fait dépendre de l'exécution de ce plan toute la sécurité de l'empire anglo-indien, ait reculé devant la mise en pratique aussi facile d'un projet aussi vanté. Mais on n'a point de peine à s'expliquer cette versatilité lorsque l'on se rappelle combien M. Disraëli avait horreur de la sécheresse de détails d'un plan qu'il aimait à concevoir sans être capable d'en dessiner lui-même les lignes ou, tracées par d'autres, de les examiner de près avec soin. A vrai dire, l'idée de la frontière scientifique ne fut pas abandonnée ; mais, telle qu'elle se trouva définie dans le traité de Gandamak, elle ne représentait que l'œuvre des hommes les moins scientifiques qu'il y eût aux Indes et en Angleterre. Le traité de Ganda-mak donnait aux Anglais la passe de Khyber, la vallée du Kourum, et celle de Pishin. Or, reculer la limite indienne jusqu'au cœur de l'Afghanistan, à l'entrée du Khyber, c'était constituer une frontière nouvelle cent fois moins sûre que celle qui existait auparavant, attendu qu'il était plus avantageux, sous tous les raports, de recevoir l'ennemi au sortir du défilé, lorsqu'il serait harassé de fatigue, et épuisé par la lutte avec les montagnards, et de l'accabler dans la vallée de l'Indus avec des troupes fraîches. La prise de possession de l'accès du Kourum devait donner les mêmes résultats défavorables. Somme toute, il n'y avait dans toute l'acquisition nouvelle qu'un seul point qui eût une vallée réelle : c'était la vallée de Pishin.

La frontière scientifique, dans les conditions où on la comprit à Simla et à Londres, n'était donc qu'une conception bâtarde, plus nuisible qu'utile, une preuve de plus de l'impéritie britannique. A vrai dire, personne ne put s'en rendre exactement compte, puisque ce fameux plan resta tout entier sur le papier et s'effaça de lui-même, aussitôt le traité de Gandamak déchiré. On aurait pu, toutefois, même au dernier moment, réparer la grave erreur que l'on allait commettre en ne se saisissant pas de Candahar. En fait, cette place était pour le moment aux mains des Anglais. Il ne s'agissait que de changer par une simple déclaration ministérielle l'occupation temporaire en occupation définitive. On ne put s'y résoudre. On adopta un moyen terme. Au lieu d'installer à Candahar une administration anglaise, on donna l'autorité à un vali, qui pouvait, à la première occasion, se tourner contre les Anglais, et qui n'aurait, au demeurant, aucun moyen d'empêcher la désertion de ses troupes, au premier revers des forces britanniques, Le désastre de Maiwand en fournit bientôt la preuve. Lord Beaconsfield regretta, peut-être, de ne pas avoir été plus sage. Mais pour la seconde fois il était trop tard, et le cabinet tory allait expier sa double erreur par sa propre chute.

L'évacuation de Candahar.

En janvier 1880, la veille de son échec électoral, auquel il s'attendait si peu, lord Beaconsfield conçut un projet qu'il n'eut pas le temps d'élaborer complètement, mais qui aurait été poursuivi, sans aucun doute, si le ministère tory n'était pas brusquement tombé. Pour empêcher les Russes d'arriver à Hérat, l'Angleterre négocia secrètement la cession de cette place à la Perse. Acte inconcevable, qu'en tout autre pays on eût qualifié de haute trahison, et qui, s'il avait été accompli, devait avoir pour conséquence immédiate de livrer au tsar, sans coup férir, la meilleure clef de l'Inde. Certes, il est impossible de préjuger dans quelles conditions exactes ce nouveau dessein de lord Beaconsfield, non moins funeste que celui de la frontière scientifique, aurait été accueilli à Téhéran d'une part et à Caboul de l'autre. Mais il nous suffit que la pensée en soit venue à un cabinet tory pour augurer de l'avenir où courrait l'Angleterre, si jamais elle retombait en de telles mains. Est-ce à dire qu'un gouvernement libéral, surtout lorsqu'il est conduit par M. Gladstone, lui présente plus de garanties de sécurité, en ce qui concerne la barrière afghane et les visées des Russes sur l'Inde? Les faits répondent éloquemment à cette question.

La guerre de l'Afghanistan n'était pas terminée, lorsque les libéraux rentrèrent à Downing-Street. Ils auraient, dès le même jour, donné aux Cipayes l'ordre de rebrousser chemin et de se replier en deçà de l'Indus, s'ils n'avaient été forcés de liquider la situation dont ils venaient d'hériter. Sir Frederick Roberts les tira de ce mauvais pas en réparant la défaite de Maiwand et en débloquant Candahar. Or, ou bien l'expérience, même quand elle vient d'adversaires, est pour les gouvernements un guide auquel on peut s'en rapporter, ou bien il faut admettre que chaque ministère nouveau, en prenant la place de celui qui l'a précédé, entre délibérément en aveugle dans l'administration des affaires politiques intérieures ou extérieures. Tout ce qui s'était passé dans l'Afghanistan et à ses portes du nord-ouest démontrait à l'évidence que la Russie, en dépit des bons billets signés par le prince Gortschakoff, marchait droit devant elle et ne devait s'arrêter que le jour où, suivant la phrase déjà citée de Palmerston, l'Europe serait assez ferme pour lui interdire d'aller plus loin. Dans ces conditions, l'Angleterre n'avait logiquement à prendre qu'un parti: ne rien faire qui pût amoindrir son prestige dans l'Asie centrale et antérieure, et en même temps tout mettre en œuvre pour empêcher les Russes d'y accroître le leur.

Roberts avait infligé aux sirdars afghans hostiles à l'Angleterre, et surtout au poétique héros de l'insurrection antibritannique, Ayoub-Khan, un

châtiment exemplaire, qui n'avait pas manqué d'exercer une profonde impression sur les imaginations si
mobiles dans l'Orient. Candahar, sauvée par un de ces
exploits militaires devant lesquels pâlissait le renom
même des généraux russes, restait le gage de la soumission volontaire ou forcée des Afghans. Ce gage
légitimement conquis, tout conseillait de le conserver. La Russie, elle-même, par l'organe de ses meilleurs officiers supérieurs et de ses écrivains militaires les plus autorisés, dictait cette ligne de conduite
à l'Angleterre. « Le mode de défense le plus sûr et le
moins onéreux pour les Anglais dans l'Inde, venait
de dire le plus compétent de tous les écrivains russes,
c'est de reculer leurs bornes jusque dans l'Afghanistan et de faire prévaloir leur influence à Caboul,
à Candahar et à Hérat (1). »

Les anciens disaient: *Fas est et ab hoste doceri.*
M. Gladstone et lord Granville, si versés l'un et
l'autre dans la littérature classique, devaient mieux
que personne se souvenir de cette maxime, et la
sagesse la plus indiscutable leur dictait de l'appliquer en ces circonstances. Mais M. Gladstone était
russophile, et lord Granville convenait, avec son
humour et sa bonhomie accoutumés, qu'il « n'avait,
quant à lui, jamais été plus jeune ». Ce fut la politique
juvénile de celui-ci qui fit le jeu russe de celui-là. Il y
avait d'ailleurs, dans l'entourage du chef du cabinet
et du secrétaire du Foreign-Office, un parti-pris de

(1) Général ANNENKOFF, *Akhat-Tekinski Oaxis i pooti v
Indiyou.*

n'adopter aucune mesure qui de près ou de loin ressemblât à celles qu'avait prises le ministère sortant. Cette attitude pouvait évidemment se justifier en beaucoup de cas. Il était vrai, comme l'avait signalé un autre organe officieux ou officiel de la Russie, que « les conservateurs n'avaient eu, en définitive, qu'une politique mouvante, se déterminant d'après les événements et se laissant remorquer par eux, au lieu de les conduire (1) ». Mais n'était-ce pas aller trop loin dans la répugnance pour les procédés de cette politique conservatrice que de fermer volontairement les yeux sur tout ce qui avait été mis en lumière sous son régime ? Et n'était-ce pas fermer l'oreille opiniâtrément aux enseignements d'un passé datant à peine de la veille, que d'opposer à ces leçons si nombreuses des affirmations gratuites démenties par tous les grands stratégistes contemporains ?

Mais la *masterly inactivity* obéissait à cet esprit de parti qui est comme une lanterne sourde n'éclairant qu'un seul sentier étroit, tandis que l'ombre cache l'abîme. M. Gladstone voulait avoir les mains nettes, *Hands Off*. La question afghane était pour lui une quantité négligeable, du moment qu'elle ne se compliquait point d'une question russe. Et celle-ci pouvait être rangée au nombre des impossibilités tant que le gouvernement anglais serait aux mains du plus russomane de ses hommes d'Etat. Tels étaient les

---

(1) *Etude diplomatique sur la guerre de Crimée.* Publication officielle russe.

raisonnements tenus à Londres par la presse offi-
cieuse et au Parlement anglais par les amis et les
admirateurs quand même de M. Gladstone ; aussi
n'était-il pas étonnant de voir l'opinion se rallier à
ces déclarations et à ces assurances.

Macaulay avait eu raison de dire : « Les affaires
de l'Angleterre se traitent par la parole, celles de
l'Inde par l'écriture ». Ce furent les memorandums
qui, reproduits ou analysés par la presse quoti-
dienne ou mis en circulation sous forme de bro-
chures, plaidèrent l'occupation ou l'évacuation de Candahar. Quelques-uns de ces memorandums étaient
signés par les noms les plus célèbres : lord Wolseley,
lord Napier de Magdala, Sir Frédéric Haines, Sir
Henry Norman. Beaucoup concluaient en faveur du
projet de M. Gladstone, et conseillaient l'abandon de
la ville afghane. De ce nombre était lord Wolseley ;
mais, tout en se rangeant à l'avis du gouvernement, la
vérité l'obligeait à reconnaître que « si jamais les
Russes marchaient sur Hérat, les Anglais devaient
assurément occuper Candahar, à moins que l'Angleterre ne renonçât à l'Inde, ou consentît à se la laisser
prendre ». Parole fatidique, qui resta sans écho !

Le résultat du procès était prévu. La cause était
jugée d'avance. Dans la Chambre des Lords, la mo-
tion de lord Lytton pour le maintien de la garnison
anglaise à Candahar fut votée par une majorité de
89 voix. Dans la Chambre des Communes, le bill
ministériel pour l'évacuation de Candahar fut
adopté par une majorité de 120 voix.

Les Lords n'avaient plus qu'à s'incliner devant la

décision de l'assemblée populaire. Candahar fut éva-
cué, et les rails du chemin de fer qui devait être
poussé de Nari à Quetta et de là jusqu'à Candahar
furent vendus à l'encan, avec une perte de un demi-
million de livres sterling !

Le subside de l'émir.

Cependant telle était la force des choses que, tout
en se dégageant les mains, M. Gladstone se trouvait
dans la nécessité de faire certaines concessions aux
partisans de la politique active de l'Angleterre dans
l'Afghanistan. Il était difficile, en effet, de trouver
une assiette ferme et une base constante pour l'empire anglo-indien, si l'on se désintéressait complètement des affaires afghanes au point d'y laisser toutes
les portes ouvertes aux agents russes. D'ailleurs
M. Gladstone lui-même, lorsqu'il avait été à la tête
du grand ministère de 1868 à 1874, ne s'était pas
abstenu de prendre des précautions contre ces éven-
tualités. Lord Mayo et lord Northbrook avaient eu
pour instruction de ne rien donner à l'émir, mais de
l'empêcher de rien accepter du tsar. En 1880, la
situation avait pris une tournure différente. Le nouvel émir, Abdourrhaman-Khan, était, on se le rappelle, le petit-fils de Dost-Mohammed, et il pouvait
être par conséquent accepté comme l'héritier légitime du trône afghan au même titre que Yacoub ;
mais on n'oubliait pas que Abdourrhaman avait
conspiré avec son père Mohammed Afzoul contre

Shere-Ali, et que, vaincu par ce dernier et par Yacoub, il s'était réfugié sur le territoire russe. On se souvenait aussi qu'à plusieurs reprises Abdourrhaman avait lui-même sollicité l'aide de la Russie et du général Kaufmann, et qu'à une certaine époque il avait été question de se servir de lui pour exécuter le plan de Skobeleff et pour fomenter une insurrection à Caboul. Quelques-uns allaient jusqu'à prétendre que Abdourrhaman n'avait peut-être pas été étranger au soulèvement qui s'était terminé par le massacre de Sir Louis Cavagnari. Quoi qu'il en soit, on devait enchaîner la sympathie du nouvel émir, ou tout au moins la payer par des services plus positifs qu'une promesse de concours éventuel. Du fameux refrain des *jingoes* M. Gladstone avait retenu la fin : L'Angleterre a l'argent (*We' ve got the money too*). Depuis le commencement de ce siècle, nulle arme n'avait été plus utile au gouvernement britannique, et, s'il faut en croire certains témoignages, elle venait tout récemment, dans les affaires d'Egypte, de lui fournir le moyen de se débarrasser d'Arabi-Pacha.

Toujours est-il que déjà lord Lawrence et lord Mayo avaient reconnu l'avantage de s'attacher les émirs afghans par une « *assistance pécuniaire* ». Il est vrai que cette assistance n'avait eu qu'un caractère tout à fait provisoire, et le duc d'Argyll en avait même fait l'observation expresse à lord Mayo en 1869, et lui avait en termes très nets enjoint de ne pas dépasser ses instructions : « Pas de traité, pas de *subside fixe*, pas de troupes européennes, d'officiers, de résidents, pas d'engagements dynastiques ». L'idée du *« subside fixe »* appartenait à lord Lytton ; c'est lui qui, dans le cours des négociations poursuivies à Peshawar en 1876 et 1877, avait offert à Shere-Ali un subside *« annuel »* de douze lacs de roupies. Ces négociations avaient échoué, il est vrai ; mais l'offre avait été renouvelée dans les mêmes conditions d'annuité à l'émir Yacoub et acceptée par lui comme une des clauses du traité de Gandamak.

Le gouvernement libéral de M. Gladstone et le gouvernement conservateur de M. Disraëli s'étaient trouvés d'accord sur le premier point du principe : celui de l'allocation d'un subside au souverain de l'Afghanistan ; il n'y avait eu de divergence entre eux que sur le second point, la durée de cette allocation.

Or, quoique M. Gladstone et ses amis se fussent juré, en 1880, de ne rien faire qui parût, même dans les détails insignifiants, identique à la conduite des tories, ils se trouvaient, en dépit de leurs répugnances, amenés à s'écarter des doctrines de lord Lawrence et de leurs propres idées, et à en dévier dans des conditions telles qu'ils substituèrent à leur politique personnelle, en 1883, trois ans à peine après leur arrivée au pouvoir, la politique conservatrice de lord Lytton. Il fut en effet décidé que l'émir Abdourrhaman recevrait un « subside annuel » de 120,000 livres sterling (3 millions de francs), et qu'il serait pourvu à cette allocation inscrite au budget par une taxe extraordinaire imposée aux populations de l'Inde.

Ce « subside annuel » était-il une mesure logique ?

Lorsque lord Lawrence s'y était opposé autrefois,
ce n'était pas en vue d'épargner au budget ou aux
contribuables de l'Inde une charge facile à supporter;
mais il avait compris avec justesse qu'il était difficile,
sinon impossible, de mettre chaque année à la disposition d'un souverain étranger une somme dont
l'emploi devait être justifié, en bonne tenue
d'administration, et par conséquent contrôlé. Le
subside annuel avait, à ses yeux, pour corollaire
la présence de résidents anglais dans les principales
villes afghanes. M. Gladstone, en adoptant la moitié
de la politique de lord Lytton, ne devait-il pas forcément, tôt ou tard, être conduit à pratiquer l'autre
moitié du même programme, à envoyer des officiers
anglais à Candahar, à Hérat, à Caboul, et, dès lors,
que devenait la *masterly inactivity* ?

Ce « subside annuel » était-il pour l'Angleterre
une mesure utile ? Le cabinet, en la prenant, avait
eu deux mobiles principaux. D'un côté il avait voulu
assurer à l'émir Abdourrhaman, le souverain de son
choix, une protection efficace contre ses compétiteurs
au trône. D'un autre côté, il avait tenu à préparer les
voies à une entente plus étroite, tout en ajour-
nant celle-ci jusqu'au moment où les circonstances
la rendraient nécessaire. L'histoire du passé de
l'Afghanistan prouve combien le droit de la force
l'emporte, dans les pays asiatiques, sur la force du
droit. Abdourrhaman, après avoir lutté pendant toute
la première partie de sa vie pour cette couronne
qu'il ne venait d'obtenir qu'après avoir subi les dures
souffrances de l'exil, avait conscience des difficultés

avec lesquelles il devait se trouver aux prises dès l'avènement de son règne. Il n'ignorait pas que le seul moyen de consolider son autorité et de la conserver pour la transmettre à son fils était de travailler à la reconstitution de l'unité du royaume afghan. Il savait que cette unité ne pourrait être fondée que par une main de fer, et que les coups portés par cette main devaient être prompts mais impitoyables: aussi s'était-il montré dès le début, pour les Afghans, ce despote qui seul peut leur commander le respect. Il avait fait jeter le soldat de fortune Mohammed Djan dans les casemates du Bala Hissar et avait épuisé sur lui tous les raffinements de la cruauté orientale.

Sur les chefs Ghilzaïs rebelles et sur les Baroukzaïs ses parents il avait fait peser son sceptre de toute sa lourdeur ; mais il avait à combattre d'autres ennemis non moins dangereux. A l'intérieur de l'Afghanistan, à proximité de la capitale, dans Caboul même, il avait à redouter les Douranis, les Shinwaris et les autres tribus, qui pouvaient pactiser avec l'étranger sur la frontière de l'ouest ou se rallier à la cause d'Ayoub-Khan, qui menaçait chaque jour de tromper la vigilance des autorités persanes chargées de le surveiller dans la ville où il était interné. Sur les frontières du nord, dans le Turkestan afghan, il avait à se défier du gouverneur de Balkh, son cousin Ishak, naguère le plus vaillant de ses lieutenants, et maintenant le plus ombrageux de ses *hakim*. Or, pour conjurer ces orages qui grondaient autour de lui et qui pouvaient éclater partout à la fois, Abdourrhaman devait s'appuyer sur une armée nombreuse, dévouée à sa cause par intérêt, et sur une administration d'autant plus sûre qu'elle serait mieux soudoyée. L'argent était donc pour lui le nerf du pouvoir; et le subside de l'Angleterre constituait le point d'appui de son trône.

Ce subside était utile avant tout à l'émir lui-même; il ne l'était que secondairement à l'Angleterre, et encore pourvu qu'elle en prît droit pour lui imposer sa loi. Au vrai, le cabinet Gladstone et son représentant dans l'Inde, le vice-roi lord Ripon, ne prirent aucune précaution de ce genre. Abdourrhaman est libre, au sens pratique du mot, de recevoir les agents diplomatiques auxquels il veut faire accueil. Le subside « annuel » lui a été accordé sans conditions. Que l'émir consolidât son trône et pacifiât l'Afghanistan en donnant plus de fermeté à ce sol si mouvant, l'Angleterre pouvait y avoir un intérêt en ce sens que l'unité afghane offrait une barrière plus compacte à une invasion russe; mais il semblait logique que l'accroissement de force d'Abdourrhaman fût en raison directe de son entente avec l'Angleterre.

Le « subside de l'émir » n'était donc, à tout prendre, qu'une de ces demi-mesures, mauvaises en principe parce qu'elles ne peuvent rien résoudre d'une manière efficace et durable. Dix lacs de roupies ne représentent pas un gros chiffre. Qui peut affirmer que l'émir Abdourrhaman, obligé non seulement à recevoir les présents d'Artaxerce, mais à les demander, ne cherchera pas ailleurs, le cas échéant, l'appoint qui lui manquera un jour, surtout lorsqu'il n'existe, pour lui interdire une démarche de cette nature, d'autre contrat qu'un engagement moral ?

Quoi qu'il en soit, et en admettant même que la reconnaissance d'Abdourrhaman envers les Anglais soit telle qu'il refuse à jamais de céder aux séductions du gouvernement de Saint-Pétersbourg et qu'il repousse l'or russe, même s'il devait cesser de compter sur l'or britannique ou si celui-ci ne lui suffisait point, il est incontestable que le « subside de l'émir » ne saurait, à lui seul, constituer une barrière contre les avant-gardes de l'armée du tsar. Or, voici ces avant-gardes arrivées aux portes de Hérat, ou à si proche distance de cette ville afghane qu'une première victoire sur les troupes d'Abdourrhaman, commandées ou non par des officiers anglais, peut rendre les Russes maîtres du Badgheis. Le général Komaroff avait occupé Penjdeh ; le territoire de l'émir était violé. L'Angleterre laisserait-elle cet acte s'accomplir sans protestation ? Et si sa protestation restait sans accueil à Saint-Pétersbourg, l'appuierait-elle d'une démonstration dans les eaux de la Baltique ou dans celles du Levant pour menacer les ports russes, ou bien mettrait-elle en mouvement ses Cipayes pour marcher à la rencontre des Cosaques (1) ?

<hr>

(1) D. C. Boulger, *England and Russia in Central Asia*, et *National Review*, nov. 1883. — J. Mac Carthy, *History of our own times*. — Ch. Marvin, *The Russians at Merv and Herat*. — Martens, *La Russie et l'Angleterre dans l'Asie centrale*, ouvrage russe. — Legrand, *Les Routes de l'Inde*.

Le 3o mars 1885, on était en présence du dilemme inéluctable auquel la politique carthaginoise des marchands de Londres s'était flattée d'échapper par les voies détournées et tortueuses de la diplomatie. Jusqu'alors, comme l'avait dépeint avec une ironie si cruelle la caricature répandue à profusion par Skobeleff dans les bazars de l'Asie centrale, la botte anglaise, chassée de l'Afghanistan par la botte russe, avait fui vers l'Indus. Se pouvait-il maintenant que, rejointe enfin par cette même botte russe, l'Angleterre laissât non seulement fouler le sol neutre de l'Afghanistan, mais piétiner l'orgueil britannique? Le peuple anglais, atteint directement dans sa dignité, allait-il mettre le cabinet de M. Gladstone en demeure d'exiger le recul des troupes du général Komaroff? Et si la Russie opposait un refus à cette injonction, allait-on, comme en février 1854, prendre ce refus pour une déclaration de guerre, et agir en conséquence? Le dénouement de la longue tragi-comédie jouée depuis près d'un demi-siècle était-il arrivé? Allait-on assister à la collision tant de fois prédite des deux trains? Qu'allait-il se passer?

CONCLUSION

LE CONFLIT ANGLO-RUSSE.

Pour tout le monde, la guerre entre la Russie et l'Angleterre était maintenant inévitable. A Londres, on la mettait hors de doute. A Saint-Pétersbourg, on la déclarait certaine. De l'un et de l'autre côté, on n'attendait plus, pour en venir aux mains, que le rappel des ambassadeurs respectifs. Quiconque avait, comme nous venons de le faire dans cet ouvrage, suivi les événements depuis leur origine et les avait étudiés dans leurs causes lointaines ou dans leurs conséquences fatales, ne voyait point d'autre issue au conflit. M. Gladstone lui-même avait, dans la Chambre des Communes, tenu un langage catégorique, absolument différent de ses circonlocutions et de ses réserves accoutumées, et il avait avoué que la situation était grave. M. de Giers avait, disait-on, reçu l'ordre du tsar de ne faire aucune concession. Les cuirassés allaient rentrer dans la rade pour y être soumis à une dernière inspection. Les armements se complétaient rapidement. De part et d'autre, on s'apprêtait à mobiliser toutes les troupes disponibles. Tous les journaux russes, anglais, indiens, même ceux qui passent pour les plus circonspects ou les plus hésitants, reconnaissaient l'impossibilité de « maîtriser la destinée manifeste » des deux empires rivaux dans l'Asie centrale.

Or, au moment même où chacun s'attendait à voir les éclairs déchirer l'horizon, la foudre se trouve tout d'un coup enchaînée; et, sans que personne puisse affirmer qu'elle n'éclatera pas demain, les optimistes voient déjà se dessiner entre Londres et Saint-Pétersbourg l'arc de la réconciliation. Est-ce à dire, comme on le prétend vaguement, que l'Angleterre ait subitement changé la base de sa politique, et qu'après avoir fait sans cesse de la sauvegarde de la frontière afghane la condition essentielle de la sécurité de l'Inde, on ait, sans transition, à Downing-Street, renoncé à l'expérience de l'Etat-tampon, pour se retrancher derrière les défenses naturelles qui s'étendent de la limite extrême du Pendjab jusqu'à la mer et sont constituées par la chaîne des monts Soulaiman, y compris toutes les passes depuis le Khyber jusqu'au Bolan ? Nous n'ignorons pas que les organes officieux du cabinet Gladstone ont parlé dans ce sens; mais il y a loin de là, croyons-nous, à voir le gouvernement anglais s'exprimer dans ces mêmes termes. Qu'il y ait eu, depuis le jour où la guerre paraissait imminente à tous, une évolution plus ou moins accentuée vers la paix, on ne saurait le contester ; et quiconque met les intérêts généraux de l'humanité au-dessus des intérêts particuliers d'une politique anglophile ou anglophobe devrait se féliciter de ce résultat, s'il était définitivement acquis.

Malheureusement, nous ne saurions assez le répéter, la diplomatie a d'autres mobiles. L'arrêt provisoire qui se produit dans le cours des hostilités fatales entre la Russie et l'Angleterre en Asie, n'est pas dû à des sentiments d'amitié réciproque entre ces deux peuples ou entre leurs gouvernements. Le mot de Mme de Novikoff reste vrai, en dépit de tous les changements de fronts qui peuvent s'exécuter aujourd'hui ou demain : la Russie suit le chemin qu'elle s'est tracé, et il n'y a qu'une considération personnelle qui puisse l'en faire dévier.

Il s'agit donc, pour apprécier les faits à leur valeur et pour les prévoir autant qu'il est possible, de savoir exactement quel est ce chemin sans cesse poursuivi par les tsars et auquel ils ne peuvent, poussés qu'ils sont eux-mêmes par l'irrésistible opinion, renoncer délibérément sans mentir à leur passé et sans remonter un courant qu'ils ont établi jadis, qui maintenant les entraîne. « Sans une sérieuse « démonstration du côté de l'Inde, et, selon toute « vraisemblance, vers Candahar, écrivait Skobeleff « en 1881, il serait insensé d'entreprendre une « guerre au delà des Balkans. Si les Autrichiens « songent un jour à occuper Salonique et que nous « ayons, ce qui est possible, conclu une alliance « avec l'Angleterre, il est indispensable que nous « possédions en Asie centrale une armée redoutable « qui soit une menace pour l'Angleterre et une « garantie de sa fidélité à l'alliance que nous aurions « faite avec elle. » La Russie, à la veille d'atteindre Hérat, se recueille, comme l'Angleterre, à la veille d'en venir aux prises avec sa rivale en Asie, se consulte. De Hérat partent deux voies : l'une mène aux Indes, l'autre au golfe Persique. Laquelle de ces deux voies va se frayer le général Komaroff ?

En politique extérieure, aucun facteur ne saurait être perdu de vue. Depuis Pierre le Grand et Catherine II, la Russie a eu pour objectif avoué Constantinople, pour but occulte Bénarès. Un jour, le premier de ces rêves s'est trouvé réalisé. Du camp russe de San-Stefano les troupes de Skobeleff ont aperçu la coupole de Sainte-Sophie. L'Angleterre et l'Allemagne ont dissipé ce mirage, et le contrat de San-Stefano a été déchiré lorsque déjà il portait la signature du sultan. La Russie n'a point pardonné au chancelier de Berlin et aux hommes d'Etat anglais cet échec qu'ils ont fait subir à ses armes victorieuses. Pour elle, le véritable pacte léonin est celui de Berlin, et les coups qu'elle destine à M. Gladstone visent en même temps M. de Bismarck, malgré les promesses échappées à Skiernievice. Aussi longtemps que la Russie a pu croire que l'Allemagne allait assister en spectatrice passive aux affaires de l'Afghanistan, elle s'est montrée irréconciliable avec l'Angleterre. Dès qu'elle a soupçonné le cabinet de Berlin de vouloir profiter de la querelle anglo-russe pour se créer un avantage personnel, elle a modéré la virulence de ses organes, et elle les a chargés de lancer ces ballons d'essai que l'on a coutume de voir flotter entre deux camps ennemis avant l'engagement définitif.

Il était facile de donner à l'affaire de Penjdeh, suivant les besoins de la diplomatie, ou un caractère si grave qu'il empêchât désormais tout accord, ou, au contraire, une portée si insignifiante, qu'après une explication sommaire on pouvait passer outre, et, sans désavouer le général Komaroff à Saint-Pétersbourg, ne pas le mettre en cause à Londres. Le conflit a suivi ces deux phases : dans la première on a échangé des injonctions, presque des ultimatums; dans la seconde on a accepté la possibilité d'un examen plus calme des faits ou d'une médiation. On se tromperait toutefois si l'on allait supposer que la question de la délimitation des frontières afghanes soit, par suite de ce que l'on a inexactement appelé un coup de théâtre, si bien reléguée à l'arrière-plan qu'elle n'ait plus de raison d'être.

Tant que cette question, cause directe du conflit, n'aura pas été résolue, elle en restera la cause permanente, et le conflit, simplement ajourné pour un mois ou un an, renaîtra inévitablement. Les Russes nous ont d'ailleurs, par toute leur histoire dans l'Asie centrale, habitués autant aux coups de main qu'aux coups de force. N'annonçait-on pas hier que les troupes du tsar avaient poussé leur pointe sur la rive gauche du Tejend et fermé la bouche au gouverneur persan du nouveau Sarahks? N'est-il pas avéré qu'ils exploitent, à ce moment même, les embarras de l'Angleterre en Egypte, et que leurs armements continuent sans interruption? Aussi les Afghans se rendent-ils compte, mieux qu'on ne le fait en Europe, du danger qui les menace. En dépit de tous les bruits de paix, ils continuent leurs préparatifs : ils font venir de l'Inde des canons de gros calibre, ils

commandent des milliers de fusils à Birmingham, ils
travaillent activement à Candahar et se concentrent
sur Hérat. Ils savent que même une entente anglo-
russe ne les tiendrait pas à l'abri d'une invasion, et
leur passé les a rendus également défiants envers les
deux ambitions qui, au fond, convoitent la même
proie. Jusqu'ici leur indépendance a bénéficié du jeu
opposé des deux intrigues, mais ils ne se dissimulent
pas qu'elle courrait le péril le plus pressant le jour
où les deux intrigues s'associeraient.

Que le plan d'Alexandre II et de Skobeleff soit donc
momentanément écarté à Saint-Pétersbourg pour
y reprendre celui de Nicolas et de Nesselrode; que les
hommes d'Etat anglais d'aujourd'hui, moins scrupu-
leux que ceux d'alors, consentent au partage, à
deux sinon à trois, des dépouilles de l'homme malade ; que l'Angleterre, secondant le plan attribué à
la Russie par un homme d'Etat de l'Orient dont la
réputation est européenne (1), reçoive, pour prix de
sa complicité, Smyrne ou telle autre partie de l'empire ottoman qu'elle voudra, et qu'elle laisse la
Russie marcher sur Stamboul et s'y installer, si
M. de Bismarck le permet; il y a, qu'on ne l'oublie
point, contre l'émir un procès de tendance qui subsiste, et toutes les pièces de ce procès sont mises au
grand jour. Que le conflit anglo-russe prenne donc
fin demain, comme on semble autorisé à le croire
aujourd'hui; que pour la première fois la chancellerie
russe fasse des serments qu'elle ne violera point, et

(1) *Daily Telegraph*, 16 mai 1885.

que l'Angleterre obtienne des garanties plus durables
que celles qu'avait cimentées le prince Gortschakoff ;
en un mot, que la guerre entre la Russie et l'Angleterre
n'ait pas lieu, la guerre afghane restera non moins
menaçante, et, que l'Angleterre le veuille ou non,
elle y sera entraînée d'une ou d'autre manière.

Le dernier discours que prononça, peu de jours
avant sa mort, lord Beaconsfield à la Chambre
des Lords avait pour objet l'Asie centrale. Avec
toute la verdeur de son éloquence des meilleurs
jours, il protesta contre l'évacuation de Candahar. Il parla, en termes fatidiques, des complications où l'on se jetait en laissant la clef de l'Inde
à portée des Russes. Puis, sentant sa voix faiblir,
comme si déjà il eût été averti de sa mort prochaine,
il ajouta en terminant : « La clef de l'Inde n'est pas à
Merv ; elle n'est pas à Candahar ; elle n'est pas même
à Hérat ; elle est où n'a cessé d'être la solution de la
question afghane : elle est à Londres (1) ».

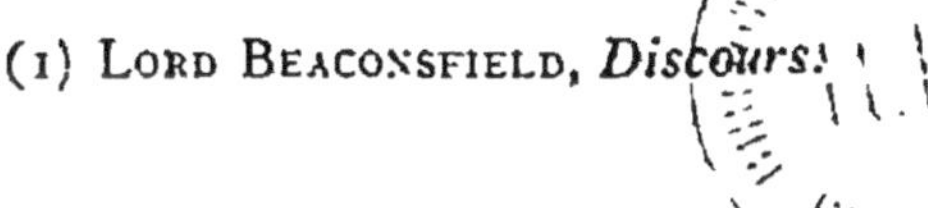

(1) Lord Beaconsfield, *Discours.*

TABLE DES MATIÈRES

LIVRE II.

L'Intrigue russe.

LIVRE III.

L'Intrigue anglaise.

CONCLUSION.